COURS & ENTRAÎNEMENT

prépabac

SES
SPÉCIALITÉ

- **Denis Martin**
  Inspecteur d'académie – Inspecteur pédagogique régional
  Académies de Nantes et de Guyane

- **Séverine Bachelerie-Marteau**
  Professeure agrégée de SES
  Lycée Sacré-Cœur La Salle (Angers)

- **Sylvie Godineau**
  Professeure certifiée de SES
  Lycée Les Bourdonnières (Nantes)

- **Céline Le Feuvre**
  Professeure certifiée de SES
  Lycée français international de Tokyo (Japon)

- **Franck Rimbert**
  Professeur agrégé de SES

- **Gilles Seurin**
  Professeur certifié de SES
  Lycée Les Bourdonnières (Nantes)

Hatier

Le site de vos révisions

L'achat de ce Prépabac vous permet de bénéficier d'un **ACCÈS GRATUIT*** à toutes les **ressources** d'annabac.com (fiches, quiz, sujets corrigés…) et à ses **parcours de révision** personnalisés.

Pour profiter de cette offre, rendez-vous sur **www.annabac.com** dans la rubrique « Je profite de mon avantage client ».

* Selon les conditions précisées sur le site.

Maquette de principe : Frédéric Jély
Mise en pages : Nord Compo
Schémas : Nord Compo
Iconographie : Hatier Illustration
Édition : Carole Caumont

© Hatier, Paris, 2019   ISBN 978-2-401-05295-6

Sous réserve des exceptions légales, toute représentation ou reproduction intégrale ou partielle, faite, par quelque procédé que ce soit, sans le consentement de l'auteur ou de ses ayants droit, est illicite et constitue une contrefaçon sanctionnée par le Code de la Propriété Intellectuelle. Le CFC est le seul habilité à délivrer des autorisations de reproduction par reprographie, sous réserve en cas d'utilisation aux fins de vente, de location, de publicité ou de promotion de l'accord de l'auteur ou des ayants droit.

AVANT-PROPOS

VOUS ÊTES EN PREMIÈRE générale, vous avez choisi la spécialité SES et vous savez que la réussite dans cette matière demande un travail régulier tout au long de l'année ? Alors ce Prépabac est pour vous !

L'ouvrage va vous permettre en effet de mémoriser les connaissances essentielles sur chacun des thèmes du nouveau programme, et d'acquérir progressivement des savoir-faire et méthodes clés dans la discipline : exploiter des informations statistiques, calculer un taux de variation ou une moyenne, construire un raisonnement…

Cet objectif est rendu possible grâce à un ensemble de ressources très complet : des fiches de cours et de méthode – synthétiques et visuelles –, des cartes mentales récapitulatives, des exercices progressifs, et enfin des sujets guidés, pour vous préparer à l'épreuve finale du bac.

Nous vous recommandons de les utiliser régulièrement, en fonction de vos besoins. Ainsi, vous pourrez aborder vos contrôles de SES en toute sérénité et acquérir les compétences nécessaires en Terminale.

Bonnes révisions !

Les auteurs

Denis Martin    Séverine Bachelerie-Marteau    Sylvie Godineau    Céline Le Feuvre    Franck Rimbert    Gilles Seurin

SOMMAIRE

Économie

Le fonctionnement du marché concurrentiel

FICHES DE COURS

1	Un modèle d'échange entre offreurs et demandeurs	10
2	Le comportement des agents économiques	12
3	La formation d'un équilibre	14
4	Les gains à l'échange	16

MÉMO VISUEL 18

EXERCICES & SUJETS

SE TESTER • S'ENTRAÎNER • OBJECTIF BAC 20

CORRIGÉS 26

Les marchés imparfaitement concurrentiels

FICHES DE COURS

5	Les structures de marché de la concurrence imparfaite	30
6	Les origines du pouvoir de marché	32
7	Les stratégies des entreprises	34
8	L'intervention des pouvoirs publics pour réguler la concurrence	36

MÉMO VISUEL 38

EXERCICES & SUJETS SE TESTER • S'ENTRAÎNER • OBJECTIF BAC 40

CORRIGÉS 45

Les défaillances du marché

FICHES DE COURS

9	Les externalités	50
10	Les biens collectifs et les biens communs	52
11	L'asymétrie d'information	54
12	L'intervention des pouvoirs publics	56

MÉMO VISUEL 58

EXERCICES & SUJETS

SE TESTER • S'ENTRAÎNER • OBJECTIF BAC 60

CORRIGÉS 65

Le financement des agents économiques

FICHES DE COURS

13	Qu'est-ce que le financement de l'économie ?	68
14	Les différents modes de financement	70
15	Le financement sur le marché des capitaux	72
16	Le rôle du crédit bancaire et des taux d'intérêt	74
17	Le financement de l'État	76

MÉMO VISUEL — 78

EXERCICES & SUJETS

SE TESTER • S'ENTRAÎNER • OBJECTIF BAC — 80

CORRIGÉS — 86

Monnaie et création monétaire

FICHES DE COURS

18	Les fonctions et les formes de la monnaie	90
19	Le rôle du crédit bancaire dans la création monétaire	92
20	Le rôle de la Banque centrale	94
21	Les effets des interventions de la Banque centrale	96

MÉMO VISUEL — 98

EXERCICES & SUJETS SE TESTER • S'ENTRAÎNER • OBJECTIF BAC — 100

CORRIGÉS — 106

Sociologie

La socialisation

FICHES DE COURS

22	Des comportements liés à l'environnement social et culturel	110
23	L'enfance : une période décisive	112
24	Des conditions différentes selon les familles	114
25	Une socialisation tout au long de la vie	116
26	La socialisation n'est pas un simple conditionnement	118

MÉMO VISUEL — 120

EXERCICES & SUJETS

SE TESTER • S'ENTRAÎNER • OBJECTIF BAC — 122

CORRIGÉS — 128

SOMMAIRE

La construction et l'évolution des liens sociaux

FICHES DE COURS

27	Des liens sociaux diversifiés	132
28	Les PCS	134
29	Individualisation et évolution des formes de la solidarité	136
30	De nouvelles sociabilités numériques	138
31	La fragilisation des liens sociaux	140

MÉMO VISUEL — 142

EXERCICES & SUJETS

SE TESTER • S'ENTRAÎNER • OBJECTIF BAC — 144

CORRIGÉS — 150

Les processus sociaux qui contribuent à la déviance

FICHES DE COURS

32	Le contrôle social, garant du respect des règles	154
33	La déviance : la transgression d'une norme	156
34	La déviance, produit de processus sociaux	158
35	La mesure de la délinquance	160

MÉMO VISUEL — 162

EXERCICES & SUJETS SE TESTER • S'ENTRAÎNER • OBJECTIF BAC — 164

CORRIGÉS — 170

Science politique

La formation et l'expression de l'opinion publique

FICHES DE COURS

36	Opinion publique et démocratie	174
37	Sonder l'opinion publique	176
38	Ce que les sondages font à la démocratie	178

MÉMO VISUEL — 180

EXERCICES & SUJETS SE TESTER • S'ENTRAÎNER • OBJECTIF BAC — 182

CORRIGÉS — 188

Voter : une affaire individuelle ou collective ?

FICHES DE COURS

39	La participation électorale	192
40	Les déterminants du vote	194
41	La volatilité électorale	196

MÉMO VISUEL — 198

EXERCICES & SUJETS

SE TESTER • S'ENTRAÎNER • OBJECTIF BAC — 200

CORRIGÉS — 205

Regards croisés

La gestion des risques

FICHES DE COURS

42	Les individus confrontés à des risques	210
43	Effets du partage des risques	212
44	Principes et institutions de la gestion des risques	214
45	La protection sociale en France	216

MÉMO VISUEL — 218

EXERCICES & SUJETS

SE TESTER • S'ENTRAÎNER • OBJECTIF BAC — 220

CORRIGÉS — 226

L'organisation et la gouvernance des entreprises

FICHES DE COURS

46	La vie d'une entreprise et les étapes de son développement	230
47	La diversité des figures de l'entrepreneur	232
48	La prise de décision au sein de l'entreprise	234
49	Les relations sociales au sein de l'entreprise	236

MÉMO VISUEL — 238

EXERCICES & SUJETS SE TESTER • S'ENTRAÎNER • OBJECTIF BAC — 240

CORRIGÉS — 246

MÉTHODES ET SAVOIR-FAIRE

Liste des méthodes

- Analyser un texte économique — 24
- Analyser un sujet de dissertation et dégager une problématique — 44
- Construire un raisonnement — 63
- Lire et interpréter un tableau à double entrée — 85
- Lire et interpréter une série chronologique — 104
- Analyser un texte sociologique — 126
- Lire et analyser un graphique — 148
- Rédiger un paragraphe argumenté (AEI) — 169
- Exploiter un dossier documentaire — 186
- Lire et interpréter un diagramme de répartition — 204
- Construire un plan de dissertation — 224
- Rédiger l'introduction d'une dissertation — 244
- Rédiger la conclusion d'une dissertation — 245

Liste des savoir-faire

- Interpréter la pente d'une courbe — 22
- Représenter graphiquement une fonction simple — 23
- Lire graphiquement une fonction simple — 42
- Calculer un taux de variation — 61
- Lire et interpréter un taux d'intérêt réel et un taux d'intérêt nominal — 82
- Calculer et interpréter un indice simple et un indice synthétique — 102
- Calculer et interpréter une moyenne pondérée — 103
- Calculer une proportion — 125
- Lire et interpréter une médiane — 147
- Calculer un coefficient multiplicateur — 166
- Mesurer un écart relatif — 167
- Calculer une moyenne arithmétique simple — 184
- Calculer un taux de variation cumulé — 202
- Calculer un indice simple — 222

ÉCONOMIE

Le fonctionnement du marché concurrentiel

Un produit, des acheteurs, des vendeurs, la fixation d'un prix : ce marché au cadran pour la vente de bovins est une illustration du fonctionnement du marché en tant qu'institution coordonnant et régulant les échanges économiques dans nos sociétés.

FICHES DE COURS			
	1	Un modèle d'échange entre offreurs et demandeurs	10
	2	Le comportement des agents économiques	12
	3	La formation d'un équilibre sur un marché concurrentiel	14
	4	Les gains à l'échange	16
	MÉMO VISUEL		18

EXERCICES & SUJETS		
SE TESTER	Exercices 1 à 4	20
S'ENTRAÎNER	Exercices 5 à 8	21
OBJECTIF BAC	Exercice 9 • Analyser un texte économique	24

CORRIGÉS	Exercices 1 à 9	26

9

1 Un modèle d'échange entre offreurs et demandeurs

En bref Le marché est une institution qui encadre nos échanges économiques. La diversité des formes de marché rend nécessaire l'utilisation d'un modèle théorique, appelé « marché concurrentiel », pour analyser le comportement des agents et la formation des prix.

I Une diversité de formes de marché

Le marché désigne le lieu de rencontre entre des acheteurs (qui expriment une demande pour un produit) et des vendeurs (qui représentent la production ou l'offre), ainsi que l'ensemble des échanges réalisés lorsque vendeurs et acheteurs se mettent d'accord sur la quantité échangée et le prix de la transaction.

1 | Une multitude de marchés en fonction du produit à échanger

■ Le marché des biens et services met en relation les ménages, les entreprises, les administrations, qui échangent des biens et services (de consommation finale ou de production).

■ Le marché du travail met en relation des individus qui offrent leur force de travail (au sens de facteur de production) et des unités de production.

■ Le marché des capitaux désigne le marché sur lequel s'échangent des actifs financiers (titres de propriété ou de créances) entre des agents économiques qui cherchent à financer leur activité et ceux qui ont un excédent de capitaux.

■ Le marché des changes est le marché sur lequel s'échangent des monnaies.

2 | Différentes modalités d'organisation des échanges marchands

■ Les échanges et la fixation du prix s'effectuent selon des modalités très diverses : vente à la criée (marché aux poissons), marchandage et négociation (marchés alimentaires), vente aux enchères (marché de l'art), prix plus ou moins encadrés par des institutions comme l'État (marché du travail), etc.

■ Selon la localisation des agents économiques et des échanges (à l'échelle régionale, nationale, internationale), le marché peut ainsi être un lieu physique (la place du village, un magasin, une agence d'intérim) ou un espace virtuel (transactions électroniques sur des marchés financiers ou sites de vente sur Internet).

■ Le marché est une **institution** : les échanges marchands sont inscrits dans un système de règles sociales et politiques, avec le respect de conventions, de contrats, de droits de propriété, etc.

> **MOT CLÉ**
> Une **institution** est un ensemble de règles juridiques et de normes sociales organisant la société.

II L'utilisation d'un modèle de marché concurrentiel

1 Un modèle théorique

Le marché est aujourd'hui le principal mode de coordination des activités économiques. La science économique, face à la diversité des formes de marchés, fait ainsi le choix d'étudier un **modèle** de marché.

> **MOT CLÉ**
> Un **modèle**, en économie, est une représentation schématisée et simplifiée de la réalité afin d'analyser un phénomène, en posant des conditions ou en ayant recours à la formalisation mathématique.

2 Un modèle basé sur la notion de concurrence

■ La concurrence désigne une structure de marché caractérisée par l'importance du nombre d'offreurs et de demandeurs. Les prix sont fixés par les mécanismes du marché, un agent économique ne pouvant, seul, agir sur les prix.

■ Ce modèle repose sur cinq conditions constituant les caractéristiques d'une « concurrence pure et parfaite » : grand nombre d'acheteurs et de vendeurs (atomicité), homogénéité des produits, transparence de l'information, libre entrée ou sortie du marché, libre circulation des facteurs de production.

■ Ces conditions permettent de distinguer ce modèle d'autres structures de marché : concurrence monopolistique, oligopole ou monopole. → FICHE 5

zoOm
Les marchés proches du modèle théorique

Le marché au cadran pour la vente de bovins (photo), les ventes à la criée pour les poissons ou les marchés financiers informatisés sont les marchés qui se rapprochent le plus du modèle de marché parfaitement concurrentiel : de nombreux acteurs, une information largement partagée, une circulation fluide des flux financiers dans le cadre d'une globalisation financière.

2 Le comportement des agents économiques

En bref *Dans le modèle de marché concurrentiel, les acheteurs et les producteurs sont caractérisés par des comportements rationnels d'optimisation sous contrainte. Le prix du produit détermine les quantités de produit qui seront demandées et offertes sur un marché.*

I Le comportement des acheteurs

1 Les déterminants de la demande

Les acheteurs cherchent à <u>maximiser leur satisfaction sous contrainte budgétaire</u>. La demande d'un produit est ainsi influencée par les préférences du consommateur (ses goûts, la mode, les anticipations sur l'avenir), mais aussi par des contraintes comme son revenu et bien évidemment le prix du produit, ou encore le prix de produits substituables ou complémentaires.

2 Une demande de marché modélisée par la loi de la demande

■ Dans le modèle de marché étudié, le prix du produit est le principal déterminant de la demande : lorsque le prix diminue, les consommateurs qui ont déjà acheté le bien sont encouragés à en acheter davantage ; et ceux qui n'avaient pas les moyens d'en acheter peuvent désormais se le permettre.

■ La demande de marché est la quantité de biens (ou de services) que les agents économiques sont disposés à acheter sur un marché à un prix donné. La courbe de demande représente, pour différents niveaux de prix, la somme des demandes individuelles des consommateurs.

■ D'après la **loi de la demande**, la pente de la courbe de demande est généralement négative et dépend de l'élasticité-prix de la demande (i. e. la sensibilité de la demande aux variations du prix).

> **MOT CLÉ**
> La **loi de la demande** précise que, toutes choses égales par ailleurs, lorsque le prix d'un bien augmente, la quantité demandée diminue. La demande est une fonction décroissante du prix.

INFO + Les courbes de demande et d'offre

Lecture : pour un niveau de prix P1, la quantité demandée est Q1.

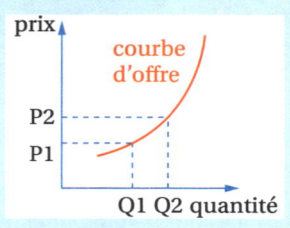

Lecture : pour un niveau de prix P1, la quantité offerte est Q1.

II Le comportement des producteurs

1 Une offre de marché modélisée par la loi de l'offre

L'**offre** est la quantité de biens ou services que les agents économiques sont disposés à vendre sur un marché à un prix donné. Le prix du produit est ainsi le principal déterminant de l'offre des producteurs : plus le prix est élevé, plus les entreprises vont décider de produire, qu'elles soient ou non déjà présentes sur le marché.

> **MOT CLÉ**
> La **loi de l'offre** précise que, toutes choses égales par ailleurs, lorsque le prix d'un bien augmente, la quantité offerte augmente. L'offre est une fonction croissante du prix.

2 Une courbe d'offre construite selon la maximisation du profit

■ Les producteurs cherchent à maximiser leur profit en tenant compte de leurs contraintes de production. L'offre est ainsi influencée par le coût des matières premières, la productivité des facteurs de production, et par des facteurs naturels modifiant les conditions de production.

■ Sur un marché de concurrence pure et parfaite, en situation de coût marginal croissant, le producteur maximise son profit lorsque le prix et le coût marginal (coût de la dernière unité produite) sont égaux. La courbe d'offre se situe donc sur la courbe de coût marginal de l'entreprise.

zoOm

Des choix de production dépendants du prix de marché

■ Le secteur primaire (agriculture, pêche, mines, gisements) illustre la diminution de la productivité marginale d'un facteur de production (ouvrier, machine) suite à l'utilisation d'une unité supplémentaire de ce facteur.

■ Plus généralement, passé un certain seuil, il est de plus en plus coûteux de produire car il faut cultiver, pêcher, creuser dans des zones moins accessibles. Un prix de marché élevé justifie alors cette mise en production.

3 La formation d'un équilibre sur un marché concurrentiel

En bref *La confrontation de l'offre et de la demande aboutit à un équilibre de marché pour lequel il y a égalité entre quantité offerte et quantité demandée à un niveau de prix appelé prix d'équilibre. Cet équilibre est modifié par les variations de l'environnement économique.*

I La confrontation de l'offre et de la demande

1 Un mécanisme d'ajustement avec des prix flexibles

■ Le modèle de marché concurrentiel suppose que les agents économiques sont « **preneurs de prix** ». Un intermédiaire fictif entre offreurs et demandeurs, appelé « commissaire-priseur », annonce un prix à la criée et démarre un processus d'enchères dans lequel les prix, flexibles dans un marché concurrentiel, se modifient jusqu'à atteindre le prix d'équilibre.

> **MOT CLÉ**
> Un agent économique (ménage ou entreprise) est « **preneur de prix** » sur un marché concurrentiel car il n'a pas la possibilité d'exercer, par ses seules décisions, une influence sur le marché.

■ Par ce mécanisme, des offreurs et des demandeurs sont ainsi exclus du marché et, à terme, l'équilibre du marché est réalisé au point d'équilibre, qui correspond au croisement des courbes d'offre et de demande.

2 Un mécanisme autorégulateur qui aboutit à la formation d'un équilibre stable

■ En effet, si le prix est au-dessus du prix d'équilibre, il y a un excédent d'offre, les producteurs ne peuvent pas vendre toute leur production et sont donc prêts à vendre à un prix inférieur. Les quantités offertes diminuent (déplacement sur la courbe vers le bas). Cette tendance du prix à la baisse fait augmenter la quantité demandée, jusqu'à atteindre le prix d'équilibre. Le processus inverse a lieu si le prix est en dessous de l'équilibre (pénurie).

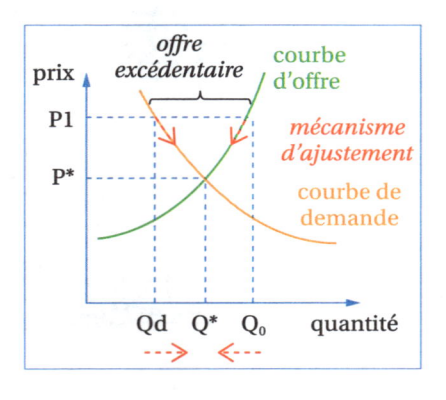

■ Les lois de l'offre et de la demande constituent un mécanisme autorégulateur qui fait converger le prix du marché vers le prix d'équilibre.

14

II — Les conséquences d'une modification de l'environnement économique

1 | L'effet sur l'équilibre du marché

■ Un changement de prix se traduit par un **déplacement le long de la courbe**, entraînant une modification de la quantité offerte ou demandée (cf. I.). Mais si un facteur déterminant autre que le prix varie → FICHE 2, cela se traduit par une modification de l'offre ou de la demande et par un **déplacement de la** (ou des) **courbe**(s).

■ Pour étudier l'impact d'un événement sur un marché, on détermine la courbe affectée, la direction du déplacement (vers la droite en cas d'augmentation, vers la gauche en cas de baisse de la quantité) et enfin la modification de la quantité et du prix d'équilibre que cela entraîne → MÉMO VISUEL.

2 | Une illustration avec l'intervention des pouvoirs publics

■ Les pouvoirs publics peuvent décider d'instaurer une **taxe forfaitaire**, soit une somme fixe par unité de bien vendue dont doit s'acquitter l'entreprise ou le consommateur.

■ Le modèle de marché permet de voir comment cette taxe perturberait l'équilibre, en générant un glissement des courbes. La conséquence essentielle d'une taxe est l'**augmentation des prix** et la réduction des quantités échangées. Néanmoins, le prix d'équilibre n'augmente pas du montant de la taxe car la demande s'ajuste au changement de prix.

---

zoOm — La composition du prix du gazole

■ La taxation des carburants (ici, le gazole) modifie le prix du produit et le comportement des agents économiques.

■ La TICPE (taxe intérieure sur la consommation de produits énergétiques) peut inciter à la réduction de la consommation de pétrole (en utilisant d'autres modes de transport par exemple).

- Pétrole brut
- Transformation et distribution
- Taxes (TICPE + TVA)

Le fonctionnement du marché concurrentiel

4 Les gains à l'échange

En bref *Le marché concurrentiel procure des gains à l'échange pour les agents économiques. Ces gains collectifs sont maximisés à l'équilibre du marché.*

I Le surplus du consommateur et du producteur

1 Des échanges justifiés par l'existence de gains à l'échange

■ Dans le modèle de marché concurrentiel, le prix est le signal qui guide les agents économiques dans leurs prises de décisions, ces décisions individuelles aboutissant à un équilibre global. → FICHE 3

■ Le **prix d'équilibre** (prix effectif des transactions réalisées) est unique et ajuste exactement les prétentions des offreurs et demandeurs. Or les différentes unités produites ou consommées ne sont pas valorisées de la même manière par le producteur ou le consommateur (en fonction de leurs contraintes, de leurs préférences). → FICHE 2

■ Si le prix d'équilibre s'applique à tous les participants au marché, il n'est pas connu à l'avance et certains acheteurs auraient pu payer plus cher. Si le prix de marché est supérieur à la somme maximale que l'acheteur serait disposé à payer, le consommateur ne participera pas à l'échange. Si producteurs et consommateurs échangent, c'est en raison des avantages qu'ils en retirent.

2 Des gains à l'échange mesurés par le surplus

■ Ces gains à l'échange sont liés au prix qu'un consommateur serait prêt à payer sur le marché comparé au prix d'équilibre du marché, qui est le prix effectif de l'échange : le surplus du consommateur désigne cette **différence entre son consentement à payer et le prix d'équilibre**.

■ Pour le producteur, le gain est la différence entre le prix de marché et le prix, plus faible, auquel il serait prêt à vendre son produit. Si le prix de marché est inférieur au prix auquel il était disposé à offrir le produit, il n'a pas intérêt à vendre.

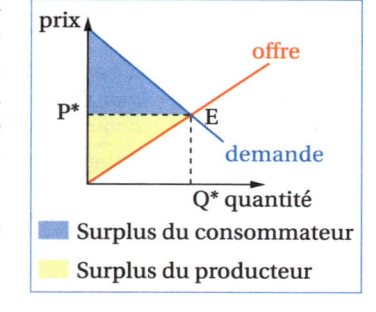

■ En faisant la somme des gains réalisés pour toutes les unités produites, on obtient le **surplus du producteur** (ou du **consommateur**) qui se représente graphiquement par la surface comprise entre la courbe d'offre (ou de demande) et le niveau horizontal correspondant au prix d'équilibre.

II — Une allocation optimale des ressources

1 | L'équilibre de marché concurrentiel maximise le surplus collectif

■ Si les mécanismes de marché concurrentiel fonctionnent librement, alors les choix des agents économiques conduisent à un prix d'équilibre qui maximise le surplus global. En effet, vouloir améliorer la situation des consommateurs en baissant le prix provoque une perte et une détérioration de la situation des producteurs. Et réciproquement.

■ Toute régulation conduisant à diminuer les quantités échangées ou à s'éloigner du prix d'équilibre va détruire une partie des gains à l'échange.

2 | Le marché conduit à une allocation optimale des ressources

■ L'équilibre atteint par le marché assure une **allocation des ressources** optimale.

■ Cela signifie que le marché permet d'utiliser les ressources (capital, travail, matières premières...) de la manière la plus efficace : en procurant la plus grande satisfaction au plus grand nombre et sans gaspiller des ressources.

> **MOT CLÉ**
> L'**allocation des ressources** est le mécanisme par lequel les ressources disponibles dans une économie sont utilisées ou affectées aux différents usages possibles pour satisfaire les besoins des agents économiques.

zoOm — Une illustration : la revente de places de concert

La vente de billets de concert peut créer un rationnement de l'offre (places limitées). La revente de billets remplit une fonction que le marché initial ne remplissait pas : allouer des ressources rares (les billets) à des consommateurs en fonction de la valeur accordée au billet (le prix de consentement). Le surplus économique augmente car revendeurs et acheteurs reçoivent chacun un surplus par rapport à la valeur initiale du billet.

Le fonctionnement du marché concurrentiel

MÉMO VISUEL

La rencontre d'une offre et d'une demande

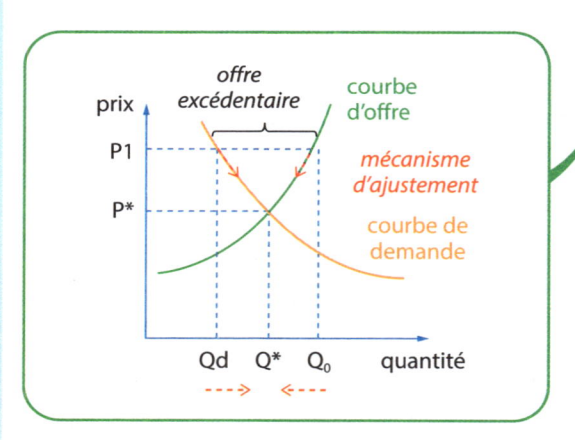

offre excédentaire
prix
P1
P*
courbe d'offre
mécanisme d'ajustement
courbe de demande
Qd   Q*   Q₀   quantité

LE MARCHÉ

Un modèle théorique

5 conditions de concurrence pure et parfaite

1. Grand nombre d'acheteurs et de vendeurs
   → atomicité
2. Homogénéité des produits
   → ils ne se distinguent que par le prix
3. Transparence de l'information
4. Libre entrée ou sortie du marché
   → ni barrière ni coût
5. Libre circulation des facteurs de production
   → travail et capital circulent d'un secteur à l'autre

Une situation optimale pour les agents économiques

- Surplus du consommateur
- Surplus du producteur

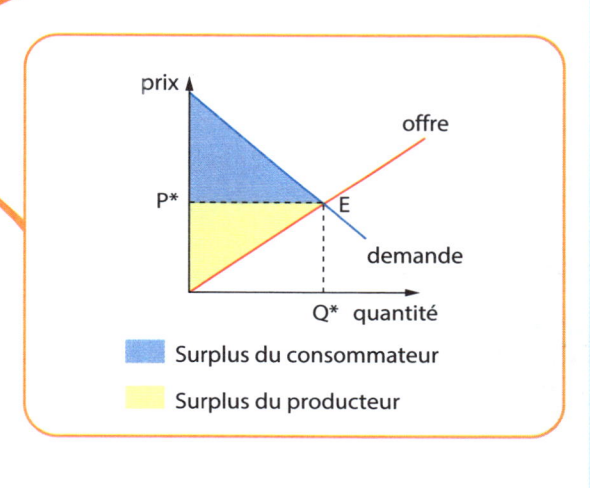

CONCURRENTIEL

Un équilibre modifié par l'environnement économique

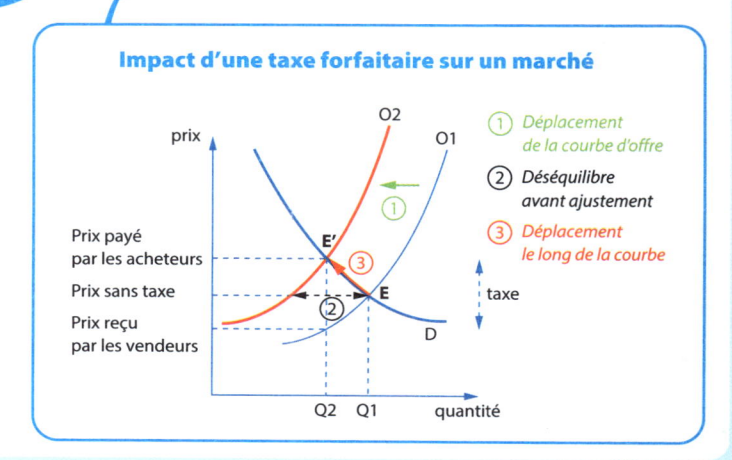

Impact d'une taxe forfaitaire sur un marché

① *Déplacement de la courbe d'offre*
② *Déséquilibre avant ajustement*
③ *Déplacement le long de la courbe*

Prix payé par les acheteurs
Prix sans taxe
Prix reçu par les vendeurs

Le fonctionnement du marché concurrentiel

▶ SE TESTER QUIZ

*Vérifiez que vous avez bien compris les points clés des **fiches 1 à 4**.*

1 Un modèle d'échange entre offreurs et demandeurs → FICHE 1

1. Les échanges marchands nécessitent un accord entre acheteurs et vendeurs sur…

- ☐ **a.** le prix
- ☐ **b.** les quantités échangées
- ☐ **c.** les deux à la fois

2. Les échanges marchands sont caractérisés par…

- ☐ **a.** le respect des droits de propriété
- ☐ **b.** l'intervention de l'État
- ☐ **c.** une rencontre physique entre le vendeur et l'acheteur

2 Le comportement des agents économiques → FICHE 2

1. Que se passe-t-il lorsque le prix baisse ?

- ☐ **a.** La quantité offerte augmente.
- ☐ **b.** La quantité demandée augmente.
- ☐ **c.** Les quantités offertes et demandées diminuent.

2. La quantité de biens qu'un producteur est disposé à offrir dépend…

- ☐ **a.** de son coût de production
- ☐ **b.** du prix de marché du bien
- ☐ **c.** d'éléments naturels comme la météo

3 La formation d'un équilibre sur le marché concurrentiel → FICHE 3

1. Dans le modèle de marché concurrentiel, les agents économiques sont…

- ☐ **a.** faiseurs de prix
- ☐ **b.** preneurs de prix
- ☐ **c.** ni l'un ni l'autre

2. Que se passe-t-il quand, à un niveau de prix donné, l'offre excède la demande ?

- ☐ **a.** Le marché est à l'équilibre.
- ☐ **b.** Le prix diminue.
- ☐ **c.** Le prix augmente.

4 Les gains à l'échange → FICHE 4

Parmi les affirmations suivantes, laquelle est vraie ?

- ☐ **a.** Le surplus du producteur correspond au bénéfice réalisé sur chaque vente.
- ☐ **b.** À surplus total constant, lorsque le surplus du producteur s'accroît, cela diminue celui du consommateur.

S'ENTRAÎNER

5 Comprendre le vocabulaire du cours
→ FICHE 1

1. Reliez les exemples suivants au marché auquel ils correspondent.

- une automobile
- 1 kg de pommes
- le travail d'un ouvrier
- une action d'une entreprise cotée en Bourse
- les dollars détenus par une entreprise internationale

- marché du travail
- marché des biens et services
- marché des capitaux
- marché des changes

2. Les lieux d'exercice de ces marchés sont-ils davantage physiques ou virtuels ? Classez-les dans le tableau ci-dessous.

a. le marché du travail des ingénieurs informaticiens
b. la braderie de Lille
c. le marché aux fleurs d'Aalsmeer au Pays-Bas
d. le marché du pétrole
e. le marché du dollar

Lieux physiques	Lieux virtuels
....	....
....	....

6 Réviser le cours en 8 questions flash
→ FICHES 1 à 4

1. Quels sont les quatre principaux marchés ?
2. Citez les conditions d'une concurrence pure et parfaite sur un marché.
3. Présentez la loi de l'offre et la loi de la demande.
4. Pourquoi l'offre du producteur sur un marché dépend-elle du profit ?
5. Comment se forme l'équilibre sur un marché ?
6. Quel peut être l'impact d'une taxe sur l'offre et la demande sur un marché ?
7. Définissez le surplus du producteur et du consommateur.
8. Concernant les gains à l'échange, quel problème pose une régulation qui modifierait l'équilibre du marché ?

7 Interpréter la pente d'une courbe de demande
→ FICHE 2

1. Que mesure l'élasticité-prix de la demande ?
2. Que signifie « la demande est faiblement élastique au prix » ?
☐ **a.** Lorsque le prix augmente, la demande baisse peu.
☐ **b.** Lorsque le prix augmente, la demande baisse beaucoup.

Le fonctionnement du marché concurrentiel

3. Laquelle de ces deux courbes représente une demande fortement élastique ? Laquelle représente une demande faiblement élastique ?

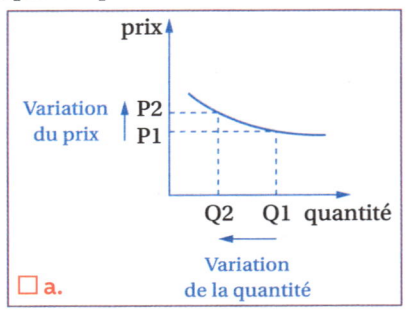

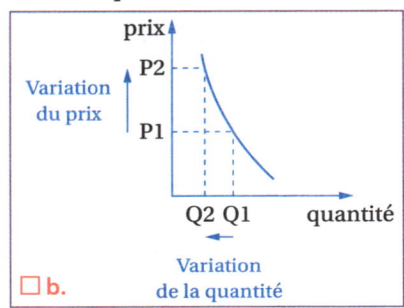

☐ **a.**

☐ **b.**

4. Laquelle de ces courbes représente la demande de carburant ? La demande de repas au restaurant ?

5. Interprétez la signification d'une telle courbe pour la demande de carburant.

Savoir-faire

Interpréter la pente d'une courbe

- La pente d'une courbe est plus ou moins importante selon la sensibilité de la demande par rapport au prix.
- Pour interpréter la pente d'une courbe de demande, on explique l'effet d'une variation du prix sur la quantité demandée : « de combien baisse la demande si le prix augmente de telle valeur ? »

8 Lire et interpréter graphiquement une fonction d'offre → FICHE 2

L'entreprise Cabaprep a les coûts de production suivants :

Quantité	1	2	3	4	5	6	7	8	9	10
Coût total	30	36	42	50	62	78	98	130	170	220
Coût moyen	30	18	14							
Coût marginal	10	6	6							

1. Complétez le tableau des coûts.

2. Sur le graphique suivant, repérez le point où la courbe de coût marginal coupe la courbe de coût moyen. Que représente ce point pour la courbe de coût moyen ?

INFO

Le coût total désigne l'ensemble des coûts de production. Le coût moyen est le rapport entre le coût total et le nombre d'unités produites. Le coût marginal est le coût supplémentaire lié à la production d'une unité supplémentaire.

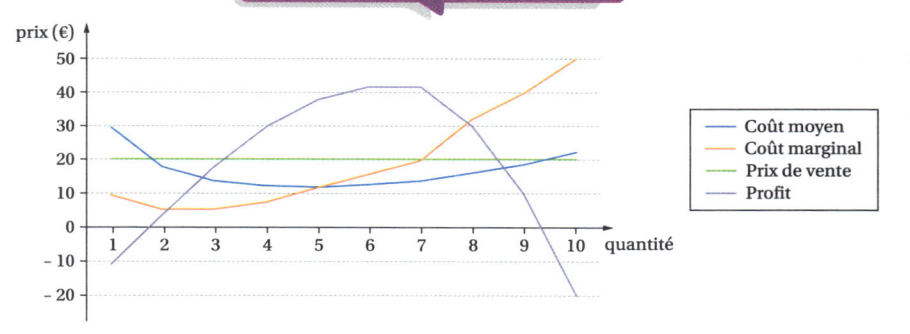

3. Si le prix du marché est inférieur au coût moyen, le profit de l'entreprise est-il positif ou négatif ? Va-t-elle alors produire et présenter sa production sur le marché ?

> **INFO**
> Le profit total correspond à la différence entre la recette totale (quantité x prix de vente) et le coût total de production.

4. Graphiquement, l'affirmation suivante est-elle vérifiée : « le profit est maximal lorsque la quantité produite permet d'égaliser le prix et le coût marginal » ?

5. Repérez pour quelle quantité produite le profit est maximal.

6. À partir de là, si le prix de marché est de 20 €, quelle sera la quantité offerte ?

7. Même question pour un prix de 12 €, 30 €, 40 €, 50 €.

> **CONSEIL**
> Il faut tracer la droite du prix de vente et, lorsqu'elle croise la courbe de coût marginal, repérer la quantité offerte sur l'axe des abscisses.

8. Avec ces données, construisez la courbe d'offre (quantité en abscisses et prix en ordonnées) et comparez cette courbe avec la courbe de coût marginal. Que constatez-vous ?

Savoir-faire

Représenter graphiquement une fonction simple

- Pour la courbe de coûts, on présente les quantités en abscisse et les coûts en ordonnée (le coût est exprimé en fonction de la quantité).
- Par extension et par convention, dans les représentations graphiques des différents marchés, les quantités demeurent sur l'axe des abscisses et les prix figurent sur l'axe des ordonnées.

▶ OBJECTIF BAC

9 Le modèle de marché concurrentiel • Raisonnement
⏱ 1 h 20

Ce sujet vous donne l'occasion d'utiliser le modèle de marché concurrentiel pour construire un raisonnement s'appuyant sur un article économique. L'analyse du document doit vous permettre de repérer les agents économiques, les déterminants de leur comportement et d'expliquer l'évolution des prix.

📄 LE SUJET

Vous expliquerez, à l'aide du modèle de marché concurrentiel, les mécanismes à l'œuvre sur le marché du pétrole.

Document **Pourquoi le prix du pétrole baisse-t-il ?**

Le prix du pétrole est orienté à la baisse. Le ralentissement très important de l'économie chinoise réduit la demande. La croissance de l'industrie y est inférieure à 7 % par an, de nombreuses branches industrielles (autos, acier, textile, électronique des ménages, électricité…) stagnent et, en conséquence,
5 la consommation de pétrole en Chine ne progresse plus. Ceci réduit l'augmentation de la demande mondiale de pétrole de près d'un million de barils par jour, soit les deux tiers de la hausse attendue.

Du côté de l'offre, à une hausse plus rapide que prévu de la production de pétrole (non conventionnel) aux États-Unis s'ajoute le refus de l'Arabie
10 Saoudite de baisser davantage sa production. Le royaume voudrait que les autres pays de l'OPEP, qui produisent tous à pleine capacité, réduisent eux aussi leur production ; ceux-ci ne le faisant pas, il ne veut pas jouer seul le rôle de variable d'ajustement. Au total, l'écart entre capacité de production mondiale et demande mondiale de pétrole est considérable (6 millions de
15 barils par jour) et il ne va pas en se réduisant, ce qui tire les prix vers le bas.

Patrick Artus, « Pourquoi le prix du pétrole baisse », *Alternatives économiques*, n° 340, novembre 2014, www.alternatives-economiques.fr.

Méthode

Analyser un texte économique

Étape 1 Identifier le document

Le titre et la source donnent des indications sur la fiabilité du document mais aussi sur la période et le contexte.

Étape 2 Comprendre le texte

- Demandez-vous si la structure des paragraphes permet d'identifier les grandes idées du document.
- Ensuite, exploitez le document : repérez les informations importantes, qui définissent ou illustrent les notions à mobiliser.

Étape 3 Exploiter le texte pour répondre à la question posée
- Reliez les informations du document avec les notions et mécanismes du cours.
- Demandez-vous dans quelle mesure un modèle théorique ou un mécanisme économique permet de comprendre les faits d'actualité ou les phénomènes décrits.

Étape 4 Rédiger la réponse → MÉTHODE p. 63

▶▶▶ LA FEUILLE DE ROUTE

Étape 1 Identifier le document
Ici, le texte est simple, écrit par un analyste économique dans une revue économique généraliste.

Étape 2 Comprendre le texte
- Le document expose les déterminants de la demande de pétrole (1er paragraphe) et de l'offre (2e paragraphe), avant de conclure sur l'évolution du prix.
- La dernière phrase fait référence à la notion d'excédent, qui est ici un déséquilibre entre l'offre et la demande. Schématiquement, cela correspond à un niveau de prix supérieur au prix d'équilibre « théorique ». Le mécanisme d'ajustement oriente le prix à la baisse.

Étape 3 Exploiter le texte pour répondre à la question posée
Les modifications des conditions d'offre et de demande peuvent être visualisées par un déplacement des courbes vers la gauche ou la droite. Pour étudier l'impact d'un événement, on détermine la courbe affectée, la direction du déplacement et enfin la modification de la quantité et du prix d'équilibre que cela entraîne.

Étape 4 Rédiger la réponse
- Un premier paragraphe présentera les notions de marché d'offre, de demande, appliquées au cas du pétrole.
- Un deuxième paragraphe traduira les phénomènes économiques présentés dans l'article à l'aide du modèle de marché concurrentiel.
- Enfin, un dernier paragraphe apportera une réponse synthétique à la question, en insistant sur l'évolution des prix.

→ CORRIGÉS p. 28

CORRIGÉS

▶ SE TESTER QUIZ

1 Un modèle d'échange entre offreurs et demandeurs

1. Réponse c. Lorsqu'ils se rencontrent, vendeurs et acheteurs se mettent d'accord sur la quantité échangée et sur le prix de la transaction.

2. Réponses a et b. Le marché est une institution et implique la mise en place de règles. Il n'est pas nécessairement un lieu de rencontre physique.

2 Le comportement des agents économiques

1. Réponse b. Il s'agit du mécanisme de « déplacement sur la courbe ». La demande est une fonction décroissante du prix.

2. Réponses a, b et c. Tous ces éléments constituent des « déterminants de l'offre ».

3 La formation d'un équilibre sur le marché concurrentiel

1. Réponse b. Dans le modèle de concurrence pure et parfaite, aucun agent n'est en mesure d'influencer la fixation du prix. Tous les agents sont « preneurs de prix ».

2. Réponse b. Il y a un déséquilibre, avec une demande insuffisante par rapport à l'offre. Le mécanisme autorégulateur du marché fait converger les positions des offreurs et demandeurs vers le point d'équilibre, à un niveau de prix plus bas.

4 Les gains à l'échange

Réponse b. L'affirmation a est fausse : il ne faut pas confondre surplus du producteur et bénéfice. Le surplus représente la différence entre le prix de consentement et le prix effectivement payé.

▶ S'ENTRAÎNER

5 Comprendre le vocabulaire du cours

1. • Une automobile, 1 kg de pommes : marché des biens et services

• Le travail d'un ouvrier : marché du travail

• Une action d'entreprise cotée en Bourse : marché des capitaux

• Les dollars détenus par une entreprise internationale : marché des changes

2. • **Lieux physiques :** braderie de Lille et marché aux fleurs d'Aalsmeer.

• **Lieux virtuels :** marché du travail des ingénieurs informaticiens, marché aux fleurs d'Aalsmeer (nouvelles technologies), marchés du pétrole et du dollar.

6 Réviser le cours en 8 questions flash

1. Les quatre principaux marchés sont le marché des **biens et services**, le marché du **travail**, le marché des **capitaux** et le marché des **changes**.

2. Les **cinq conditions** de la concurrence pure et parfaite sont l'atomicité, l'homogénéité des produits, la transparence de l'information, la libre entrée ou sortie du marché, la libre circulation des facteurs de production.

3. Selon la **loi de l'offre**, lorsque le prix d'un bien augmente, la quantité offerte augmente. Selon la **loi de la demande**, lorsque le prix d'un bien augmente, la quantité demandée diminue.

4. Le producteur ne rentre sur le marché que dans la perspective de faire un profit, c'est-à-dire de pouvoir vendre son produit à un prix supérieur au coût de production.

5. La confrontation de l'offre et de la demande aboutit à la fixation d'un **prix d'équilibre**. Celui-ci correspond au **croisement des courbes** d'offre et de demande.

6. L'introduction d'une taxe perturbe l'équilibre de marché (**augmentation des prix** et réduction des quantités échangées). Cela se traduit sur le schéma par le décalage de la courbe concernée.

7. Le surplus du consommateur est la **différence entre son consentement à payer et le prix d'équilibre**. Le surplus du producteur est la différence entre le prix de marché et le prix auquel il serait prêt à vendre son produit.

8. Une régulation modifiant l'équilibre du marché a pour effet de diminuer le surplus de l'un des agents.

7 Interpréter la pente d'une courbe de demande

1. L'élasticité-prix de la demande mesure la sensibilité des consommateurs à une variation du prix du produit.

2. Réponse a : lorsque le prix augmente, la demande baisse peu.

3. La courbe **a** présente une demande fortement élastique. La courbe **b** représente une demande faiblement élastique (ou inélastique).

4. La courbe **a** correspond à la demande de repas au restaurant. La courbe **b** correspond à la demande de carburant.

5. Le carburant est un bien essentiel, donc les consommateurs ne diminuent pas drastiquement leur consommation lorsque le prix augmente. Le dîner au restaurant, en tant que dépense de loisir, fait l'objet d'une plus grande sensibilité.

8 Lire et interpréter graphiquement une fonction d'offre

1. Voici le tableau complété :

Quantité	1	2	3	4	5	6	7	8	9	10
Coût total	30	36	42	50	62	78	98	130	170	220
Coût moyen	30	18	14	12,5	12,4	13	14	16,25	18,9	22
Coût marginal	10	6	6	8	12	16	20	32	40	50

2. La courbe de coût marginal coupe celle du coût moyen au point d'abscisse 5. Cela correspond au **minimum de la courbe de coût moyen**. Lorsque le coût marginal devient supérieur au coût moyen (= le coût de chaque nouvelle unité supplémentaire est supérieur au coût moyen des unités déjà produites), le coût moyen commence à augmenter.

3. Si le prix de marché est inférieur au coût moyen, la recette de l'entreprise ne couvre pas ses coûts, le profit de l'entreprise est alors négatif. L'entreprise n'a alors **aucun intérêt à produire** et à offrir sa production sur le marché.

4. L'affirmation **est vérifiée**. En effet, On repère graphiquement que lorsque la courbe de coût marginal croise la droite du prix de vente (abscisse = 7), cela correspond à un maximum de profit.

5. Le profit est maximal pour une quantité produite de **7 unités**.

6. Si le prix est de 20 €, l'entreprise va offrir 7 unités.

7. Pour un prix de 12 €, 5 unités. Pour un prix de 30 €, 8 unités, pour un prix de 40 €, 9 unités, etc. (on « remonte » sur le graphique la droite du prix de vente).

8. Les courbes d'offre et de coût marginal **coïncident**.

▶ OBJECTIF BAC

9 Raisonnement

■ Le **marché** est un lieu réel ou virtuel où se confrontent une **offre** et une **demande** pour aboutir à des échanges caractérisés par un **prix** de marché. Sur le marché du pétrole, la demande est représentée par les secteurs industriels utilisant du pétrole. L'offre provient des pays producteurs détenant des ressources pétrolières. L'échange est organisé à l'échelle mondiale par des bourses où sont cotées les matières premières. Le prix du pétrole dépend de cette rencontre entre une demande et une offre, qui subissent des évolutions en fonction de la conjoncture économique.

■ Ainsi, le **ralentissement économique** (notamment en Chine) a un effet négatif sur la demande, ce qui se schématise par une **réduction des quantités demandées** (un déplacement de la courbe de demande vers la gauche). Dans le même temps, les **capacités de production** sont exploitées au **maximum**, ce qui **augmente l'offre** sur le marché (déplacement de la courbe d'offre vers la droite). Ces deux mécanismes engendrent un déséquilibre sur le marché (**excédent d'offre**). Il se régule par une **baisse des prix**.

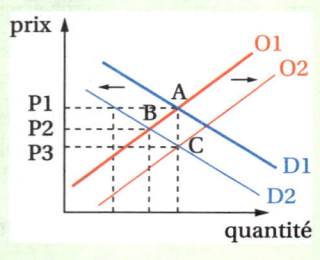

■ L'analyse des **déterminants** de l'offre et de la demande de pétrole (conjoncture économique, stratégie géopolitique des pays exportateurs, exploitation de nouveaux champs pétrolifères) permet d'expliquer, à l'aide du **modèle de marché**, l'évolution des prix à la baisse du pétrole en 2014.

ÉCONOMIE

Le fonctionnement des marchés imparfaitement concurrentiels

> Le marché de l'automobile est un marché régi par la concurrence imparfaite : quelques grandes entreprises élaborent différentes stratégies pour s'imposer face à la concurrence.

FICHES DE COURS	**5** Les structures de marché de la concurrence imparfaite	30
	6 Les origines du pouvoir de marché	32
	7 Les stratégies des entreprises	34
	8 L'intervention des pouvoirs publics	36
	MÉMO VISUEL	38
EXERCICES & SUJETS	SE TESTER — Exercices 1 à 4	40
	S'ENTRAÎNER — Exercices 5 à 8	41
	OBJECTIF BAC — Exercice 9 • Analyser un sujet de dissertation et dégager une problématique	44
CORRIGÉS	Exercices 1 à 9	45

29

5 Les structures de marché de la concurrence imparfaite

En bref *On parle de concurrence imparfaite quand une ou plusieurs conditions de la concurrence pure et parfaite ne sont pas respectées. On peut alors distinguer différentes structures de marché, c'est-à-dire différentes configurations de l'offre et de la demande : monopole, oligopole et concurrence monopolistique.*

I. De la concurrence parfaite à la concurrence imparfaite

■ La concurrence est dite pure et parfaite lorsque cinq conditions sont remplies : l'atomicité, l'homogénéité des produits, la libre entrée et sortie sur le marché, la libre circulation des facteurs de production et l'information parfaite. → FICHE 1

■ Sur un marché parfaitement concurrentiel, les entreprises, nombreuses, n'ont pas le pouvoir d'agir sur les prix. Elles sont « preneuses de prix ».

■ Dans la réalité, ces cinq conditions sont rarement respectées et un nombre limité d'entreprises se partage le marché en proposant des produits aux caractéristiques différentes. Elles acquièrent alors un pouvoir de marché, c'est-à-dire la capacité à influencer les prix. Elles deviennent « faiseuses de prix ».

II. Des marchés sans atomicité : monopole et oligopole

■ L'atomicité suppose un grand nombre d'offreurs et de demandeurs. Lorsqu'un petit nombre d'offreurs se partage le marché face à un grand nombre de demandeurs, on parle d'oligopole. Lorsqu'un seul offreur contrôle le marché face à de nombreux demandeurs, on parle de monopole.

■ Les marchés oligopolistiques sont les plus fréquents. Dans ce cas de figure, les entreprises sont en mesure d'élaborer des stratégies pour tenter de renforcer leur pouvoir et gagner des parts de marché. Ces stratégies les poussent à chercher une plus grande **compétitivité**.

■ Dans le cas d'un monopole, l'entreprise est en mesure de fixer un prix supérieur au prix de concurrence. Néanmoins, cette hausse du prix entraîne une diminution de la production (loi de la demande) préjudiciable aux consommateurs et au producteur. On assiste à une réduction du surplus de l'ensemble des agents : on parle de perte sèche du monopole.

> **MOT CLÉ**
> La **compétitivité** désigne la capacité d'une entreprise à conserver ou accroître ses parts de marché en baissant ses prix de vente (compétitivité prix) ou en jouant sur la qualité ou l'image (compétitivité hors-prix).

III. Des marchés sans homogénéité des produits : la concurrence monopolistique

■ L'homogénéité suppose que tous les produits sur un marché soient identiques et donc **substituables**. Le consommateur n'a alors pas de raison d'en préférer un en particulier et son seul critère de choix est le prix. Pourtant, les produits proposés sont rarement similaires et les consommateurs peuvent développer un attachement à certains d'entre eux.

■ On parle alors de **concurrence monopolistique** pour désigner une situation où un plus ou moins grand nombre d'entreprises propose des produits différenciés. Cette structure de marché relève à la fois du **monopole** car l'entreprise tente de rendre son produit non remplaçable aux yeux du consommateur, et de la **concurrence** puisque l'entreprise est obligée de prendre en compte l'existence de concurrents potentiels.

■ Dans ce cadre, les entreprises élaborent des stratégies de **différenciation** en jouant sur l'innovation et en utilisant la publicité pour se démarquer de la concurrence et limiter la substituabilité de leur produit. Elles peuvent alors fixer un **prix supérieur** au prix de concurrence, comme en situation de monopole, et accroître leurs profits.

> **MOT CLÉ**
> La **différenciation** consiste pour une entreprise à doter ses produits de caractéristiques objectives (apparence, labels, performances) ou subjectives (image de marque, réputation) particulières.

zoom — Le marché des parfums de luxe

Le marché des parfums est un marché où règne la concurrence monopolistique. Chanel, numéro un du secteur, pour se démarquer de ses principaux concurrents Dior et Guerlain, différencie ses produits en jouant sur sa réputation et son image de marque prestigieuse. Chanel est ainsi parvenu à créer un produit « unique », ce qui lui permet de le vendre à un prix élevé.

Les marchés imparfaitement concurrentiels

6 Les origines du pouvoir de marché

En bref *En situation de monopole ou d'oligopole, les entreprises disposent d'un pouvoir de marché : leur poids significatif leur donne la possibilité de fixer un prix plus élevé qu'en situation de concurrence. Ce pouvoir provient de l'imperfection de l'information et de l'existence de différents types de barrières à l'entrée.*

I Des barrières structurelles

■ Les barrières à l'entrée désignent des obstacles à l'arrivée de nouveaux concurrents sur un marché. Les barrières structurelles sont **dues aux caractéristiques du marché**. Elles sont liées aux conditions de production (existence d'économies d'échelles ou de réglementations).

■ Lorsqu'il existe des **économies d'échelle**, les entreprises en place disposent d'un avantage : leur coût unitaire de production diminue lorsque la production augmente. Leur rentabilité est donc plus forte que celle de potentiels concurrents qui ne peuvent d'emblée réaliser un volume de production suffisant. En présence de fortes économies d'échelle, il peut ne subsister qu'une seule entreprise rentable : un **monopole dit « naturel »**.

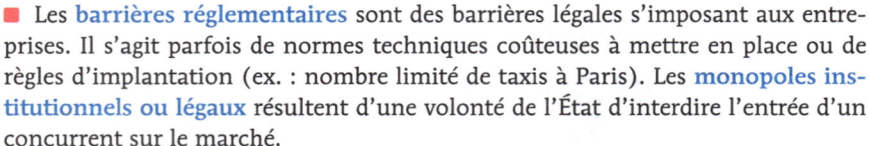

> **MOT CLÉ**
> Lorsque la production augmente, les coûts fixes n'augmentent pas, ce qui entraîne une diminution du coût unitaire de production. On observe ces **économies d'échelle** dans des activités qui nécessitent d'importants coûts fixes (transport ferroviaire, aéronautique...).

■ Les **barrières réglementaires** sont des barrières légales s'imposant aux entreprises. Il s'agit parfois de normes techniques coûteuses à mettre en place ou de règles d'implantation (ex. : nombre limité de taxis à Paris). Les **monopoles institutionnels ou légaux** résultent d'une volonté de l'État d'interdire l'entrée d'un concurrent sur le marché.

II Des barrières stratégiques

■ Les barrières stratégiques sont **créées par les entreprises** elles-mêmes afin de dissuader d'éventuels concurrents.

■ Les entreprises réalisent des dépenses de recherche et développement afin d'innover. Elles peuvent alors déposer des **brevets**. Ces barrières juridiques leur confèrent une situation temporaire de quasi-monopole en empêchant la concurrence d'exploiter leurs innovations. On parle de **monopole d'innovation**.

■ Les **stratégies de prix** sont aussi utilisées. En vendant à bas prix, l'entreprise ou les entreprises (dans le cadre d'une entente →FICHE 7) peuvent rendre impossible l'accès au marché à de nouveaux concurrents. On parle de « guerre des prix » ou de « prix prédateurs ».

III — Une information imparfaite

■ L'information est dite imparfaite quand les agents économiques ne disposent pas rapidement et sans coût de toutes les informations sur les prix, les quantités et la qualité des produits vendus sur un marché. Ils ne sont pas non plus capables de prévoir les comportements des autres agents.

■ Si les consommateurs ne sont pas suffisamment informés sur la qualité des nouveaux produits sur un marché, ils préféreront se diriger vers les produits connus dans lesquels ils ont confiance. C'est un **avantage pour les entreprises déjà implantées** sur le marché et une barrière à l'entrée de nouveaux concurrents.

■ Les entreprises souhaitant entrer sur un marché ne disposent pas de suffisamment d'information sur la **capacité de réaction** des entreprises déjà en place. Elles peuvent alors renoncer à entrer sur le marché de peur de ne pouvoir y faire face.

> **MOT CLÉ**
> Les entreprises doivent prendre leurs décisions en prenant en compte les réactions des autres. La **capacité de réaction** des entreprises désigne leur capacité à mener une guerre des prix ou à inonder le marché de leurs produits en réponse à l'arrivée d'un nouveau concurrent.

zoOm

Une barrière stratégique : les brevets

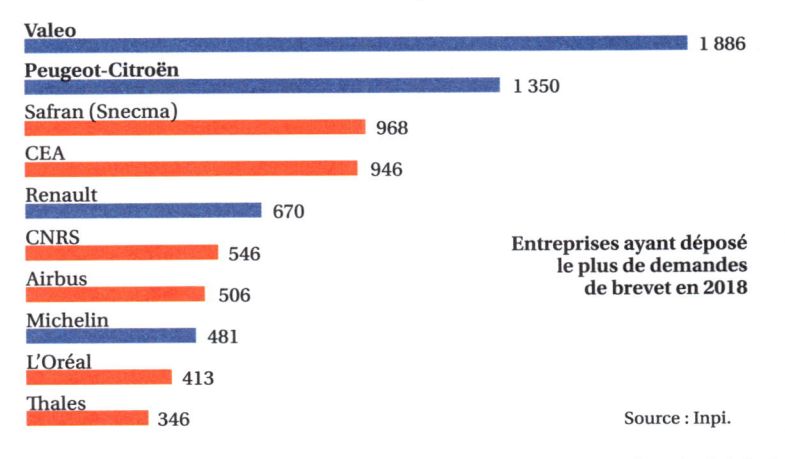

Entreprises ayant déposé le plus de demandes de brevet en 2018

Valeo	1 886
Peugeot-Citroën	1 350
Safran (Snecma)	968
CEA	946
Renault	670
CNRS	546
Airbus	506
Michelin	481
L'Oréal	413
Thales	346

Source : Inpi.

■ Les brevets sont des droits de propriété qui garantissent l'exclusivité de l'exploitation d'une innovation à son inventeur. Déposer de nombreux brevets est une stratégie qui vise à créer des barrières à l'entrée de nouveaux concurrents.

■ L'industrie automobile est particulièrement dynamique en matière de demandes de brevet : Valeo, Peugeot-Citroën, Michelin et Renault ont demandé à elles quatre 4 387 brevets en 2018.

7 Les stratégies des entreprises

En bref *En situation de concurrence imparfaite, les stratégies des entreprises correspondent à des actions qui visent à étendre leur pouvoir de marché et à dissuader de potentiels concurrents. Dans un oligopole, les entreprises peuvent choisir de s'entendre ou de s'affronter. Le monopole cherche à accroître son profit tout en maintenant sa position.*

I Les entreprises ont parfois intérêt à s'entendre

■ Sur un marché oligopolistique, les entreprises peuvent avoir intérêt à former des ententes plutôt qu'à s'affronter. En s'entendant sur les prix, en se répartissant le marché ou encore en fixant des quotas, elles **réduisent la concurrence** et peuvent **augmenter leurs profits**.

■ Elles peuvent aussi choisir de s'allier en fusionnant. Deux entreprises se réunissent alors pour en former une nouvelle. On parle de **fusion-acquisition**. Cette stratégie de concentration permet d'augmenter la taille des entreprises, de les rendre plus efficaces et rentables. Elles étendent leur pouvoir de marché.

■ Mais la coopération peut être risquée : pour qu'elle soit bénéfique, il faut que toutes les entreprises concernées « jouent le jeu ». La **théorie des jeux** montre que si les entreprises ne sont pas certaines de pouvoir anticiper la réaction des autres, elles peuvent choisir de ne pas coopérer. La coopération serait la meilleure solution, mais ce n'est pas forcément la solution choisie.

> **MOT CLÉ**
> La **théorie des jeux** permet d'analyser le comportement d'agents rationnels qui doivent prendre des décisions stratégiques. Les agents sont en interaction : le comportement des uns dépend du comportement attendu des autres.

II Les entreprises choisissent souvent de s'affronter

■ Les entreprises peuvent choisir de s'affronter en jouant sur les prix ou la nature des produits afin de gagner des parts de marché.

■ Elles développent des stratégies de **prix prédateur**. En fixant temporairement leurs prix à un niveau inférieur à leur coût de production, elles espèrent faire disparaître les concurrents. Elles subissent dans un premier temps des pertes qui seront compensées par la suite.

■ Elles mènent des stratégies de **différenciation** (→ FICHE 5). En dotant leurs produits de caractéristiques objectives ou subjectives originales, elles cherchent à se démarquer de la concurrence. Elles multiplient alors les dépenses de recherche et développement et de publicité. Elles déposent de nombreux brevets.

III — Les stratégies des monopoles

■ En situation de monopole, une entreprise maximise son profit pour un **prix supérieur au prix d'équilibre** sur un marché concurrentiel. Elle est cependant contrainte de fixer son prix en tenant compte de l'**élasticité-prix de la demande** afin de ne pas entraîner une trop forte diminution des quantités demandées.

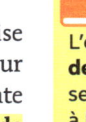

> **MOT CLÉ**
> L'**élasticité-prix de la demande** désigne la sensibilité de la demande à la variation des prix. Plus cette élasticité est faible, plus le monopole accroîtra son profit : les consommateurs réagiront peu à un prix plus élevé.

■ Le monopole peut chercher à accroître son profit en se rapprochant au plus près de la disposition à payer de chaque catégorie de consommateur. Pour cela, il pratique une stratégie de **discrimination par les prix** : il propose des prix différents en fonction des types de clientèle (ex. : tarifs différenciés proposés par la SNCF).

■ La discrimination est parfaite si l'entreprise parvient à faire payer à chaque consommateur le prix maximum qu'il était prêt à payer (son **prix de réserve**). Le monopole maximise alors son profit et capte la totalité du surplus du consommateur. Cette stratégie peut être bénéfique à certains consommateurs évincés jusque-là du marché car leur prix de réserve était inférieur au prix de marché.

---

zoOm

Théorie des jeux et mécanisme de décision

	Entreprise A : maintient les prix	Entreprise A : baisse les prix
Entreprise B : maintient les prix	A : gain de 4 Md B : gain de 4 Md	A : gain de 6 Md B : gain de 0 Md
Entreprise B : baisse les prix	A : gain de 0 Md B : gain de 6 Md	A : gain de 3 Md B : gain de 3 Md

■ Les entreprises A et B ont la possibilité de s'entendre pour maintenir les prix ou de s'affronter en baissant les prix. Le tableau des gains montre que la solution la plus intéressante est la coopération : l'entente pour maintenir les prix.

■ Cependant, sans certitude sur le comportement de l'entreprise concurrente, chacune choisit la baisse des prix, et obtient un gain moins important.

Les marchés imparfaitement concurrentiels

8 L'intervention des pouvoirs publics

En bref *Les pouvoirs publics interviennent de manière à éliminer tout comportement susceptible de limiter la concurrence. Cette politique de la concurrence a pour objectif de protéger les consommateurs.*

I Pourquoi les pouvoirs publics interviennent-ils ?

■ Sur un marché imparfaitement concurrentiel, les entreprises ont le pouvoir de fixer les prix et cherchent à limiter l'entrée de nouveaux concurrents. Les consommateurs sont alors pénalisés car les prix sont élevés et leur choix réduit.

■ Ainsi, l'absence de concurrence remet en cause la capacité du marché à garantir une allocation optimale des ressources →FICHE 4. Les mécanismes de marché qui permettent la sélection des entreprises efficaces et qui les poussent à innover sont remis en cause. L'augmentation du prix qui en résulte permet aux entreprises de capter une partie du surplus du consommateur.

■ Les pouvoirs publics, au niveau national comme au niveau européen, interviennent pour garantir une concurrence juste et équitable, bénéfique à tous.

II Quels sont leurs domaines d'action ?

■ Les pouvoirs publics luttent contre les abus de position dominante. Une entreprise en position dominante n'a pas le droit d'abuser de cette position pour affecter la concurrence au détriment des consommateurs (par exemple en pratiquant des ventes liées), de ses fournisseurs (à qui elle peut imposer des conditions d'achat défavorables) ou de ses concurrents (pratique de prix prédateurs).

■ Ils luttent contre les cartels (entente de producteurs pour contrôler un marché). Le droit de la concurrence interdit les ententes anticoncurrentielles qui visent à accroître le profit de leurs membres au détriment des consommateurs et des entreprises concurrentes. Ces pratiques sont difficiles à détecter car menées en secret. Certaines ententes sont néanmoins autorisées si elles favorisent le progrès technique et bénéficient au consommateur.

■ Ils contrôlent les opérations de concentration. Lorsque les entreprises fusionnent, leur taille augmente et leur nombre diminue. Ces opérations ne sont autorisées que si elles ne se traduisent pas par une trop forte diminution du degré de concurrence sur le marché. Pour prendre leur décision, les autorités de la concurrence délimitent le **marché pertinent**.

MOT CLÉ
Le **marché pertinent** est le périmètre sur lequel s'exerce la concurrence entre des entreprises concernées par un projet de concentration.

III. Quels moyens utilisent-ils ?

■ La Commission européenne, mais aussi, au niveau national, la DGCCRF (Direction générale de la concurrence, de la consommation et de la répression des fraudes) et l'Autorité de la concurrence veillent au respect du droit de la concurrence.

■ En cas d'abus de position dominante ou d'entente illégale, les entreprises subissent des **sanctions financières**. Ces **amendes** doivent être suffisamment élevées pour être dissuasives mais ne peuvent dépasser 10 % du chiffre d'affaires mondial de l'entreprise. Ainsi, Google a été condamné en juillet 2018 par la Commission européenne à une amende record de 4,34 milliards d'euros pour pratique anticoncurrentielle. Aux États-Unis, ces amendes peuvent s'accompagner de peines de prison.

> **CHIFFRE CLÉ**
> Le montant des **amendes** augmente d'année en année : en 2017, le record, déjà détenu par Google, s'élevait à 2,4 milliards d'euros. En 2016, il était d'un milliard d'euros pour l'entreprise Intel.

■ Pour faciliter la détection des ententes, les autorités de la concurrence ont mis en place des **politiques de clémence** : les entreprises qui participent à une entente et qui la dénoncent échappent aux sanctions financières. C'est un outil particulièrement efficace pour mettre fin aux ententes.

zoOm

Le « cartel du yaourt »

■ En 2015, onze entreprises de l'industrie laitière française ont été condamnées pour entente illicite sur les prix et la répartition du marché. À l'exception de Yoplait, qui avait dénoncé l'entente, elles ont subi de lourdes sanctions financières : 192,7 millions d'euros, ramenés en 2017 à un total de 131,9 millions d'euros par la Cour d'appel de Paris.

■ Le secteur agroalimentaire a très souvent fait l'objet de sanctions (cartel des endives, des poulets, de la farine…).

MÉMO VISUEL

Des structures de marché différentes de la CPP

Absence d'atomicité
- Monopole (un seul offreur)
- Oligopole (plusieurs offreurs)
→ Les entreprises sont « faiseuses de prix ». Elles ont un pouvoir de marché

Absence d'homogénéité des produits
- Concurrence monopolistique
→ Les produits sont différenciés

LA CONCURRENC

Des barrières à l'entrée de nouveaux concurrents

Barrières structurelles ou stratégiques

Barrières	Structurelles	Stratégiques
Origine	les caractéristiques du marché	le comportement des entreprises
Exemple	• réglementations • économies d'échelle	• brevets • prix prédateurs
Résultat possible	formation de monopole naturel	formation de monopole d'innovation

Information imparfaite
- Décourage l'entrée de nouveaux concurrents
- Favorise la préférence des consommateurs pour les entreprises connues

38

IMPARFAITE

Des entreprises qui élaborent des stratégies

Discrimination par les prix
- Monopoles qui cherchent à capter le surplus du consommateur

MA CARTE DE RÉDUCTION JEUNE 18-27
VOYAGER MÊME À LA DERNIÈRE MINUTE
SNCF

MA CARTE DE RÉDUCTION SENIOR+
VOYAGER TOUT CONFORT
SNCF

Affrontement
- Guerre des prix
- Différenciation des produits

Entente
- Coopération

Des pouvoirs publics qui interviennent pour réguler la concurrence

Objectifs
- Assurer une concurrence juste et équitable
- Défendre les consommateurs
- Lutter contre :
  - les abus de position dominante
  - les ententes (cartels)
- Contrôler les opérations de concentration

Moyens
- Actions répressives : amendes
- Actions préventives : interdiction de certaines opérations de concentration

Les marchés imparfaitement concurrentiels

▶ SE TESTER QUIZ

*Vérifiez que vous avez bien compris les points clés des **fiches 5 à 8**.*

1 Les structures de marché → FICHE 5

1. La structure de marché la plus fréquente est…
- ☐ **a.** le monopole   ☐ **b.** la concurrence pure et parfaite   ☐ **c.** l'oligopole

2. Quels sont les effets d'une stratégie de différenciation des produits ?
- ☐ **a.** Les produits sont substituables et les entreprises se concurrencent.
- ☐ **b.** Les entreprises se démarquent et peuvent augmenter leur prix.
- ☐ **c.** Les entreprises baissent leurs prix pour être plus compétitives.

2 Les origines du pouvoir de marché → FICHE 6

1. Qu'est-ce qu'une entreprise disposant d'un monopole naturel ?
- ☐ **a.** Une entreprise qui exploite une ressource naturelle
- ☐ **b.** Une entreprise qui bénéficie de fortes économies d'échelle
- ☐ **c.** Une entreprise qui s'impose grâce à l'innovation

2. Les brevets sont des barrières…
- ☐ **a.** structurelles   ☐ **b.** normatives   ☐ **c.** stratégiques

3 Les stratégies des entreprises → FICHE 7

1. Que montre la théorie des jeux ?
- ☐ **a.** Que lorsque la coopération est la meilleure stratégie, elle est toujours choisie par les entreprises.
- ☐ **b.** Que lorsque la coopération est la meilleure stratégie, elle n'est pas toujours choisie par les entreprises.
- ☐ **c.** Qu'il est préférable pour les entreprises de s'affronter.

2. Le monopole fixe un prix…
- ☐ **a.** le plus élevé possible
- ☐ **b.** tenant compte de l'élasticité de la demande et des différentes catégories de consommateur
- ☐ **c.** en cherchant à se rapprocher du prix de concurrence

4 L'intervention des pouvoirs publics → FICHE 8

Pourquoi les ententes sont-elles interdites ?
- ☐ **a.** Elles faussent la concurrence et nuisent aux consommateurs.
- ☐ **b.** Elles agissent en secret.
- ☐ **c.** Elles entraînent une fusion des entreprises.

▶ S'ENTRAÎNER

5 Comprendre le vocabulaire du cours → FICHES 5 à 8

1. Associez chaque terme à sa définition.

- oligopole • • processus qui consiste à doter ses produits de caractéristiques originales
- pouvoir de marché • • marché comptant un petit nombre d'offreurs et une multitude de demandeurs
- entente • • capacité à fixer les prix
- différenciation • • accord entre entreprises pour fixer les prix ou se répartir le marché

2. À quel type de barrière à l'entrée les exemples suivants correspondent-ils ? Cochez la case correspondante.

	Barrière structurelle	Barrière stratégique
Fortes économies d'échelle		
Brevets		
Dépenses de publicité		
Normes techniques à respecter		
Prix prédateurs		

6 Réviser le cours en 8 questions flash → FICHES 5 à 8

1. Quelles conditions de la CPP sont remises en cause en situation de concurrence imparfaite ?

2. Quelles sont les trois structures de marché qui s'éloignent de la concurrence parfaite ?

3. Quels sont les différents types de barrières à l'entrée ?

4. Pourquoi l'imperfection de l'information limite-t-elle l'entrée de nouveaux concurrents sur le marché ?

5. Pourquoi les entreprises peuvent-elles choisir de s'entendre ?

6. Pourquoi le monopole élabore-t-il une stratégie de discrimination par les prix ?

7. Pourquoi les pouvoirs publics interviennent-ils pour réguler la concurrence ?

8. Quels sont les domaines d'action de la politique de la concurrence ?

Les marchés imparfaitement concurrentiels 41

7 Se repérer sur un graphique

→ FICHE 5

Document — **Le monopole, un équilibre qui n'est pas efficace**

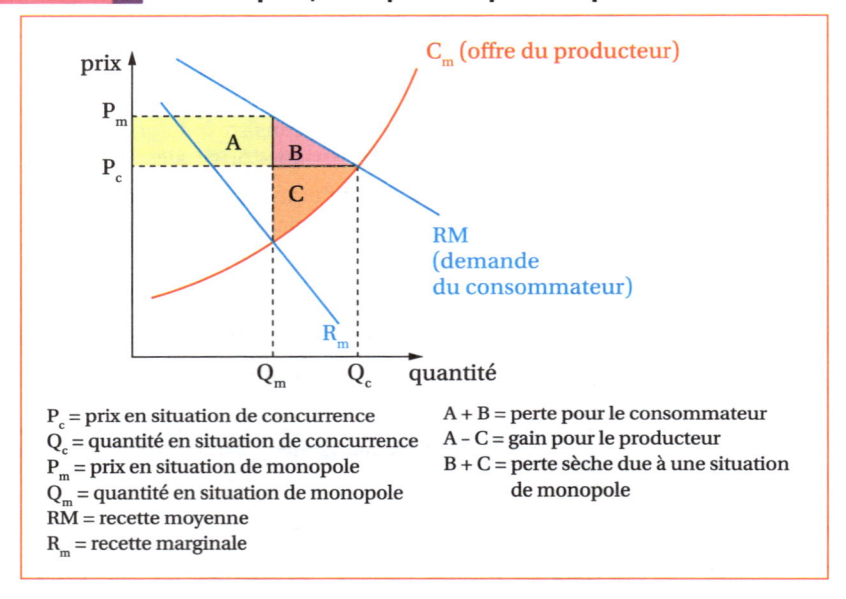

[Graphique : axes prix (ordonnée) et quantité (abscisse) ; courbe C_m (offre du producteur) croissante ; droite RM (demande du consommateur) décroissante ; droite R_m (recette marginale) décroissante. Zones A (jaune), B (rose) et C (orange) délimitées entre P_m, P_c, Q_m et Q_c.]

C_m (offre du producteur)
RM (demande du consommateur)
R_m

P_c = prix en situation de concurrence
Q_c = quantité en situation de concurrence
P_m = prix en situation de monopole
Q_m = quantité en situation de monopole
RM = recette moyenne
R_m = recette marginale

A + B = perte pour le consommateur
A − C = gain pour le producteur
B + C = perte sèche due à une situation de monopole

1. Par rapport à une situation concurrentielle, à quel niveau se fixent le prix et la quantité échangée sur le marché en situation de monopole ?

2. Que perd le consommateur ? Que gagne le producteur ?

3. Où se situe, sur le graphique, la réduction du surplus total par rapport à une situation de concurrence ?

Savoir-faire
Lire graphiquement une fonction simple

- Commencez par repérer les **variables** mises en relation en observant les indications données sur l'axe des abscisses et des ordonnées.
- Observez le **profil des courbes** : si la pente de la droite est positive, cela signifie que la fonction est une fonction croissante ; si elle est négative, c'est une fonction décroissante.
- Déduisez-en le type de **corrélation** entre les variables :
  - positive (lorsqu'une variable augmente, l'autre augmente aussi) ;
  - négative (lorsqu'une variable augmente, l'autre diminue).

8 Comprendre un texte

→ FICHES 5 et 7

Document **Le marché français des eaux en bouteille**

Le marché français des eaux en bouteille est très concentré. Trois groupes détiennent près de 80 % des parts de marché. Neptune (Saint-Yorre, Vichy Célestins, Cristaline, Rozana...) et Nestlé Waters (Vittel, Contrex, Nestlé Purelife, Perrier, San Pellegrino...) possèdent chacun 28,4 % de parts de marché,
5 talonnés par Danone, le n° 3, avec 19,3 % grâce à ses marques Évian, Volvic ou encore Badoit. Le marché de l'eau en bouteille [...] est fragilisé depuis 2008. En effet, les Français ont alors délaissé fortement les bouteilles pour l'eau du robinet afin de rationaliser leurs dépenses. [...] Pour faire face à la situation, les entreprises du secteur choisissent de n'afficher aucune hausse
10 des prix, rognant d'autant sur leurs marges, et de multiplier les offres promotionnelles. Pour redynamiser le marché, les industriels misent notamment sur la communication et les actions commerciales. Le budget publicité des acteurs du secteur a ainsi augmenté de 10 %. L'innovation n'est pas en reste avec l'apparition de nouveaux produits pour attirer de nouveaux consomma-
15 teurs : bouteilles avec tétine, eaux aromatisées, flacons pour sportifs... [...] En France mais aussi en Europe, les géants doivent désormais faire face à la percée des eaux régionales, des eaux premiers prix, des marques distributeurs... et des eaux de « luxe ». Étant donné les coûts importants d'embouteillage, de logistique et de main-d'œuvre, impossible pour une source d'être rentable si
20 elle produit moins de 100 millions de bouteilles par an.

Source : www.entreprendre.fr, 15/09/2015.

1. a. Surlignez en couleur dans le texte les éléments qui permettent de montrer que le marché de l'eau est un marché oligopolistique.

b. Surlignez d'une couleur différente les stratégies choisies par les entreprises pour gagner des parts de marché puis classez-les dans le tableau suivant :

Guerre des prix	
Stratégie de différenciation	

c. À quelle notion fait référence la dernière phrase du document ?

2. En vous appuyant sur les questions précédentes, rédigez un raisonnement composé de trois paragraphes argumentés pour montrer qu'en situation de concurrence imparfaite, les entreprises élaborent différents types de stratégies pour s'imposer face à leurs concurrents.

👍 CONSEIL

Chaque paragraphe doit exposer et développer un argument que vous devez illustrer par un exemple. Essayez de montrer que ce marché est bien un oligopole, puis distinguez les différentes stratégies utilisées.

▶ OBJECTIF BAC

⏱ 9 **La concurrence imparfaite • Dissertation**
30 min

Cet exercice est une préparation à la dissertation, qui sera travaillée en classe de terminale. Il vous donne l'occasion de questionner les termes du sujet et d'en soulever les enjeux, puis de dégager les axes de votre argumentation.

📄 LE SUJET

Les barrières à l'entrée permettent-elles toujours aux entreprises de disposer d'un pouvoir de marché ? Vous ferez l'analyse de ce sujet et proposerez une problématique.

Méthode

Analyser un sujet et dégager une problématique

Étape 1 Analyser les termes du sujet
- Commencez par repérer toutes les notions clés du sujet. Entourez-les, puis notez leur **définition** au brouillon.
- Étudiez ensuite les autres mots du sujet : le verbe utilisé pour donner la consigne (« montrez », « analysez », « expliquez », etc.) et tous les mots qui peuvent vous guider dans votre analyse (« toujours », « nécessairement », etc.). Soyez attentifs aux mots de liaison et aux liens qu'ils établissent entre les notions.
- Relisez la **formulation** du sujet. Que vous demande-t-on de faire ? S'agit-il de présenter un phénomène ou de discuter une affirmation ?

Étape 2 Comprendre les enjeux du sujet
- Identifiez la **thématique** abordée par les notions clés du sujet.
- Cherchez dans le sujet ce qui peut faire débat ou être questionné : une **opposition** entre les notions clés, une **contradiction** entre la théorie et les faits, une tournure qui vient contredire un raisonnement spontané, etc.

Étape 3 Formuler une problématique
- La problématique est posée par une question qui **découle** du paradoxe présent dans l'énoncé du sujet. Elle doit montrer que vous avez **compris** le sujet et ses enjeux.
- Cette question soulève un débat. On ne peut simplement y répondre par oui ou par non.

▶▶▶ **LA FEUILLE DE ROUTE**

Étape 1 Analyser les termes du sujet

■ Le sujet comprend deux notions importantes : « barrières à l'entrée » et « pouvoir de marché ». Interrogez-vous sur leur signification. Qu'est-ce qu'une barrière à l'entrée ? En existe-t-il de plusieurs sortes ? Qu'est-ce que disposer d'un pouvoir de marché ? Quel lien peut-on faire entre ces deux notions ?

■ Prenez en compte les autres mots du sujet. Le verbe « permettre » et l'adverbe « toujours » guident l'analyse puisqu'ils vous conduisent à étudier la nature de la relation entre « barrières à l'entrée » et « pouvoir de marché ».

■ La formulation du sujet vous invite à vous interroger. Cette relation est-elle toujours vérifiée ? Connaît-elle des limites ? Peut-elle être remise en cause ?

Étape 2 Comprendre les enjeux du sujet

■ Quelles sont les différentes structures de marché que vous connaissez ? Qu'est-ce qui caractérise le comportement des entreprises ?

■ Vous verrez apparaître un paradoxe lié à l'idée que les barrières à l'entrée ne permettent pas toujours à l'entreprise de disposer d'un pouvoir de marché.

Étape 3 Formuler une problématique

Vous devez soulever une question complexe qui interroge la relation entre « barrières à l'entrée » et « pouvoir de marché ».

→ **CORRIGÉS** p. 48

CORRIGÉS

▶ SE TESTER QUIZ

1 Les structures de marché

1. Réponse c. La plupart des marchés se caractérisent par la présence d'une multitude de demandeurs et de quelques offreurs.

2. Réponse b. La différenciation suppose que les entreprises proposent des produits dotés de caractéristiques originales pour s'abstraire de la concurrence et fixer des prix plus élevés.

2 Les origines du pouvoir de marché

1. Réponse b. Un monopole naturel bénéficie de fortes économies d'échelle. Plus la production augmente, plus elle est rentable, ce qui empêche de nouvelles entreprises d'entrer sur le marché.

2. Réponse c. Les brevets sont des barrières stratégiques permettant aux entreprises d'exploiter seules leurs inventions. Certaines déposent de nombreux brevets pour se protéger de la concurrence.

3 Les stratégies des entreprises

1. Réponse b. La théorie des jeux montre que lorsque la coopération est la meilleure stratégie, elle n'est pas toujours choisie par les entreprises, qui ne peuvent pas prévoir les choix des autres entreprises.

2. Réponse b. La demande diminue quand le prix baisse et que des différents consommateurs ont des prix de réserve différents. Le monopole doit les prendre en compte quand il fixe les prix.

4 L'intervention des pouvoirs publics

Réponse a. L'existence d'ententes crée des barrières à l'entrée pour de nouveaux concurrents et se traduit par une hausse des prix pour les consommateurs.

▶ S'ENTRAÎNER

5 Comprendre le vocabulaire du cours

1. • **oligopole** : marché comptant un petit nombre d'offreurs et une multitude de demandeurs
• **pouvoir de marché** : capacité à fixer les prix
• **entente** : accord entre entreprises pour fixer les prix ou se répartir le marché
• **différenciation** : processus qui consiste à doter ses produits de caractéristiques originales

2. Barrières structurelles : fortes économies d'échelle, normes techniques à respecter. **Barrières stratégiques** : brevets, dépenses de publicité, prix prédateurs.

6 Réviser le cours en 8 questions flash

1. L'**atomicité**, l'**homogénéité des produits** et l'**information parfaite** ne sont plus des conditions remplies en concurrence imparfaite.

2. On distingue des **oligopoles** (quelques offreurs), des **monopoles** (un seul offreur) et des marchés de **concurrence monopolistique** (les entreprises proposent des produits différenciés pour détenir un quasi-monopole).

3. Il existe des **barrières structurelles**, dites également naturelles, intrinsèquement liées aux caractéristiques du marché, et des **barrières stratégiques** qui résultent des choix des entreprises.

4. L'imperfection de l'information donne un avantage aux entreprises en place, mieux connues des consommateurs, et dissuade de nouveaux concurrents qui ne connaissent pas **la capacité de réaction** de ces entreprises.

5. Les entreprises peuvent choisir de s'entendre sur les prix ou de se répartir le marché pour limiter la concurrence et conserver des prix élevés. Elles peuvent ainsi conserver leurs parts de marché et augmenter leur profit.

6. Le monopole cherche à capter **le surplus du consommateur** en proposant à chaque catégorie de client un prix qui corresponde à son **prix de réserve**. Il peut ainsi augmenter son profit.

7. L'absence de concurrence conduit à une augmentation du prix et à une réduction du choix. Les pouvoirs publics agissent donc pour **protéger les consommateurs** et **permettre une allocation optimale des ressources**.

8. Les autorités de la concurrence agissent contre les **abus de position dominante**, contre **les ententes illicites** et contrôlent les **opérations de concentration**.

7 Se repérer sur un graphique

1. Le prix en situation de monopole (P_m) se fixe à un niveau supérieur au prix en situation de concurrence (P_c). La quantité échangée sera inférieure en situation de monopole (Q_m) qu'en situation de concurrence (Q_c).

2. Les consommateurs perdent une partie de leur surplus (A + B). Le producteur gagne une partie du surplus des consommateurs (A) mais perd une partie de son surplus (C). Il gagne (A – C).

3. La situation de monopole conduit à une perte sèche pour l'ensemble du marché (B + C) : du fait de l'augmentation des prix, la quantité échangée a baissé et le gain du producteur dû à l'augmentation des prix est compensé par la sortie du marché de certains consommateurs.

> **CONSEIL**
> Comparez ce graphique avec celui présentant le surplus du consommateur et du producteur en situation de concurrence parfaite → FICHE 4. Vous verrez clairement apparaître la réduction de cette zone en situation de concurrence imparfaite.

8 Comprendre un texte

1. a. Éléments à surligner : les 6 premières lignes du document, jusqu'à « Badoit ».
b.

Guerre des prix	multiplier les offres promotionnelles, eaux premiers prix
Stratégie de différenciation	communication, publicité, innovation (bouteilles avec tétine, eaux aromatisées, flacons pour sportifs), eaux régionales, eaux de « luxe »

c. La dernière phrase du document fait référence aux économies d'échelle.

2. ■ Le marché de l'eau en bouteille est un **marché oligopolistique**. Trois groupes se partagent 80 % du marché.
■ Pour se démarquer, ils élaborent des **stratégies** en **différenciant** leurs produits (eaux de luxe, flacons pour sportifs…) ou en jouant sur les prix (offres promotionnelles).
■ Ils bénéficient également de **barrières structurelles** (économies d'échelles) qui limitent l'entrée de nouveaux concurrents. En effet, les coûts d'embouteillage, de logistique et de main-d'œuvre ne sont rentabilisés que pour une production d'au moins 100 millions de bouteilles par an.

Les marchés imparfaitement concurrentiels **47**

▶ OBJECTIF BAC

9 Dissertation

Étape 1

■ Les « barrières à l'entrée » désignent des obstacles à l'entrée de nouveaux concurrents sur le marché. Le « pouvoir de marché » est la capacité pour une entreprise à fixer les prix.

■ Généralement, les entreprises cherchent à bénéficier des barrières à l'entrée en fixant leurs prix à un niveau plus élevé qu'en situation de concurrence.

Étape 2

■ Les structures de marché les plus courantes en situation de concurrence imparfaite sont l'oligopole et la concurrence monopolistique. Les entreprises sont alors suffisamment puissantes pour élaborer des stratégies destinées à gagner des parts de marché. Ces stratégies les conduisent à élaborer ou à profiter de barrières à l'entrée de nouveaux concurrents pour fixer des prix élevés.

■ Pourtant cette situation ne correspond pas à une absence totale de concurrence. On peut alors se demander si ces barrières permettent aux entreprises de fixer librement leurs prix à un niveau bien supérieur au prix de concurrence sans craindre une réaction des consommateurs ou de la concurrence.

Étape 3

Existe-il des limites à la capacité des entreprises à fixer leur prix dans le cadre de la concurrence imparfaite ?

Voici un plan possible pour répondre à cette problématique :

I. Des barrières structurelles et stratégiques confèrent un pouvoir de marché aux entreprises

■ Des économies d'échelles et des réglementations mettent les entreprises à l'abri de la concurrence et leur permettent de fixer des prix élevés.

■ Des stratégies de différenciation ou d'innovation leur permettent de se démarquer et de fixer les prix.

II. Mais ces entreprises doivent tenir compte de la réaction des consommateurs et des entreprises concurrentes

■ Face à une hausse des prix, les consommateurs peuvent renoncer à consommer, au détriment des entreprises.

■ La capacité de réaction des autres entreprises ou de potentiels concurrents peut remettre en cause ce pouvoir de marché.

ÉCONOMIE

Les défaillances du marché

Selon les études les plus récentes, la pollution de l'air serait chaque année responsable de 8,8 millions de morts dans le monde, dont 67 000 en France. Entre 40 et 80 % de ces décès prématurés sont dus à des maladies cardiovasculaires.

FICHES DE COURS		
9	Les externalités	50
10	Les biens collectifs et les biens communs	52
11	L'asymétrie d'information	54
12	L'intervention des pouvoirs publics	56
	MÉMO VISUEL	58

EXERCICES & SUJETS		
SE TESTER	Exercices 1 à 4	60
S'ENTRAÎNER	Exercices 5 à 8	61
OBJECTIF BAC	Exercice 9 • Construire un raisonnement	63

CORRIGÉS	Exercices 1 à 9	65

9 Les externalités

En bref *Les externalités sont une défaillance du marché car elles ne font pas l'objet de transactions économiques. Ainsi, les externalités négatives ont des effets sur le marché et un coût difficile à mesurer.*

I Les externalités

1 La notion d'externalités

■ On définit les externalités comme les effets de l'action d'un agent économique sur le **bien-être** d'autres agents non pris en compte par le marché.

> **MOT CLÉ**
> En économie, le **bien-être** mesure la satisfaction d'un individu ou d'une collectivité.

■ Ces effets peuvent être positifs (externalités positives) lorsque ces externalités améliorent le bien-être d'un agent ou négatifs (externalités négatives) si le bien-être de l'agent s'en trouve diminué.

2 Exemples d'externalités négatives

■ La pollution est un exemple d'externalité négative : son coût est supporté par les communautés qu'elle touche, non par l'entreprise qui l'a produite.

■ On distingue plusieurs types de pollution. La pollution atmosphérique est liée au rejet de substances nocives dans l'air. La pollution de l'eau a des conséquences sur la faune, la flore et la qualité de l'eau. La pollution des sols est le plus souvent liée à l'utilisation d'engrais et de pesticides.

■ La consommation de certains produits (tabac, alcool) peut être considérée comme une forme d'externalité négative (coût pour le système de santé).

II Les effets des externalités négatives

1 Externalités négatives et marché

■ L'existence d'externalités négatives constitue une défaillance du marché car le prix de marché ne constitue plus une information parfaite pour les agents économiques, le coût de la production étant sous-estimé et le profit surestimé. Dès lors, l'équilibre de marché n'est plus optimal.

> **INFO +** Les coûts de la pollution en France
> - 42 000 à 45 000 décès prématurés par an
> - Un coût de **3 milliards €** pour la Sécurité sociale
> - Un coût non sanitaire (effets sur les rendements agricoles, la biodiversité, les bâtiments) d'au moins **4,3 milliards €**
>
> *Source : rapport au Sénat, 2015.*

■ Dans une optique libérale, il est possible de réguler les externalités négatives par le marché. C'est le cas avec la création du **marché de quotas d'émission** de gaz à effet de serre (GES).

> **MOT CLÉ**
> Sur le **marché de quotas d'émission** de gaz à effet de serre, les entreprises s'échangent des droits d'émission de GES.

2 | Les coûts des externalités négatives

■ Les externalités négatives font apparaître deux types de coûts : les **coûts individuels** et les **coûts externes** ; la somme de ces deux coûts est le coût social. Par exemple, le coût social de la pollution due aux transports comprend le coût privé supporté par l'usager du transport et le coût externe (pollution, accidents, etc.).

■ Il est difficile de mesurer le **coût social** des externalités négatives car le prix de marché ne permet pas de le faire. Cependant, pour la pollution, on peut estimer deux types de coûts : les coûts externes et l'impact sur les finances publiques.

■ Les **coûts externes** incluent les décès prématurés, les pertes de qualité de vie et les pertes de production. Les effets sur les finances publiques mesurent le coût des soins des malades, le coût des recherches publiques et de la prévention, et les économies attendues du fait du non-versement des retraites des personnes décédées. Cependant, les méthodes de mesure de ces coûts sont diverses et sujettes à débat.

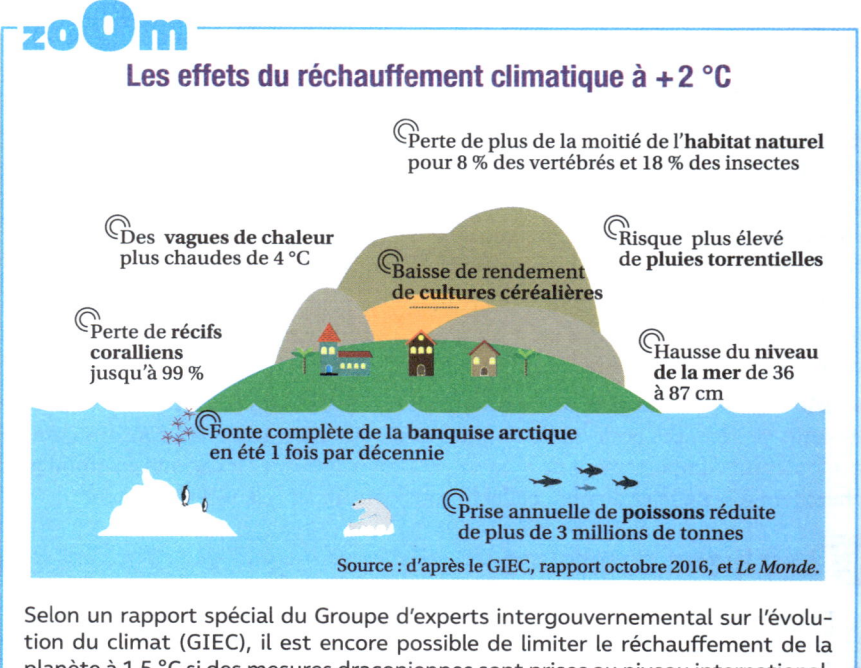

---

zoOm

Les effets du réchauffement climatique à + 2 °C

- Perte de plus de la moitié de l'**habitat naturel** pour 8 % des vertébrés et 18 % des insectes
- Des **vagues de chaleur** plus chaudes de 4 °C
- **Baisse de rendement de cultures céréalières**
- Risque plus élevé de **pluies torrentielles**
- Perte de **récifs coralliens** jusqu'à 99 %
- Hausse du **niveau de la mer** de 36 à 87 cm
- Fonte complète de la **banquise arctique** en été 1 fois par décennie
- Prise annuelle de **poissons** réduite de plus de 3 millions de tonnes

Source : d'après le GIEC, rapport octobre 2016, et *Le Monde*.

Selon un rapport spécial du Groupe d'experts intergouvernemental sur l'évolution du climat (GIEC), il est encore possible de limiter le réchauffement de la planète à 1,5 °C si des mesures draconiennes sont prises au niveau international, notamment en abandonnant l'exploitation des énergies fossiles.

10 Les biens collectifs et les biens communs

En bref *Dans une économie de marché, tous les biens produits ne peuvent être échangés sur le marché. C'est le cas des biens collectifs et des biens communs, dont les caractéristiques constituent des défaillances du marché.*

I Les biens collectifs

1 | Les biens collectifs s'opposent aux biens privés

■ L'économiste américain Paul Samuelson (1915-2009) distingue les biens selon deux critères : l'exclusion et la rivalité. L'utilisation de ces deux critères, reprise et complétée par d'autres économistes, permet de distinguer les différents types de biens. Ainsi, les biens privés sont excluables et rivaux.

■ Selon la définition la plus courante, les biens collectifs sont des biens, mais également des services, qui bénéficient à tous. La consommation d'un tel type de bien par un individu n'empêche pas la consommation par un autre individu (non-rivalité), et personne ne peut être exclu de ce bien (non-exclusion). On peut prendre comme exemples la Défense nationale ou l'éclairage public.

2 | Les biens collectifs, une défaillance du marché

■ Un bien collectif est un bien non divisible : la quantité disponible de ce bien est entièrement consommée par chacun des consommateurs et un consommateur supplémentaire n'implique pas un coût supplémentaire : le **coût marginal** du bien collectif est nul.

> **MOT CLÉ**
> Le **coût marginal** est le coût supplémentaire induit par la production d'une unité supplémentaire d'un produit.

■ Aucun consommateur d'un bien collectif ne peut être exclu. Ce principe d'indivisibilité d'usage implique qu'il n'y a pas de compétition entre les consommateurs pour utiliser le bien.

■ L'indivisibilité d'usage d'un bien collectif n'oblige pas les consommateurs à révéler leurs préférences pour offrir un prix. Cette situation incite les consommateurs à adopter un comportement de « passager clandestin » car les agents économiques cherchent à bénéficier du bien collectif sans contribuer à leur financement.

II Les biens communs

1 | Les caractéristiques des biens communs

■ Un bien commun est rival, contrairement à un bien collectif, mais non excluable, à la différence d'un bien privé. Ainsi, les ressources naturelles telles que les ressources halieutiques (ressources vivantes des milieux aquatiques) sont des biens communs : chacun peut les utiliser (non-exclusion) mais leur consommation exclut d'autres consommateurs potentiels (rivalité).

■ La notion de « bien commun » dépasse l'analyse économique. En effet, on parle de « commun » lorsqu'on s'intéresse à la façon d'utiliser une ressource et à la manière de la gérer par une communauté. Ainsi, la notion de « commun » est aussi **politique** qu'économique. C'est le cas de l'habitat participatif.

2 | Les biens communs et le marché

■ En 1968, le biologiste américain Garrett Hardin (1915-2003) publie un article dans lequel il décrit un mécanisme social et écologique qu'il nomme la « **tragédie des communs** ». Sa conclusion est qu'un bien commun disparaît du fait de sa non excluabilité, sauf s'il est géré par l'État comme un bien collectif ou s'il est privatisé et régulé par le marché.

■ La politologue Elinor Ostrom (1933-2012, prix Nobel d'économie en 2009) remet en cause les conclusions de Garrett Hardin. En analysant de nombreuses expériences dans le monde, elle montre que la surexploitation des biens communs peut être évitée **si les utilisateurs s'organisent** pour les gérer.

zoOm

Une coopérative d'habitation à Barcelone

La Borda est une coopérative d'habitation en cession d'usage à Barcelone. L'immeuble de 6 étages, réalisé uniquement avec du bois, est construit sur un terrain appartenant à la commune et géré par la coopérative. Les logements sont des logements sociaux gérés comme un bien commun.

11 L'asymétrie d'information

En bref *Sur le marché, le vendeur ou l'acheteur peut avoir une meilleure information dont il tire profit. On parle d'asymétrie d'information. Celle-ci se présente sous la forme de la sélection adverse ou de l'aléa moral.*

I La sélection adverse

1 La notion de sélection adverse : le cas des voitures d'occasion

■ Il y a sélection adverse (ou antisélection) sur un marché lorsque l'asymétrie d'information conduit à éliminer les produits de meilleure qualité. L'acheteur ne connaît pas bien la qualité du produit qu'il veut acquérir et il peut ne pas l'acheter s'il considère que le prix n'est pas un bon indicateur de la qualité du produit.

> **MOT CLÉ**
> Le **prix** de marché est, en principe, un indicateur de qualité des produits échangés. Un prix élevé signifie que le produit vendu est de bonne qualité (et inversement).

■ Pour illustrer le phénomène de sélection adverse, l'économiste George Akerlof prend l'exemple du marché des voitures d'occasion. L'acheteur peut douter de la qualité de la voiture vendue. Si le prix est trop élevé, il s'abstiendra, même si l'automobile est de bonne qualité. Dès lors, sur le marché, le prix moyen est trop faible pour inciter les vendeurs de voitures de bonne qualité à vendre leur bien.

2 La sélection adverse et l'équilibre de marché

■ La situation de sélection adverse existe sur de nombreux marchés. Ceux-ci ne peuvent parvenir à un équilibre de marché satisfaisant car les « mauvais produits chassent les bons », incitant ainsi les acheteurs à se retirer du marché. Dès lors, le fonctionnement du marché conduit à une situation inefficace, ou même à la disparition du marché.

■ Pour répondre à la sélection adverse, le vendeur et l'acheteur peuvent instaurer des moyens pour rétablir la confiance entre eux. Par exemple, le vendeur propose des garanties à l'acheteur, comme le service après-vente. Quant à l'acheteur, il peut s'informer, à partir de données observables, sur le produit vendu ou l'entreprise.

II L'aléa moral

1 La notion d'aléa moral : le cas de l'assurance

■ L'aléa moral (ou hasard moral) est la situation d'un agent économique qui, sur le marché, prend un risque inconsidéré car il est certain d'être couvert contre ce risque. L'aléa moral se distingue de la sélection adverse car, au moment de l'échange, il n'y a pas d'asymétrie d'information.

■ L'aléa moral est d'abord apparu dans le domaine des assurances : un assuré pouvait augmenter sa prise de risque puisqu'il n'allait plus supporter entièrement les conséquences négatives de son comportement (comme l'assuré ne paie pas en cas de problème, il augmente sa prise de risque).

2 | Aléa moral et marché

■ Dans le cas de l'assurance, l'assureur ne peut contrôler les comportements des assurés, ce qui a pour effet d'**accroître le prix de l'assurance**. Celui-ci ne permet pas une situation d'équilibre optimale. Dans les cas extrêmes, l'aléa moral peut entraîner la disparition du marché.

■ L'aléa moral a joué un rôle central dans la crise financière de 2008. Aux États-Unis, les grandes banques ont pris des risques importants en accordant des prêts, dits « **subprimes** », à des ménages aux revenus peu élevés. Cette prise de risque des banques a été encouragée par le principe du « *too big to fail* » : jouant un rôle essentiel dans l'économie, elles étaient à peu près assurées d'être secourues par l'État si elles se retrouvaient au bord de la faillite.

> **MOT CLÉ**
> Les « *subprimes* » sont des prêts immobiliers bancaires accordés à des clients ayant de faibles revenus.

zoOm — La crise des « *subprimes* »

■ Le crédit immobilier *subprime* est un crédit hypothécaire, c'est-à-dire garanti par le logement acheté grâce à ce prêt, consenti à des ménages avec des revenus très faibles.

■ Lorsque les ménages endettés ne peuvent plus rembourser leur crédit *subprime*, ils doivent quitter leur logement. Au cours de l'année 2007, près de deux millions de ménages ont ainsi perdu le leur. Les *subprimes* illustrent l'aléa moral qui favorise la prise de risques par les banques.

Les défaillances du marché

12 L'intervention des pouvoirs publics

En bref Les pouvoirs publics sont les institutions chargées de l'administration d'un État ou de collectivités locales. Ils interviennent pour faire face aux défaillances de marché principalement en internalisant les externalités et en fournissant des biens collectifs.

I L'internalisation des externalités

1 La réglementation

■ En présence d'externalités, notamment d'externalités négatives, l'État peut intervenir pour lutter contre leurs effets négatifs. Dans ce cas, l'État a une fonction d'allocation des ressources. →FICHE 4

■ Afin de réduire les externalités négatives, les pouvoirs publics peuvent édicter des règles et définir les sanctions pour les faire respecter. C'est dans le cadre réglementaire que l'on a interdit les gaz CFC dans les produits aérosols et limité les émissions de CO_2 pour les automobiles.

■ La réglementation peut améliorer l'information des agents économiques en cas d'asymétrie d'information. C'est le cas pour les différentes réglementations concernant la comptabilité ou les obligations de certification (par exemple les labels « agriculture biologique »).

2 La taxation

■ La taxation représente une mesure fiscale qui a pour conséquence d'accroître le prix des produits polluants. La taxation renvoie au principe du pollueur-payeur permettant d'internaliser l'externalité négative que constitue la pollution.

■ La **taxe carbone** répond à la logique du pollueur-payeur. C'est une taxe ajoutée au prix de vente de produits ou de services émettant des gaz à effet de serre comme le dioxyde carbone (CO_2). Elle touche les carburants fossiles (essence, gazole, gaz, charbon) et les activités qui les utilisent.

MOT CLÉ
Depuis la loi de 2014, la **taxe carbone** est appelée « contribution climat énergie » (CCE).

II La fourniture de biens collectifs

1 La production de biens et services

■ Les biens collectifs sont à l'origine d'externalités positives : leur production a pour effet d'accroître le bien-être social. Le marché ne pouvant assurer un équilibre optimal dans la production de biens collectifs, c'est l'État qui prend en charge la production de ces biens.

- L'essentiel de la production de l'État concerne des **services non marchands**. Ces services sont soit gratuits (école), soit vendus à un prix inférieur à la moitié du coût de production (une crèche municipale par exemple).
- L'État dispose d'un pouvoir de contrainte et peut financer la production de biens collectifs par l'**impôt**, plutôt que par les prix.

2 | Les partenariats public-privé (PPP)

- Le PPP est un mode de financement dans lequel une **autorité publique** (État, collectivités locales) fait appel à des **prestataires privés** pour financer et gérer un équipement qui assure un service public. Les PPP se sont multipliés au cours des années car ils permettent à des collectivités locales et à un État de plus en plus endettés de continuer à assumer des investissements et de nouvelles compétences, en les déléguant en pratique au privé.
- Si les gros investissements publics sont transférés au secteur privé sans que les collectivités voient leur endettement augmenter, celles-ci doivent pendant plusieurs années régler un **loyer** ou des frais à leur partenaire privé. Finalement, le coût total de l'investissement peut s'avérer plus élevé pour les collectivités publiques.

zoOm

Le prix de l'essence en France

		SP 95 1,53 €/l	Gazole 1,45 €/l
TAXES	TVA sur produit	0,12 €	0,12 €
	TVA sur TICPE	0,13 €	0,12 €
	TICPE	0,69 €	0,61 €
PRODUITS HORS TAXES	Distribution	0,11 €	0,11 €
	Raffinage	0,07 €	0,06 €
	Brent	0,41 €	0,41 €
	% de taxes dans le prix à la pompe (mai 2018)	61,4 %	58,6 %

Source : connaissancedesenergies.org

- En mai 2018, pour un prix du litre de SP95 de 1,53 €, le montant des taxes s'élevait à 0,94 €, soit 61,4 %.
- La loi de finances de 2014 a institué la « contribution climat énergie » (CCE) afin de réduire les émissions de gaz à effet de serre. La CCE correspond à une taxe carbone intégrée dans la TICPE. En 2018, elle s'élevait à 44,60 € par tonne de CO_2 émise.

Les défaillances du marché

MÉMO VISUEL

Les externalités

Définition
Effet non pris en compte par le marché de l'action d'un agent économique sur le bien-être d'autres agents

Externalités positives
- Amélioration du bien-être
- Éducation

Externalités négatives
- Dégradation du bien-être
- Pollution atmosphérique
- Pollution de l'eau
- Pollution des sols

LES DÉFAILLANCES

Les biens collectifs et les biens communs

Biens collectifs
- **Non rivaux** : la consommation du bien par un agent n'empêche pas la consommation par un autre agent
- **Non excluables** : aucun agent ne peut être exclu de la consommation du bien
- ex. : services non marchands

Biens communs
- **Rivaux** : la consommation du bien par un agent empêche la consommation par un autre agent
- **Non excluables** : aucun agent ne peut être exclu de la consommation du bien
- ex. : ressources halieutiques

L'asymétrie d'information

Sélection adverse
- Asymétrie d'information conduisant à l'élimination des produits de meilleure qualité
- ex. : marché des voitures d'occasion

Aléa moral
- Situation d'un agent économique qui, sur le marché, prend un risque inconsidéré car il est certain d'être couvert
- ex. : prise de risque par un assuré ou par une banque

...DU MARCHÉ

L'intervention des pouvoirs publics

Réglementation
- Normes de quantité d'émission de produits polluants
- Labels

Taxation
- Internaliser l'externalité négative
- Principe « pollueur-payeur » (taxe carbone)

Fourniture de biens collectifs
- Biens et services non marchands : école, crèche, hôpital...
- Partenariats public-privé (PPP)

Les défaillances du marché 59

▶ SE TESTER QUIZ

*Vérifiez que vous avez bien compris les points clés des **fiches 9 à 12**.*

1 Les externalités → FICHE 9

1. Parmi les affirmations suivantes, laquelle/lesquelles est/sont vraie(s) ?
- ☐ **a.** Une externalité peut améliorer le bien-être.
- ☐ **b.** Une externalité est toujours négative.
- ☐ **c.** Une externalité négative surestime le profit.

2. Le coût social d'une externalité négative est égal…
- ☐ **a.** au coût individuel de cette externalité.
- ☐ **b.** au coût externe de cette externalité.
- ☐ **c.** à la somme du coût individuel et du coût externe.

2 Les biens collectifs et les biens communs → FICHE 10

1. Quelle propriété un bien collectif possède-t-il ?
- ☐ **a.** Il est non rival.   ☐ **b.** Il est excluable.   ☐ **c.** Il a un prix de marché.

2. Qu'est-ce qui caractérise un bien commun ?
- ☐ **a.** Il doit être obligatoirement géré par l'État.
- ☐ **b.** Il est excluable.
- ☐ **c.** Il peut être géré par une communauté.

3 L'asymétrie d'information → FICHE 11

1. Quelle(s) conséquence(s) peut avoir la sélection adverse ?
- ☐ **a.** La disparition des produits de bonne qualité
- ☐ **b.** La disparition des produits de mauvaise qualité
- ☐ **c.** La disparition du marché

2. Que peut-on dire de l'aléa moral ?
- ☐ **a.** Il ne concerne que l'activité des assurances.
- ☐ **b.** Il désigne une asymétrie d'information au moment de l'échange.
- ☐ **c.** Il concerne des agents économiques certains d'être couverts contre des risques.

4 L'intervention des pouvoirs publics → FICHE 12

Qu'est-ce qui caractérise la taxe carbone ?
- ☐ **a.** Elle augmente le prix des produits polluants.
- ☐ **b.** Elle suit le principe du « pollueur-payeur ».
- ☐ **c.** Elle permet d'internaliser le coût de la pollution.

S'ENTRAÎNER

5 Comprendre le vocabulaire du cours → FICHES 9 à 12

Complétez le texte en utilisant les termes suivants :
externalités • bien commun • bien collectif • aléa moral • sélection adverse • taxe • défaillance du marché.

La .... est la situation dans laquelle la régulation par le marché est inadéquate ou impossible. Un .... est un bien non rival et non excluable alors qu'un .... est un bien non excluable mais rival. Si, sur un marché, le prix ne constitue pas une bonne information sur la qualité d'un bien, on parle de ...., alors que .... incite les agents économiques à prendre des risques inconsidérés. Les .... ont des effets sur le bien-être des agents économiques. Une .... peut réduire la pollution.

6 Calculer un taux de variation → FICHE 9

Document — **Émissions mondiales de CO_2 et objectifs du GIEC**

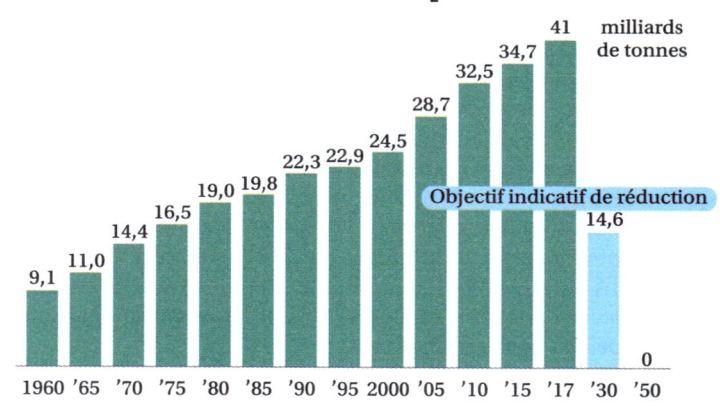

Année	1960	'65	'70	'75	'80	'85	'90	'95	2000	'05	'10	'15	'17	'30	'50
Milliards de tonnes	9,1	11,0	14,4	16,5	19,0	19,8	22,3	22,9	24,5	28,7	32,5	34,7	41	14,6	0

Objectif indicatif de réduction : 14,6 (en '30), 0 (en '50)

1. Faites une lecture de la donnée de 1960 (9,1).

2. Calculez la variation absolue de l'émission de CO_2 entre 2010 et 2015, puis entre 2015 et 2017.

3. Calculez les taux de variation mesurant les évolutions de l'émission de CO_2 entre 2010 et 2015, puis entre 2015 et 2017.

Savoir-faire

Calculer un taux de variation

Pour calculer un taux de variation, on effectue l'opération suivante :

$$\frac{\text{valeur d'arrivée} - \text{valeur de départ}}{\text{valeur de départ}} \times 100$$

Les défaillances du marché

7 Réviser le cours en 6 questions flash   → FICHES 9 à 12

1. Qu'est-ce qu'une externalité ?

2. Quelles sont les propriétés d'un bien commun ?

3. Quelle distinction peut-on faire entre biens communs et biens collectifs ?

4. Qu'est-ce que la sélection adverse ?

5. Donnez un exemple d'aléa moral.

6. À quelle logique la taxe carbone répond-elle ?

8 Comprendre un texte   → FICHE 10

Document **La tragédie de la liberté dans un bien commun**

Les Parcs nationaux présentent un autre exemple du fonctionnement de la tragédie des communaux. À présent, ils sont ouverts à tous, sans limite. Les parcs eux-mêmes sont limités en étendue – il n'y a qu'une Yosemite Valley – alors que la population semble croître sans limite. Les valeurs que les visiteurs recherchent dans les parcs sont constamment érodées. Clairement, nous devrons bientôt cesser de traiter les parcs comme des communaux ou ils n'auront plus aucune valeur pour personne.

Que devons-nous faire ? Nous avons plusieurs options. Nous pourrions les vendre comme propriété privée. Nous pourrions les conserver comme propriété publique, mais allouer le droit d'y entrer. L'allocation pourrait être basée sur la richesse, par l'utilisation d'un système de vente aux enchères. Elle pourrait être basée sur le mérite, défini à partir de critères reconnus. Elle pourrait être basée sur une loterie. Ou elle pourrait être sur une base premier arrivé, premier servi, administrée par de longues files d'attente. Ce sont toutes, je pense, des possibilités raisonnables. Elles sont toutes discutables. Mais nous devons choisir – ou consentir à la destruction des communaux que nous appelons nos Parcs nationaux.

Garrett Hardin, « La tragédie des communaux », *Science*, décembre 1968 (traduction Michel Roudot), D.R.

1. Pourquoi les parcs nationaux sont-ils des biens communs ?

2. Expliquez le sens du titre. Quelles sont les solutions possibles pour résoudre la « tragédie des communaux » ?

> 👍 **CONSEIL**
> Au fil de votre lecture, prenez des notes au brouillon et attribuez un numéro à chaque solution que vous identifiez.

3. D'après vos connaissances, les solutions proposées par Garrett Hardin sont-elles les seules possibles ?

COURS | **EXERCICES & SUJETS** | CORRIGÉS

▶ OBJECTIF BAC

⏱ 1 h 20 | **9** L'intervention de l'État pour favoriser l'éducation
Raisonnement

L'exercice consiste à trouver des arguments, en les illustrant à l'aide d'un document statistique, pour construire un raisonnement. Le document proposé porte sur l'éducation, un exemple d'externalité positive nécessitant l'intervention de l'État.

📄 LE SUJET

Montrez que l'éducation constitue une externalité positive.

Document — **Évolution de la dépense intérieure d'éducation et de sa part dans le PIB en France**

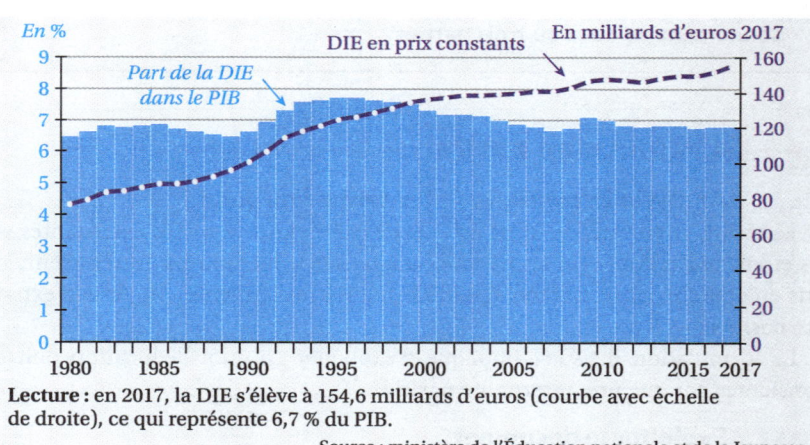

Lecture : en 2017, la DIE s'élève à 154,6 milliards d'euros (courbe avec échelle de droite), ce qui représente 6,7 % du PIB.

Source : ministère de l'Éducation nationale et de la Jeunesse.

Méthode

Construire un raisonnement

Étape 1 Analyser la consigne et les termes du sujet

- Repérez les notions du sujet et notez leur définition.
- Étudiez la formulation du sujet : vous demande-t-on de présenter un phénomène (sujet analytique) ou de discuter une affirmation (sujet dialectique) ?

Les défaillances du marché 63

Étape 2 Exploiter le(s) document(s)
- Identifiez et lisez attentivement chaque document. Repérez l'idée principale et reformulez-la avec vos propres mots.
- Reliez cette idée au sujet puis illustrez-la par une ou plusieurs données statistiques.

Étape 3 Mobiliser ses connaissances
Faites appel à vos connaissances. Sélectionnez celles qui seront utiles pour comprendre le phénomène analysé.

Étape 4 Définir les arguments
- Regroupez les éléments (informations tirées des documents, connaissances, exemples...) par thème.
- Classez-les selon une progression logique afin de construire un raisonnement en deux ou trois parties.

▶▶▶ LA FEUILLE DE ROUTE

Étape 1 Analyser la consigne et les termes du sujet
- Le terme important du sujet est « externalité positive ». Les externalités sont les effets de l'action d'un agent économique sur le bien-être d'autres agents non pris en compte par le marché. Quand le bien-être augmente, on parle d'externalité positive.
- La formulation du sujet implique d'expliquer en quoi l'éducation doit être considérée comme une externalité positive.

Étape 2 Exploiter le document
Le document met en évidence une hausse de la dépense intérieure d'éducation (DIE). Cette hausse intervient alors que la part de la DIE dans le PIB tend à stagner. Calculez le taux de variation pour utiliser ces données statistiques.

Étape 3 Mobiliser ses connaissances
Les connaissances personnelles à mobiliser portent sur les externalités positives comme défaillance de marché.

Étape 4 Définir les arguments
- Argument 1 : l'éducation est une externalité positive car elle améliore le bien-être de la société.
- Argument 2 : l'État, par la dépense intérieure d'éducation (DIE), doit se substituer au marché car celui-ci ne prend pas suffisamment en compte les effets positifs de l'éducation. → CORRIGÉS p. 66

CORRIGÉS

▶ SE TESTER QUIZ

1 Les externalités

1. Réponses a et c. La réponse **b** est fausse car il existe des externalités positives, qui améliorent le bien-être. Une externalité négative équivaut à une surestimation du profit puisque son coût n'est pas pris en compte.

2. Réponse c. Le coût social d'une externalité négative comprend la baisse du bien-être des personnes (coût individuel) et le coût externe pour les autres membres de la société.

2 Les biens collectifs et les biens communs

1. Réponse a. Un bien collectif est non rival car la consommation de ce bien par un individu n'empêche pas la consommation par un autre individu.

2. Réponse c. Un bien commun est non excluable car chacun peut l'utiliser.

3 L'asymétrie d'information

1. Réponses a et c. Dans la sélection adverse, le prix n'est pas un indicateur de qualité du produit : « les mauvais produits chassent les bons » et le marché peut disparaître.

2. Réponse c. Dans une situation d'aléa moral, les agents économiques sont certains d'être couverts. Cela concerne le secteur des assurances et des banques.

4 L'intervention des pouvoirs publics

Réponses a, b et c. La taxe carbone augmente les prix des produits polluants, suivant ainsi le principe du « pollueur-payeur » qui consiste à internaliser le coût de la production.

▶ S'ENTRAÎNER

5 Comprendre le vocabulaire du cours

Les mots sont à placer dans l'ordre suivant : défaillance de marché, bien collectif, bien commun, sélection adverse, aléa moral, externalités, taxe.

6 Calculer un taux de variation

1. En 1960, l'émission mondiale de CO_2 était de 9,1 milliards de tonnes.

2. On calcule la différence entre les émissions de chaque année :
- entre 2010 et 2015 : 34,7 − 32,5 = **2,2 milliards de tonnes**
- entre 2015 et 2017 : 41 − 34,7 = **6,3 milliards de tonnes**

Les défaillances du marché 65

3. Les calculs à effectuer sont les suivants :
• Taux de variation entre 2010 et 2015 =
[(34,7 − 32,5) / 32,5] × 100 = **6,8 %**
• Taux de variation entre 2015 et 2017 =
[(41 − 34,7) / 34,7] × 100 = **18,2 %**
Le taux de variation exprime une **variation relative**.

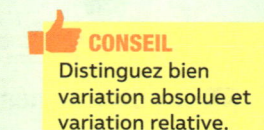

> 👍 **CONSEIL**
> Distinguez bien variation absolue et variation relative.

7 Réviser le cours en 6 questions flash

1. Une externalité est l'effet de l'action d'un agent économique sur le bien-être d'autres agents non pris en compte par le marché.

2. Un bien commun est rival et non excluable.

3. Les biens collectifs sont non rivaux et non excluables.

4. On parle de sélection adverse lorsque l'acheteur ne connaît pas bien la qualité du produit qu'il veut acheter et que le prix n'est pas considéré comme un bon indicateur de cette qualité.

5. L'assurance constitue un exemple d'aléa moral : l'assuré peut prendre plus de risques sans en supporter le coût.

6. La taxe carbone répond à la logique du « pollueur-payeur ».

8 Comprendre un texte

1. Les parcs nationaux sont des biens communs car ils sont rivaux mais non excluables.

2. L'auteur parle de « tragédie de la liberté » car, si chacun peut visiter les parcs nationaux, cette « liberté » a pour conséquence de détruire l'environnement et donc de les faire disparaître. Selon lui, deux solutions permettraient de remédier à la situation : 1. transformer les parcs nationaux en biens privés, donc rivaux et excluables, ce qui permettrait de limiter le nombre de visiteurs ; 2. leur conserver leur caractère public mais en limitant le nombre de visiteurs selon divers critères.

3. Elinor Ostrom montre qu'il existe une troisième solution : la gestion des biens communs par des collectifs d'usagers.

▶ OBJECTIF BAC

9 Raisonnement

■ L'éducation est une externalité positive car elle accroît le bien-être de la société.

■ L'État doit cependant intervenir en matière d'éducation, car le marché ne prend pas suffisamment en compte ses effets positifs. Ainsi, comme le montre le document, en 2017, la part de la dépense intérieure d'éducation (DIE) de l'État représente 7 % du produit intérieur brut (PIB) français. Cette DIE représente l'effort éducatif de l'État. Elle augmente surtout entre 1980 et 1996, de 60 % environ.

ÉCONOMIE

Le financement des agents économiques

Les agents économiques se financent de plus en plus sur les marchés financiers, ce qui contribue au développement de grandes places boursières comme la City à Londres.

FICHES DE COURS

13	Qu'est-ce que le financement de l'économie ?	68
14	Les différents modes de financement de l'activité économique	70
15	Le financement sur le marché des capitaux	72
16	Le rôle du crédit bancaire et des taux d'intérêt	74
17	Le financement de l'État	76
	MÉMO VISUEL	78

EXERCICES & SUJETS

SE TESTER	Exercices 1 à 4	80
S'ENTRAÎNER	Exercices 5 à 8	81
OBJECTIF BAC	Exercice 9 • Lire un tableau à double entrée	84

CORRIGÉS Exercices 1 à 9 — 86

13 Qu'est-ce que le financement de l'économie ?

En bref *Les opérations économiques nécessitent un financement. Le financement de l'économie désigne donc l'action de mettre à la disposition des agents économiques les ressources nécessaires à leur réalisation.*

I Besoins et capacités de financement des agents économiques

1 Les besoins de financement des agents économiques

■ Certains agents économiques ne disposent pas des ressources financières suffisantes pour financer leurs projets.

■ On dit alors qu'ils ont un besoin de financement : le montant de leur épargne ne suffit pas à financer leur **investissement**. Ce besoin de financement correspond donc à la différence entre le montant de l'épargne et le montant des investissements envisagés.

■ Au niveau macroéconomique, les sociétés non financières (entreprises) ont un besoin de financement : le montant de l'épargne brute des entreprises résidentes ne couvre pas le montant de leurs investissements. L'État est également généralement en besoin de financement.

> **MOT CLÉ**
> Pour les entreprises, l'**investissement** désigne l'achat de biens de production, c'est-à-dire de biens durables utilisés pour produire (machines, ordinateurs, bâtiments…). Pour les ménages, il s'agit de l'achat d'un logement.

2 Les capacités de financement des agents économiques

■ Certains agents économiques disposent d'une épargne excédentaire : le montant de leur épargne dépasse celui de leurs investissements. Cette capacité de financement va être mise à la disposition d'autres agents économiques.

■ Au niveau macroéconomique, ce sont les ménages et les sociétés financières (banques, assurances) qui disposent généralement d'une capacité de financement.

■ La somme des besoins et capacités de financement des différents secteurs institutionnels permet de déterminer le besoin ou la capacité de financement de la nation. Si la nation a un besoin de financement, cela signifie que l'épargne nationale ne couvre pas les besoins de financement des agents résidents. Il faut faire appel à l'épargne étrangère pour couvrir ce besoin.

II Le système financier

1 Le système financier permet le financement de l'économie

■ Le système financier désigne l'ensemble des institutions et des activités financières qui contribuent à la création et aux échanges de capitaux. Il assure la

rencontre entre des agents à besoin de financement et des agents à capacité de financement.

■ Il vise à la fois à collecter l'épargne disponible et à transférer les ressources vers les agents à besoin de financement. Il favorise la circulation de l'information pour permettre une bonne allocation des capitaux financiers. Il est également à l'origine de la création monétaire.

2 | Les acteurs et l'organisation du système financier

■ Le système financier repose à la fois sur les **banques**, qui créent la monnaie et collectent l'épargne pour ensuite accorder des crédits, et sur les **marchés financiers**, qui permettent une rencontre directe entre les agents à besoin et à capacité de financement. Il est régulé par les **pouvoirs publics**, qui surveillent et fixent des règles encadrant les activités financières.

> **MOT CLÉ**
> On distingue des **banques de dépôt,** qui collectent l'épargne de leurs clients pour la prêter à d'autres, et des **banques d'affaires**, qui interviennent auprès des entreprises pour les aider à se financer sur les marchés financiers.

■ Le système financier ne se limite pas aux frontières nationales. La globalisation financière a permis l'apparition d'un **système financier mondial** où les capitaux sont libres de circuler entre les différentes places et les différents agents.

zoOm

Les places financières au cœur du système financier

■ Les places financières, comme New York ou Londres (photo, regroupent de nombreuses banques internationales et des places boursières.

■ Par la confrontation des offres et des demandes, ces bourses assurent en continu le financement de l'économie en permettant la rencontre entre les agents économiques et la formation des prix des actifs financiers.

14 Les différents modes de financement de l'activité économique

En bref *Les entreprises et les ménages ont besoin de financement pour investir et consommer. Différentes possibilités s'offrent à eux selon qu'ils soient en capacité ou en besoin de financement.*

I Le financement interne ou autofinancement

1 Les capacités de financement des ménages

■ Les ménages disposent de différents types de revenus : des revenus primaires (revenus du travail et du capital) et des revenus de transfert (prestations sociales). Lorsqu'on additionne ces revenus et que l'on en soustrait les prélèvements obligatoires (impôts et taxes) effectués par les administrations publiques, on obtient le revenu disponible des ménages.

■ Ce revenu disponible est destiné en partie à la consommation. La part de ce revenu qui n'est pas consommée est consacrée à l'épargne. Cette épargne va leur servir à financer leurs investissements (achat de logement). Si le montant de leur épargne est au moins égal au montant de leur investissement, alors les ménages peuvent s'autofinancer.

> **MOT CLÉ**
> Le **taux d'épargne** des ménages correspond au rapport entre l'épargne et le revenu disponible. Il est d'autant plus important que le revenu est élevé.

2 Les capacités de financement des entreprises

■ On mesure la richesse créée par les entreprises à l'aide de la valeur ajoutée (VA). Cette VA est en partie reversée aux salariés (salaires) et fait l'objet de prélèvements par l'État (impôts sur la production et les bénéfices).

■ L'entreprise dégage un excédent brut d'exploitation (EBE) qui correspond à son bénéfice. Celui-ci est en partie reversé aux actionnaires (dividendes) et aux banques (intérêts) qui ont participé au financement de l'entreprise. Le bénéfice non distribué (épargne brute) va permettre de financer les investissements, c'est-à-dire de s'autofinancer. On parle d'un financement sur fonds propres.

■ L'autofinancement de l'entreprise dépend donc de sa capacité à dégager des bénéfices. On peut ainsi mettre en relation son taux de marge (part de l'EBE dans la VA) et son taux d'autofinancement (part de l'épargne brute dans la FBCF).

II Le financement externe, indirect ou direct

1 Le financement externe indirect

■ Les agents qui ne peuvent pas s'autofinancer doivent recourir à un financement externe, c'est-à-dire faire appel à l'épargne d'autres agents économiques.

■ Les agents économiques peuvent recourir au **crédit bancaire**. Les banques jouent alors le rôle d'**intermédiaire** en collectant l'épargne des agents à capacité de financement et en accordant des crédits aux agents à besoin de financement. On parle de financement externe indirect ou intermédié.

■ Ce mode de financement génère un endettement et a un coût : le **taux d'intérêt**. Il concerne en particulier les ménages et les petites et moyennes entreprises.

2 | Le financement externe direct

■ Les agents économiques peuvent également se financer sur le marché des capitaux. Ils rencontrent alors directement les agents à capacité de financement, **sans intermédiaire** : on parle de financement externe direct. Le marché des capitaux permet la confrontation de l'offre et de la demande de financement.

■ Les agents à besoin de financement émettent des **titres financiers** qui sont achetés par des agents à capacité de financement. Tous les agents économiques n'ont pas accès à ce mode de financement, qui concerne plus particulièrement les grandes entreprises.

> **MOT CLÉ**
> Les **titres financiers** peuvent être des actions ou des obligations, certifiant un droit de propriété ou une créance.

zoOm

Le *crowdfunding* : un nouveau mode de financement ?

Page d'accueil du site jadopteunprojet.com

■ Le *crowdfunding* (« financement par la foule ») est un mode de financement participatif : un porteur de projet lance une collecte de fonds auprès du public, sans passer par les banques ni les marchés financiers.

■ Ce système repose sur l'utilisation d'une plateforme web qui permet la rencontre entre le porteur du projet et une multitude de particuliers qui peuvent recevoir une rétribution symbolique ou un cadeau selo leur contribution.

15 Le financement sur le marché des capitaux

En bref *Il existe plusieurs types de financement externe direct sur le marché des capitaux, qui assurent la rencontre des agents à besoin et à capacité de financement. On assiste au développement de ce mode de financement.*

I Le financement externe sur le marché monétaire

■ Le marché monétaire est un compartiment du marché des capitaux qui assure le financement à court et moyen terme (de 24 heures à 7 ans) des agents à besoin de financement. Il est constitué du marché interbancaire, réservé aux banques pour leurs opérations de refinancement, et du marché des titres de créances négociables, ouvert à tous les agents.

■ Sur ce marché s'échangent des billets de trésorerie émis par les entreprises à besoin de financement, mais aussi des bons du trésor émis par les États qui doivent financer leur déficit budgétaire. Ces titres sont achetés par des agents à capacité de financement, qui contribuent ainsi au financement de l'économie.

II Le financement externe sur le marché financier

1 Un financement de long terme

■ Le marché financier est un autre compartiment du marché des capitaux qui assure le financement à long terme (plus de 7 ans) des agents à besoin de financement. On peut distinguer un marché primaire, sur lequel sont émis les nouveaux titres financiers, et un **marché secondaire**, sur lequel sont revendus les titres déjà émis.

> **MOT CLÉ**
> Le **marché secondaire** désigne en fait ce que l'on appelle couramment « la Bourse ».

■ C'est donc le marché primaire qui contribue au financement de l'économie. Le marché secondaire assure la liquidité du marché primaire car il assure aux investisseurs qu'ils pourront revendre leurs titres s'ils le souhaitent.

2 L'émission de titres financiers

■ Les entreprises constituées en société anonyme (SA) peuvent émettre des actions. Les actions représentent des titres de propriété du capital de l'entreprise. Leurs acheteurs deviennent actionnaires, c'est-à-dire propriétaires d'une partie du capital de l'entreprise, et pourront prétendre à des dividendes, qui représentent une part des bénéfices de l'entreprise. Pour l'entreprise émettrice, c'est un financement sur fonds propres puisque son capital s'accroît, sans endettement.

■ Les titres émis peuvent aussi être des obligations. Les obligations sont des titres de dette émis par les entreprises ou les États qui ont besoin de se financer.

Les acheteurs deviennent leurs créanciers pour la durée de l'obligation. Ils ont le droit de toucher un **intérêt** fixe qui est la contrepartie du prêt accordé. Ce financement suscite donc un **endettement**.

III Le développement du marché des capitaux

■ Depuis les années 1980, on assiste à un développement de la finance de marché au détriment du financement par crédit bancaire. On parle du passage d'une économie d'endettement à une **économie de marchés financiers**.

■ Ce développement a été permis par une **libéralisation** de ces marchés, qui les a rendus plus accessibles et plus souples. La globalisation financière permet un accès facilité aux capitaux étrangers.

■ La globalisation s'accompagne d'un mouvement de **désintermédiation**, c'est-à-dire d'un recul de l'activité bancaire traditionnelle consistant à octroyer des crédits pour financer l'économie. Cependant, la place des banques dans le financement de l'économie reste importante puisque toutes les entreprises n'ont pas accès au marché des capitaux. De plus, les banques sont devenues des acteurs majeurs des marchés financiers.

> **MOT CLÉ**
> La **libéralisation** signifie que les marchés financiers ont été décloisonnés pour effacer les frontières entre les différents marchés, et déréglementés, c'est-à-dire moins encadrés.

zoOm

La bourse et la cotation des titres financiers

■ La Bourse de New York (NYSE) est la première du monde. Elle a la particularité de ne pas être entièrement informatisée et de conserver un système de cotation à la criée. Son principal indice est le « NYSE composite ».

■ Il existe de nombreux autres indices boursiers, comme le CAC 40, qui permet de suivre l'évolution du prix des actions des 40 plus grandes entreprises françaises en matière de capitalisation boursière.

16 Le rôle du crédit bancaire et des taux d'intérêt

En bref *Le financement externe indirect reste un mode de financement primordial pour l'économie. Il suscite un endettement et a un prix : le taux d'intérêt. Il peut représenter un risque pour le créancier.*

I Le financement par crédit bancaire

1 Un financement intermédié

■ Les banques assurent le financement de l'économie en accordant des crédits aux ménages et aux entreprises. La banque met ainsi à la disposition de ces agents une **somme de monnaie pour une durée déterminée** et en échange d'une **rémunération** : le taux d'intérêt.

■ Ces crédits peuvent être accordés, sous certaines conditions de **solvabilité**, sur la base des dépôts d'épargne collectés par les banques. Elles jouent alors un rôle d'intermédiaire entre les agents à capacité et les agents à besoin de financement. C'est un **financement externe indirect** ou intermédié.

> **MOT CLÉ**
> La **solvabilité** désigne la capacité d'un agent économique à faire face à ses engagements, c'est-à-dire sa capacité à rembourser son crédit.

2 Crédit bancaire et création monétaire

Ces crédits peuvent également être accordés par les banques à partir de rien, « ex nihilo ». Les banques, en accordant ce crédit et par simple jeu d'écriture, sont alors à l'origine d'une **création de monnaie**. Cette monnaie sera détruite lorsque le crédit sera remboursé. → FICHE 19

II Le coût du crédit : le taux d'intérêt

1 Les différents types de taux d'intérêt

Le taux d'intérêt est le **prix de l'endettement**. Il existe différents taux d'intérêt selon l'opération de financement : les taux d'intérêt fixés par les banques lors des opérations de crédit, les taux d'intérêt déterminés sur le marché financier lors de la vente d'obligations, le taux d'intérêt directeur fixé par la Banque centrale sur le marché monétaire interbancaire.

2 La détermination du taux d'intérêt

■ Le taux d'intérêt représente à la fois le **coût du crédit** pour l'emprunteur et la **rémunération du prêteur**. Il correspond à un pourcentage de la somme prêtée qui sera versée par l'emprunteur à son créancier durant toute la durée du prêt. Ce taux peut être déterminé à l'avance et fixe ou variable.

- Il varie en fonction de la somme prêtée, de la longueur du prêt accordé et du risque que présente le crédit pour le prêteur.

III Les prêteurs face au risque de crédit

- Le risque de crédit représente la probabilité qu'un emprunteur soit dans l'incapacité de faire face au remboursement du crédit accordé.

- Pour les ménages et les petites entreprises, ce risque de crédit est appréhendé à partir de l'analyse d'un dossier de crédit. Les ménages doivent faire la preuve de leur solvabilité en informant la banque du montant de leurs revenus, de leur situation professionnelle, de leur taux d'endettement. La banque s'assure alors que le ménage sera capable d'assumer financièrement ce crédit. Elle peut exiger des garanties, comme la souscription d'une assurance.

MOT CLÉ
Le **taux d'endettement** désigne la part que représente le remboursement des dettes dans le revenu des ménages. Il ne doit pas dépasser 30 %. Au-delà, la banque considère que le ménage présente un risque trop fort d'insolvabilité.

- Pour les crédits accordés aux grandes entreprises, les banques peuvent se fier aux notes accordées par les agences de notation, chargées d'évaluer le risque de défaut de paiement des entreprises et la qualité des titres qu'elles émettent pour se financer.

zoOm

Les agences de notation

Standard & Poors	Moody's	Fitch Ratings	
AAA	AAA	AAA	Sécurité optimale
AA+ A+ BBB+ AA A BBB AA− A− BBB−	AA1 A1 BAA1 AA2 A2 BAA2 AA3 A3 BAA3	AA+ A+ BBB+ AA A BBB AA− A− BBB−	De bonne qualité à qualité moyenne inférieure
BB+ B+ BB B BB− B−	BA1 B1 BA2 B2 BA3 B3	BB+ B+ BB B BB− B−	Spéculatif
CCC+ CCC CCC−	CAA CA C	CCC	Extrêmement spéculatif
D	/ / /	DDD DD D	En défaut

- Les agences de notation Standard & Poors, Moody's et Fitch Ratings attribuent des notes allant de A à D aux États et aux grandes entreprises, évaluant ainsi leur capacité de remboursement envers leurs créanciers.

- Cette note a une forte influence sur le taux d'intérêt : plus le risque est considéré comme important, plus le taux d'intérêt pratiqué sera élevé.

Le financement des agents économiques

17 Le financement de l'État

En bref *L'État peut être en besoin de financement pour faire face à son déficit budgétaire. Il doit alors recourir à l'emprunt pour financer la dépense publique. Cette dépense a des effets sur l'économie.*

I Le besoin de financement de l'État

■ Pour financer ses dépenses, l'État dispose de ressources : les prélèvements obligatoires. Les administrations publiques collectent en effet des impôts, des taxes et des cotisations sociales qui représentent chaque année les recettes fiscales de l'État. L'État dispose également de recettes non fiscales, telles que les dividendes versés par les entreprises dont l'État est actionnaire ou encore le produit des amendes de la circulation et du stationnement routier.

■ Elles leur servent à financer la protection sociale (assurance maladie, chômage…), la production de biens et de services collectifs (Éducation, justice, défense nationale…) et le remboursement du service de la dette, qui représente environ 12 % des dépenses de l'État en 2018.

■ Lorsque le montant des dépenses publiques excède le montant des recettes, on parle de **déficit budgétaire**. Le montant de ce déficit correspond au besoin de financement des administrations. En France, en 2018, le montant des dépenses publiques s'élève à 329,6 milliards d'euros et celui de des recettes à 242,9 milliards d'euros, soit un déficit de 86,7 milliards.

> **MOT CLÉ**
> Le solde budgétaire est la différence entre les recettes et les dépenses de l'État. S'il est négatif, on parle de **déficit budgétaire** ; s'il est positif, c'est un excédent budgétaire. S'il est nul, le budget est à l'équilibre : le montant des recettes est égal à celui des dépenses.

II Le financement de l'État par l'emprunt

■ L'État se finance en réalisant des emprunts sur les marchés financiers. C'est le Trésor public qui se charge d'émettre des titres sur le marché obligataire. Par exemple, un bon du trésor est un titre émis par le trésor public, destiné à opérer un financement à court et moyen terme.

■ Le taux d'intérêt des obligations d'État dépend du risque de crédit associé à cet État. Les agences de notation évaluent ce risque et notent les États. Cette note a une influence sur les taux d'intérêt exigés par les créanciers. Plus le risque est considéré comme élevé, plus le taux demandé sera important.

■ Ces nouveaux emprunts font augmenter le montant de la dette des États, appelée dette souveraine, ainsi que le service de la dette, c'est-à-dire le montant annuel du remboursement des sommes empruntées et des intérêts. Ils pèsent sur les dépenses de l'État et sur le déficit budgétaire. Ils ont un caractère cumulatif : de nouveaux emprunts augmentent le service de la dette qui creuse le déficit budgétaire et nécessite de nouveaux emprunts pour le financer.

III — Les effets de la dépense publique sur l'économie

■ Dans le cadre d'une **politique budgétaire** de relance, le déficit public peut être considéré comme un moyen de soutenir l'activité. L'accroissement des dépenses publiques permet de soutenir la demande globale : en investissant ou en augmentant les revenus de transfert des ménages, l'État favorise l'investissement des entreprises et la consommation, ce qui contribue à accroître la production et stimule l'emploi. Pour les économistes keynésiens, cette politique budgétaire est à l'origine d'un effet multiplicateur favorable à la croissance.

> **MOT CLÉ**
> La **politique budgétaire** est une politique économique conjoncturelle par laquelle l'État utilise le budget pour atteindre ses objectifs (ex. : relancer la croissance).

■ Pour les économistes libéraux, l'intervention de l'État dans l'économie a des effets néfastes. En finançant ses dépenses publiques par l'emprunt, l'État fait à la fois augmenter les taux d'intérêt (du fait de l'augmentation de la demande de capitaux) et assèche l'épargne disponible pour les agents économiques privés. L'investissement public se substitue à l'investissement privé, sans réel effet positif sur l'activité économique : on parle d'effet d'éviction.

zOOm

Risque de crédit et taux d'intérêt des obligations d'Etat

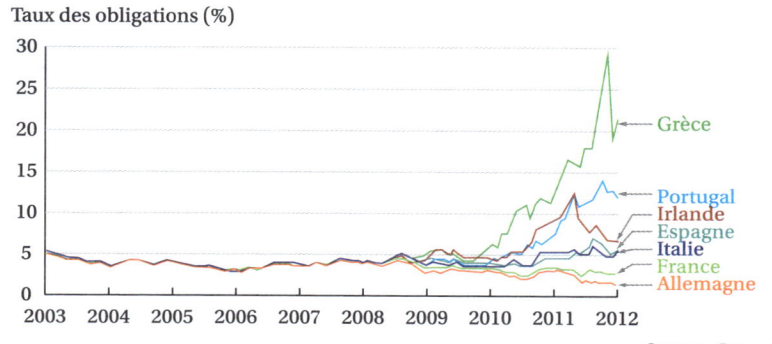

Taux des obligations (%) — courbes pour Grèce, Portugal, Irlande, Espagne, Italie, France, Allemagne, de 2003 à 2012.

Source : Geocodia

■ Le montant de la dette des États s'est accru pour faire face aux effets de la crise des *subprimes* à partir de 2008. Face à cela, les agences de notation dégradent la note de certains États et les marchés financiers augmentent les taux d'intérêt des obligations d'État.

■ On constate que les taux pratiqués diffèrent selon les pays : plus de 16 % pour la Grèce en 2011 contre seulement 2,5 % pour l'Allemagne. Plus endetté, l'État grec représente un plus gros risque pour les investisseurs.

MÉMO VISUEL

Le crédit bancaire : financement externe indirect

- Banque : intermédiaire entre les agents à capacité de financement et les agents à besoin de financement
- Taux d'intérêt : coût du crédit et rémunération de l'emprunteur
- Prise de risque pour la banque : risque de crédit
- Plus le risque de crédit est élevé, plus le taux d'intérêt est fort

LE ... DES AGENTS

Le recours au marché des capitaux : financement externe direct

Marché monétaire
- Marché à court terme
- Émission de titres de créance négociables : bons du trésor...

Marché financier
- Marché à long terme
- Émission de titres de propriété = actions (fonds propres)
- Émission de titres de dette = obligations

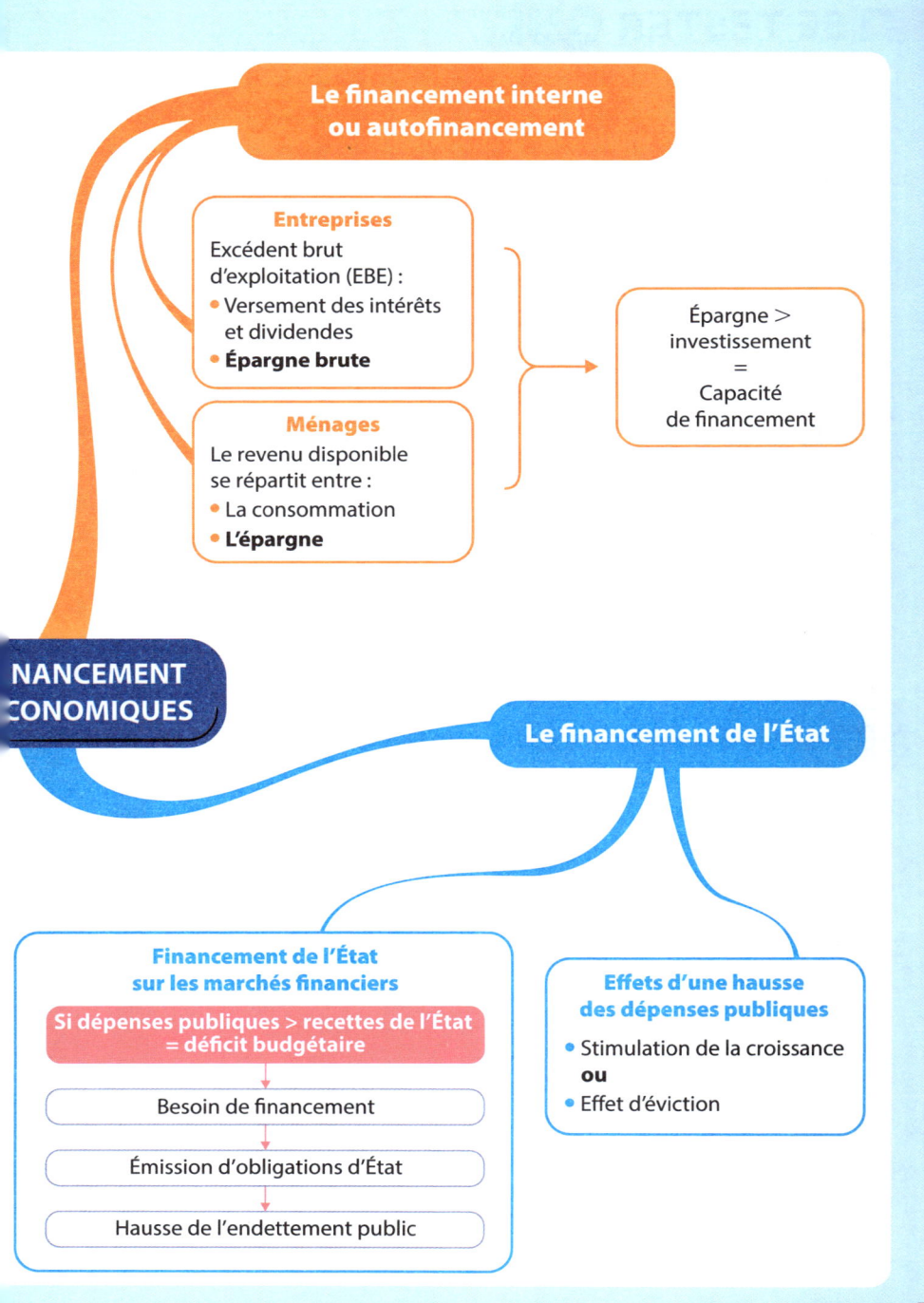

Le financement interne ou autofinancement

Entreprises
Excédent brut d'exploitation (EBE) :
- Versement des intérêts et dividendes
- **Épargne brute**

Ménages
Le revenu disponible se répartit entre :
- La consommation
- **L'épargne**

Épargne > investissement = Capacité de financement

Le financement de l'État

Financement de l'État sur les marchés financiers

Si dépenses publiques > recettes de l'État = déficit budgétaire

↓

Besoin de financement

↓

Émission d'obligations d'État

↓

Hausse de l'endettement public

Effets d'une hausse des dépenses publiques
- Stimulation de la croissance
ou
- Effet d'éviction

Le financement des agents économiques

▶ SE TESTER QUIZ

Vérifiez que vous avez bien compris les points clés des **fiches 13 à 17**.

1 Les différents modes de financement → FICHES 13 et 14

1. Lorsque l'épargne d'un ménage est supérieure au montant de ses investissements, on dit qu'il a…
- ☐ **a.** une capacité de financement.
- ☐ **b.** un déficit budgétaire.
- ☐ **c.** un besoin de financement.

2. Qu'est-ce qui permet aux entreprises de financer elles-mêmes leur investissement ?
- ☐ **a.** Leur valeur ajoutée ☐ **b.** Leur EBE ☐ **c.** Le bénéfice non distribué

2 Le financement sur le marché des capitaux → FICHE 15

1. Comment les agents économiques se financent-ils sur le marché financier ?
- ☐ **a.** En vendant des actions ou des obligations
- ☐ **b.** En émettant des actions ou des obligations
- ☐ **c.** En utilisant leur épargne.

2. Le marché primaire désigne…
- ☐ **a.** le marché où se revendent les titres déjà émis.
- ☐ **b.** la Bourse.
- ☐ **c.** le marché où sont émis les titres par les agents à besoin de financement.

3 Le rôle du crédit bancaire et des taux d'intérêt → FICHE 16

Pour une banque, le risque de crédit d'un ménage représente…
- ☐ **a.** la probabilité qu'il ne puisse pas rembourser son crédit.
- ☐ **b.** le taux d'endettement du ménage.
- ☐ **c.** le risque que la banque ne puisse pas lui verser des intérêts.

4 Le financement de l'État → FICHE 17

1. De quoi les recettes de l'État se composent-elles ?
- ☐ **a.** Des crédits que les banques lui accordent
- ☐ **b.** De prélèvements obligatoires
- ☐ **c.** De recettes non fiscales

2. Lorsqu'il est en besoin de financement, l'État se finance en…
- ☐ **a.** émettant de la monnaie.
- ☐ **b.** collectant l'épargne des ménages.
- ☐ **c.** empruntant sur les marchés financiers.

S'ENTRAÎNER

5 Comprendre le vocabulaire du cours → FICHES 13 à 17

1. Associez chaque terme à sa définition.

- Excédent brut d'exploitation • • Situation dans laquelle les dépenses de l'État sont supérieures à ses recettes
- Action • • Pourcentage d'une somme empruntée
- Taux d'intérêt • • Titre de propriété du capital de l'entreprise
- Déficit budgétaire • • Bénéfice de l'entreprise

2. À quel mode de financement les propositions suivantes correspondent-elles ?

	Financement interne	Financement externe direct	Financement externe indirect
Une banque accorde un crédit immobilier à un ménage			
Une entreprise augmente son capital en émettant des actions			
Une entreprise utilise son bénéfice non distribué pour acheter de nouveaux ordinateurs			
L'État français émet des obligations pour financer son déficit public			
Une PME trouve auprès de sa banque les ressources nécessaires pour développer son activité			
Un ménage puise dans son épargne pour acheter une nouvelle voiture			

6 Réviser le cours en 8 questions flash → FICHES 13 à 17

1. Comment détermine-t-on le besoin ou la capacité de financement d'un agent économique ?
2. Quelles sont les deux utilisations possibles du revenu disponible des ménages ?
3. Qu'est-ce que le financement externe indirect ?
4. Qu'est-ce que les entreprises émettent sur les marchés financiers ?
5. Comment les banques assurent-elles le financement de l'économie ?
6. En fonction de quoi les taux d'intérêt varient-ils ?
7. Pourquoi l'État peut-il avoir un besoin de financement ?
8. Quel est l'effet attendu d'une hausse des dépenses publiques ?

Le financement des agents économiques 81

7 Distinguer taux d'intérêt réel et taux d'intérêt nominal

→ FICHE 16

Document — Taux d'intérêt et inflation

	1985	2005	2013
Taux d'intérêt nominal*	9,9 %	2,1 %	0,15 %
Taux d'inflation moyen	5,8 %	1,9 %	0,3 %
Taux d'intérêt réel			

*Taux annuel moyen du marché monétaire.

Source : données France, Insee 2014.

MOTS CLÉS

En économie, on distingue valeur réelle et valeur nominale. Les grandeurs étudiées (PIB, dette publique…) sont souvent des données **nominales**, exprimées en valeur monétaire. Lorsque leur valeur augmente dans le temps, cette augmentation peut être due à l'inflation. Les données **réelles** sont calculées en gommant l'effet de la hausse des prix.

1. Que signifie le chiffre 5,8 % dans le tableau ?
2. Calculez, pour chaque année, le taux d'intérêt réel. (voir ci-dessous)
3. Que signifie un taux d'intérêt réel négatif ?

Savoir-faire
Lire et interpréter un taux d'intérêt réel et un taux d'intérêt nominal

■ Le taux d'intérêt nominal correspond au taux observé d'un prêt ou d'un actif financier, sans tenir compte de l'inflation. Mais quand les prix augmentent (inflation) la valeur de la monnaie baisse et chaque euro remboursé a moins de valeur qu'au moment où il a été emprunté. Le taux d'intérêt réel correspond donc au taux d'intérêt qui sera réellement payé, compte tenu de l'inflation.

■ Pour calculer une donnée réelle à partir d'une donnée nominale, on divise cette dernière par l'indice des prix. Cette opération s'appelle déflater.

■ Il est également possible de calculer le taux d'intérêt réel de manière approchée en lui soustrayant le taux d'inflation.

8 Comprendre un texte

→ FICHE 15

Document — **Le financement des entreprises de la zone euro**

Le mouvement de « désintermédiation » se poursuit au sein de la zone euro. Désintermédiation [...] désignant le financement des entreprises par les marchés, par le truchement, notamment, d'émission d'obligations, en alternative aux traditionnels prêts bancaires. Dans la zone euro, ces derniers pèsent près de 50 % du produit intérieur brut (PIB) et 70 % de la dette totale des entreprises non financières, contre 15 % et 30 % aux États-Unis. En d'autres termes, le financement de l'économie européenne dépend essentiellement du crédit bancaire, et même un peu trop, jugent nombre d'économistes. « La crise de 2007 a révélé que c'est un facteur de fragilité », a expliqué Benoît Cœuré, membre du directoire de la Banque centrale européenne (BCE), au Monde. Car quand les banques sont en difficulté, elles ferment le robinet des prêts… Mais le modèle européen est en train de changer. Une étude de la Société générale, publiée mercredi 7 mai, révèle ainsi que le développement de l'endettement des entreprises sur les marchés a plus que compensé la baisse des crédits bancaires enregistrée dans la zone euro depuis 2009 : le premier a augmenté de 430 milliards d'euros, tandis que les seconds ont diminué de 270 milliards d'euros.

Marie Charrel, « Les entreprises de la zone euro se financent
de plus en plus sur les marchés », *Le Monde*, 8 mai 2014.

1. a. Surlignez dans le texte les éléments qui permettent de montrer que le financement des entreprises dans la zone euro passe essentiellement par le crédit bancaire.

b. Surlignez d'une couleur différente les éléments qui permettent de montrer que leur mode de financement évolue. Indiquez dans le tableau suivant le mode de financement auquel font référence les expressions suivantes :

| Crédit bancaire | |
| Endettement sur le marché | |

c. Que signifie la notion soulignée ?

2. En vous appuyant sur les questions précédentes et sur vos connaissances, rédigez deux paragraphes argumentés pour montrer l'évolution du mode de financement par endettement des entreprises de la zone euro.

> 👍 **CONSEIL**
> Chaque paragraphe doit exposer et développer un argument que vous devez illustrer par un exemple. Essayez de montrer le recul du financement par crédit bancaire, puis montrez qu'un autre mode de financement s'impose.

▶ OBJECTIF BAC

9 Les dépenses publiques • Raisonnement
⏱ 1 h 20

Cet exercice vous amène à traiter le sujet proposé en développant un raisonnement structuré, sur la base de vos connaissances et du dossier documentaire.

📄 LE SUJET

À l'aide de vos connaissances et du dossier documentaire, vous montrerez quels peuvent être les effets d'une hausse des dépenses publiques.

Document 1 Les effets bénéfiques d'une augmentation des dépenses publiques

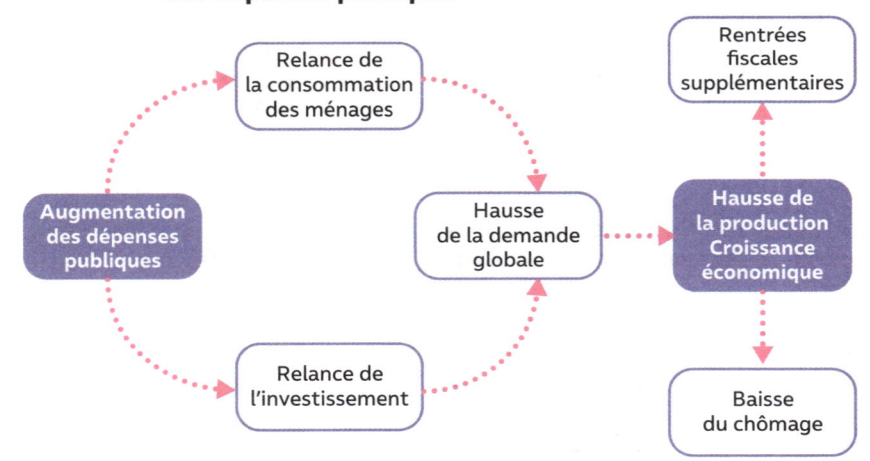

Augmentation des dépenses publiques → Relance de la consommation des ménages / Relance de l'investissement → Hausse de la demande globale → Hausse de la production, Croissance économique → Rentrées fiscales supplémentaires / Baisse du chômage

Document 2 Dépense publique et endettement de l'État

En % du PIB	2014	2015	2016	2017
Dette publique	94,9	95,6	96,6	97,0
Recette publique	53,3	53,2	53,2	53,9
Dépenses publiques	57,2	56,8	56,6	56,5
Prélèvements obligatoires	44,8	44,5	44,6	45,4
Évolution en %				
Dépenses publiques	1,5	1,5	1,0	2,5

Source : Insee conjoncture, n° 79, 26 mars 2018.

Méthode

Lire et interpréter un tableau à double entrée

Étape 1 Identifier le document
Repérez les informations qui permettent de contextualiser le tableau : le titre, la source, l'auteur, la date et le lieu.

Étape 2 Comprendre le tableau
- Commencez par lire l'intitulé des lignes et des colonnes, pour voir quelles variables sont mises en relation.
- Recherchez ensuite les unités des données. Attention : un tableau peut présenter des données exprimées en différentes unités. S'il s'agit de pourcentages, vous devez distinguer les pourcentages de répartition et les taux de variation. Si ce sont des indices, repérez la base.
- Enfin, assurez-vous que vous êtes capable de lire correctement une donnée du tableau.

Étape 3 Exploiter le tableau pour répondre à la question posée
- Mobilisez vos connaissances et faites le lien avec les informations figurant dans le tableau. Demandez-vous ce que celui-ci apporte, et sélectionnez les données pertinentes pour traiter le sujet.
- Mettez en relation des données du tableau en utilisant des outils mathématiques pour mesurer des écarts ou des évolutions.

Étape 4 Rédiger la réponse → MÉTHODE p. 63

▶▶▶ LA FEUILLE DE ROUTE

Étape 1 Identifier le document
Le document 2, établi à partir de données de l'Insee, est un tableau mettant en relation l'endettement de l'État et l'évolution de la dépense publique. Ici, il est associé à un autre document : un schéma montrant les effets bénéfiques d'une augmentation des dépenses publiques.

Étape 2 Comprendre le tableau
- Le tableau montre l'endettement de l'État entre 2014 et 2017 (en % du PIB) et l'évolution de la dépense publique (en %) sur la même période.
- Il mêle donc deux types de pourcentages : de répartition et de variation.

Étape 3 Exploiter le tableau pour répondre à la question posée
Le tableau à double entrée (document 2) permet d'établir un lien entre accroissement des dépenses publiques et montée de l'endettement : chaque année, les dépenses publiques augmentent ainsi que le poids de la dette dans le PIB. En 2017, les dépenses publiques augmentent de 2,5 % et la dette de 0,4 point de PIB.

Le financement des agents économiques

Étape 4 Rédiger la réponse

On croise les informations du document 2 avec celles du document 1, qui rappelle que la hausse des dépenses publiques favorise la croissance car elle stimule la demande globale. On peut construire un raisonnement en trois paragraphes.

- L'augmentation des dépenses publiques peut être favorable à la croissance économique et à l'emploi (connaissances personnelles et document 1).
- La hausse des dépenses publiques contribue à alourdir la dette de l'État (connaissances personnelles et document 2).
- L'augmentation des dépenses publiques peut entraîner un effet d'éviction.

→ CORRIGÉS p. 88

CORRIGÉS

SE TESTER QUIZ

1 Les différents modes de financement

1. Réponse a. Il dispose d'une épargne suffisante pour financer ses investissements.
2. Réponse c. Le bénéfice non distribué est la part de l'EBE que conserve l'entreprise pour financer ses investissements.

2 Le financement sur le marché des capitaux

1. Réponse b. Les agents économiques en besoin de financement émettent des titres qui seront achetés par les agents à capacité de financement.
2. Réponse c. Le marché primaire est le marché où les entreprises émettent des titres pour se financer. Ils pourront ensuite être revendus sur le marché secondaire.

3 Le rôle du crédit bancaire et des taux d'intérêt

Réponse a. Le risque de crédit est le risque que le ménage soit insolvable et ne puisse rembourser la banque.

4 Le financement de l'État

1. Réponse b et c. L'État dispose de recettes fiscales, les prélèvements obligatoires (impôts, taxes et cotisations sociales) et de recettes non fiscales (amendes, dividendes…).
2. Réponse c. L'État émet des obligations qui représentent des titres de dette : il se finance en empruntant sur les marchés financiers.

S'ENTRAÎNER

5 Comprendre le vocabulaire du cours

1. • **Excédent brut d'exploitation** : bénéfice de l'entreprise.
• **Action** : titre de propriété du capital de l'entreprise.
• **Taux d'intérêt** : pourcentage d'une somme empruntée.
• **Déficit budgétaire** : situation dans laquelle les dépenses de l'État sont supérieures à ses recettes.

2. • **Financement interne** : une entreprise utilise son bénéfice non distribué pour acheter de nouveaux ordinateurs ; un ménage puise dans son épargne pour acheter une nouvelle voiture.
• **Financement externe direct** : une entreprise augmente son capital en émettant des actions ; l'État français émet des obligations pour financer son déficit public.
• **Financement externe indirect** : une banque accorde un crédit immobilier à un ménage ; une PME trouve auprès de sa banque les ressources pour développer son activité.

6 Réviser le cours en 8 questions flash

1. On compare le **montant de l'épargne** et le **montant des investissements** de l'agent économique. Si l'épargne est supérieure à l'investissement, il y a une capacité de financement ; si c'est l'inverse, il y a un besoin de financement.

2. Les ménages peuvent utiliser leur revenu disponible pour **consommer** ou pour **épargner** en vue de financer leurs investissements ou leur consommation future.

3. Le financement externe indirect est le **financement auprès des banques** qui accordent des crédits. Les banques jouent le rôle d'**intermédiaire** entre les agents qui disposent d'une épargne et ceux qui ont un besoin de financement.

4. Les entreprises émettent des **titres financiers** : des **actions**, qui représentent une part du capital de l'entreprise, et des **obligations**, qui sont des titres de dette.

5. Les banques financent l'économie en accordant des **crédits bancaires** aux ménages et aux entreprises, et en achetant des **obligations d'État**.

6. Les taux d'intérêt varient en fonction du **montant** prêté, de la **durée** du prêt et du **risque de crédit** que présente l'emprunteur. Plus la somme et la durée sont importantes et plus le risque de crédit est élevé, plus le taux d'intérêt sera élevé.

7. L'État peut avoir besoin de financement **si son solde budgétaire est négatif**, c'est-à-dire si ses dépenses sont supérieures à ses recettes. Il doit alors financer son déficit budgétaire en s'endettant.

8. Une hausse des dépenses publiques doit permettre de **soutenir la demande** de consommation des ménages et la demande de biens d'investissements des entreprises. Cette augmentation de la demande **stimule l'activité économique**.

> **INFO**
> Les effets attendus sont des effets positifs. Mais, en réalité, les effets d'une hausse des dépenses publiques peuvent être contradictoires.

7 Distinguer taux d'intérêt réel et taux d'intérêt nominal

1. Le niveau général des prix a augmenté de 5,8 % en 1985.
2. Taux d'intérêt réel :
- pour 1985 : 9,9 – 5,8 = **4,1 %** ;
- pour 2005 : 2,1 – 1,9 = **0,2 %** ;
- pour 2013 : 1,15 – 0,3 = **– 0,15 %**

3. Lorsque le taux d'intérêt réel est négatif, cela signifie que le taux d'inflation est supérieur au taux d'intérêt réel. Les sommes remboursées auront moins de valeur que lorsqu'elles ont été empruntées. Le coût des crédits est négatif.

> **CONSEIL**
> Lorsque vous présentez une donnée chiffrée extraite d'un tableau, évitez de recopier les intitulés des lignes et des colonnes. Reformulez pour montrer que vous en avez compris la signification.

8 Comprendre un texte

1. a. Surligner de « Dans la zone euro… » à « … dépend essentiellement du crédit bancaire » (l. 4-8).
b. • Surligner de « Mais le modèle européen… » à « … ont diminué de 270 milliards d'euros » (l. 12-17).
- Crédit bancaire : **financement externe indirect**.
- Endettement sur le marché : **financement externe direct**.

c. Désintermédiation : fait que les entreprises se financent moins auprès des banques.

2. ■ Le poids du **financement externe indirect** diminue. En effet, il représente 70 % de la dette des entreprises en 2014 mais a diminué de 270 milliards d'euros depuis 2009 au profit d'autres modes de financement. On assiste à un phénomène de **désintermédiation**.

■ Le poids du **financement externe direct** augmente. En particulier, ce sont les émissions d'obligations qui progressent de 430 milliards d'euros depuis 2009. Elles augmentent alors que montant des crédits bancaires baisse : leur part dans le financement par endettement des entreprises augmente. On assiste au développement de la finance directe.

▶ OBJECTIF BAC

9 Raisonnement

■ L'augmentation des dépenses publiques peut avoir des **effets positifs sur la croissance économique et le chômage**. Les dépenses publiques soutiennent la consommation des ménages, ce qui pousse les entreprises à accroître leur production. De plus, en investissant, l'État fait appel à des entreprises privées qui embauchent de nouveaux travailleurs.

■ La hausse des dépenses publiques se traduit par une **augmentation de la dette publique**. En effet, en situation de déficit budgétaire, leur financement repose sur l'endettement. Ainsi en 2017, un accroissement des dépenses publiques de 2,5 % se traduit par une augmentation de 0,4 point de la dette publique.

■ Enfin, la hausse des dépenses publiques peut générer un **effet d'éviction** : en captant l'épargne disponible pour financer ses dépenses, l'État pénalise les agents économiques privés. L'investissement public se substitue à l'investissement privé.

ÉCONOMIE

Monnaie et création monétaire

La Banque centrale européenne est la banque centrale de tous les pays de la zone euro. Son siège est à Francfort, en Allemagne.

FICHES DE COURS			
	18	Les fonctions et les formes de la monnaie	90
	19	Le rôle du crédit bancaire dans la création monétaire	92
	20	Le rôle de la Banque centrale	94
	21	Les effets des interventions de la Banque centrale	96
	MÉMO VISUEL		98

EXERCICES & SUJETS			
	SE TESTER	Exercices 1 à 4	100
	S'ENTRAÎNER	Exercices 5 à 10	101
	OBJECTIF BAC	Exercice 11 • Lire une série chronologique	104

CORRIGÉS	Exercices 1 à 11	106

89

18 Les fonctions et les formes de la monnaie

En bref *La monnaie est constituée de l'ensemble des moyens de paiement utilisés par les agents économiques. Plus précisément, elle est définie par ses fonctions et elle peut prendre des formes diverses.*

I Les fonctions de la monnaie

1 Les trois fonctions économiques

■ En tant qu'<u>unité de compte</u>, la monnaie permet de fixer un prix. Grâce à la monnaie, il est possible d'établir une échelle de prix simple et unique, exprimée en unités monétaires.

■ Comme <u>intermédiaire des échanges</u>, la monnaie est d'abord un « agent de circulation » : elle facilite et accélère les échanges, c'est une liquidité. C'est là sa fonction la plus courante.

■ La monnaie est également <u>réserve de valeur</u>. L'agent qui détient de la monnaie n'est pas obligé de l'utiliser immédiatement. En tant que réserve de valeur, la monnaie permet de constituer une **épargne**.

> **MOT CLÉ**
> Pour un ménage, l'**épargne** est la part du revenu non immédiatement utilisée pour la consommation.

2 Les fonctions sociales et politiques

■ L'existence d'une monnaie repose sur la <u>confiance</u> des agents économiques dans sa capacité à jouer son rôle. Elle crée un lien entre ces agents, constituant ainsi un instrument essentiel de la cohésion sociale.

■ La monnaie a une dimension politique car elle est un <u>instrument de pouvoir et de souveraineté</u>. En imposant son monopole d'émission de la monnaie, le pouvoir unifie l'espace économique et impose son système de paiement à l'ensemble de la communauté politique.

II Les formes de la monnaie

1 Les formes actuelles de la monnaie

■ La <u>monnaie fiduciaire</u> comprend la monnaie divisionnaire composée des pièces de monnaie et des billets émis par la Banque centrale. La monnaie fiduciaire est la seule monnaie ayant un « **pouvoir libératoire illimité** ». Elle repose sur la confiance des agents économiques dans les institutions qui émettent cette monnaie (fiduciaire vient du latin *fiducia* qui signifie confiance).

> **MOT CLÉ**
> Un **pouvoir libératoire illimité** signifie qu'elle est obligatoirement acceptée comme moyen de paiement.

■ La <u>monnaie scripturale</u> est constituée par les dépôts à vue des agents économiques dans les banques. Cette monnaie est scripturale dans le sens où elle correspond à des écritures sur les livres de comptes des banques (scripturale vient du latin *scriptus* signifiant écrit). Elle représente aujourd'hui plus de 90 % de la monnaie totale.

■ Il ne faut pas confondre monnaie scripturale et **moyens de règlement** des échanges, c'est-à-dire les instruments (chèques, cartes bancaires, virements) permettant de faire circuler cette monnaie.

2 | La masse monétaire

■ La masse monétaire représente la quantité de monnaie en circulation dans une économie. Plusieurs **agrégats monétaires** permettent de la mesurer en fonction de leur degré de liquidité :
– **M1**, agrégat le plus liquide, est composé des différents types de monnaie (fiduciaire, scripturale) ;
– **M2**, moins liquide que M1, inclut M1 et les comptes sur livret ;
– **M3**, agrégat le moins liquide, est composé de M2 ainsi que des placements à terme et créances négociables.

■ À l'origine, la monnaie se présentait sous la forme de marchandises (bétail, céréales, fèves de cacao…). Elles ont été remplacées par des monnaies métalliques, puis fiduciaires et enfin scripturales. Cette évolution est qualifiée de **dématérialisation** de la monnaie.

zoOm

L'évolution des formes de la monnaie

■ Les formes de la monnaie ont évolué au cours du temps. D'abord constituée d'une marchandise courante (pain, céréales), elle est ensuite devenue métallique (pièces de cuivre, d'argent ou d'or).

■ Le développement des échanges, qui s'est accompagné de celui des banques, a permis la diffusion de la monnaie papier (billets) puis de la monnaie scripturale.

19 Le rôle du crédit bancaire dans la création monétaire

En bref *Intermédiaires financiers, les établissements de crédit jouent un rôle essentiel dans l'économie. Parmi ces établissements, les banques de dépôt créent de la monnaie scripturale en accordant des crédits, mais doivent respecter certaines limites.*

I La création de monnaie par les banques

1 Le rôle des banques dans l'économie

■ Les banques ou établissements de crédit sont des établissements financiers qui collectent les **dépôts** du public (les dépôts à vue) et accordent des **crédits** aux entreprises et aux ménages. Les banques ont un rôle d'intermédiaire financier entre les agents économiques disposant d'une épargne (ou capacité de financement) et ceux ayant un besoin de financement.

■ Le développement du **marché financier** depuis la fin des années 1970 a entraîné, pour les banques, une baisse de leur rôle d'intermédiaire financier. Cependant, les banques ont développé de nouvelles activités en assurant un rôle d'intermédiaire sur le marché financier, notamment en gérant le portefeuille de titres de leurs clients, ou en transformant des crédits en titres financiers.

2 Le crédit bancaire à l'origine de la création de monnaie scripturale

■ Les banques créent de la monnaie scripturale en **monétisant** une créance. Lorsqu'une banque accorde un crédit à l'un de ses clients, elle inscrit sur le compte de ce client le montant du prêt accordé qui peut être utilisé comme moyen de paiement. Ainsi, la quantité de monnaie augmente dans l'économie.

■ Lorsque le client de la banque rembourse son prêt, il y a **destruction** de monnaie : la quantité de monnaie dans l'économie diminue.

II Les limites de la création monétaire

1 L'obligation de convertir la monnaie scripturale en monnaie fiduciaire

■ La création de monnaie scripturale par les banques n'est pas illimitée. Elles doivent assurer la conversion de la monnaie créée en monnaie fiduciaire, dont le monopole d'émission appartient à la **Banque centrale**.

■ La demande de monnaie fiduciaire peut venir des clients de la banque mais également des autres banques dans les **opérations de compensation** car la monnaie créée peut servir à des règlements en direction de clients d'autres banques.

> **MOT CLÉ**
> Les **opérations de compensation** sont des opérations entre banques qui règlent les dettes et les créances entre ces banques.

2 | Les contraintes institutionnelles

■ La création monétaire par les banques est limitée par des règles. Celles-ci peuvent émaner de la Banque centrale →FICHE 20 ou de la **réglementation prudentielle**. Celle-ci est définie par des représentants de banques centrales et des responsables du contrôle bancaire réunis dans le cadre du Comité de Bâle. L'objectif est de renforcer la solidité des banques afin d'éviter une nouvelle crise bancaire comme celle de 2008.

■ En décembre 2017, un nouvel accord est trouvé pour harmoniser les règles prudentielles qui encadrent l'activité des banques à travers le monde : cet accord est appelé « **Bâle III** ». Il définit un ratio de fonds propres (capital des banques et bénéfices non distribués) égal à 10,5 % des engagements (crédits accordés par les banques) des banques à partir de 2019.

> **MOT CLÉ**
> Le **comité de Bâle**, créé en 1988, a défini un premier ratio entre fonds propres et engagements, appelé ratio Cooke (Bâle I). Ce ratio a été modifié en 2004 (Bâle II) puis en 2017 (Bâle III).

zoOm

Le bilan des banques

Actif	Passif
Prêts interbancaires	Emprunts interbancaires
Crédits de la clientèle	Dépôts de la clientèle
Divers	Divers
Portefeuille de titres	Certificats de dépôts et obligations
Immobilisations	Fonds propres

Source : d'après lafinancepourtous.com

■ Un bilan est un document comptable qui décrit le patrimoine d'un agent économique avec ce qu'il possède (actif) et le financement de son actif (passif).

■ Les prêts et emprunts interbancaires correspondent à des prêts et emprunts de monnaie scripturale entre les banques. Les crédits à la clientèle impliquent la création de monnaie scripturale.

■ Les portefeuilles de titres, à l'actif, désignent les placements des banques sur le marché des capitaux. Au passif, les certificats de dépôts et obligations sont émis pour le refinancement des banques. Les valeurs immobilisées à l'actif sont les biens et valeurs constituant le patrimoine de la banque. Au passif, les fonds propres représentent le capital de la banque et ses bénéfices non distribués.

20 Le rôle de la Banque centrale

En bref *La Banque centrale est la « banque des banques » car elle gère le système monétaire. Elle dispose du monopole de la création de monnaie fiduciaire. Chargée de la politique monétaire, elle régule l'offre de monnaie.*

I Les fonctions de la Banque centrale

1 Gérer le système monétaire

■ La Banque centrale, ou banque de « premier rang », joue le rôle de « banque des banques ». Toutes les banques commerciales, dites banques de « second rang », ont un compte à la Banque centrale sur lequel elles déposent leurs réserves en monnaie centrale. Ces comptes sont également utilisés pour les opérations de compensation →FICHE 19.

■ La Banque centrale a le monopole de l'émission de monnaie fiduciaire (pièces et billets). Elle émet également de la monnaie scripturale, qui circule entre les détenteurs de comptes à la Banque centrale, c'est-à-dire les banques et le Trésor. L'ensemble de la monnaie émise par la Banque centrale constitue la monnaie centrale.

2 Réguler l'offre de monnaie

■ La Banque centrale a pour mission de contrôler la quantité de monnaie en circulation dans l'économie afin de garantir le **pouvoir d'achat de la monnaie**. Dans ce cadre, la Banque centrale est chargée de mener la politique monétaire.

> **MOT CLÉ**
> Le **pouvoir d'achat de la monnaie** est la quantité de biens et de services qu'il est possible de se procurer avec une unité monétaire.

■ Lors des crises financières, les banques peinent à acquérir de la monnaie centrale pour faire face à leurs engagements, notamment les retraits de leurs clients en monnaie fiduciaire. Pour éviter l'effondrement du système de paiement, la Banque centrale peut créer de la monnaie qui sera prêtée aux banques : c'est le rôle de prêteur en dernier ressort.

II Les instruments de la politique monétaire

1 Les taux d'intérêt

■ La Banque centrale est l'institution chargée de mettre en œuvre la politique monétaire, soit pour lutter contre l'inflation, soit pour relancer la croissance économique. Elle agit sur le taux d'intérêt, qui représente le coût de l'emprunt d'un client auprès d'une banque ou le coût de refinancement des banques sur le marché monétaire. Ce dernier est le marché sur lequel il est possible de prêter ou emprunter de la monnaie.

■ Pour les pays de la zone euro, c'est la **Banque centrale européenne** (BCE) qui conduit la politique monétaire. Cependant, les banques centrales nationales des pays de la zone euro n'ont pas disparu, elles constituent avec la BCE l'Eurosystème. Le principal objectif de la BCE est défini dans ses statuts : maintenir le taux d'inflation à des niveaux proches de 2 % à moyen terme.

■ Lorsque les banques se refinancent directement auprès de la Banque centrale, celle-ci fixe un taux d'intérêt appelé **taux directeur**. L'évolution de ce taux directeur détermine l'évolution des taux d'intérêt pratiqués par les banques.

■ La Banque centrale agit également sur le taux d'intérêt en offrant ou en demandant de la monnaie centrale sur le **marché interbancaire**.

> **MOT CLÉ**
> Le **marché interbancaire** est un compartiment du marché monétaire réservé aux opérations monétaires entre banques.

2 | Les réserves obligatoires et les mesures exceptionnelles

■ Chaque banque de dépôt possède de la monnaie fiduciaire déposée à la Banque centrale. Celle-ci peut imposer un **minimum de dépôt non rémunéré** : ce sont les réserves obligatoires. La Banque centrale fixe un taux de réserves obligatoires qui est un pourcentage exprimant le rapport entre le montant des réserves obligatoires et le montant des dépôts des clients de la banque.

■ En situation de crise bancaire, la Banque centrale peut fournir de la monnaie centrale aux banques de manière quasiment illimitée à un taux d'intérêt très faible.

zoom

BCE, Eurosystème et SEBC

■ La Banque centrale européenne (BCE) est, depuis le 1er janvier 1999, la Banque centrale des pays ayant adopté l'euro comme monnaie unique. Indépendante du pouvoir politique, elle conduit la politique monétaire de la zone euro.

■ L'Eurosystème comprend la BCE et les Banques centrales des 19 pays de la zone euro. Il coexiste avec le Système européen de banques centrales (SEBC), qui comprend la BCE et les banques centrales de tous les États de l'UE, qu'ils aient ou non adopté l'euro.

Siège de la BCE à Francfort (Allemagne).

Monnaie et création monétaire

21 Les effets des interventions de la Banque centrale

En bref *Les interventions de la Banque centrale consistent principalement à contrôler la masse monétaire. Les effets de ces interventions se font sentir sur l'inflation et sur l'activité économique.*

I Les effets sur l'inflation

1 Monnaie et inflation

■ L'inflation est l'augmentation générale et durable des prix, ce qui se traduit par une perte du pouvoir d'achat de la monnaie. L'indice des prix à la consommation (IPC) permet de mesurer l'inflation, mais pour l'Insee (Institut national de la statistique et des études économiques), cette mesure est incomplète car l'inflation ne concerne pas seulement la consommation des ménages.

■ L'analyse économique établit une relation entre inflation et quantité de monnaie en circulation. Dès lors, toute augmentation de la quantité de monnaie entraîne une hausse des prix. Pour certains économistes, l'inflation est un phénomène purement monétaire. Pour d'autres économistes, la hausse de la quantité de monnaie entraîne une hausse de la demande sur le marché, ce qui a pour conséquence une hausse des prix car la demande est supérieure à l'offre sur le marché des biens.

2 Taux d'intérêt et inflation

■ L'inflation a des effets néfastes. Elle implique une baisse du pouvoir d'achat de la monnaie. Une inflation très élevée (on parle d'hyperinflation lorsque les prix augmentent de plus de 50 % par mois) entraîne un effondrement du système monétaire, plongeant les économies dans la crise. Ces effets de l'inflation nécessitent l'action de la Banque centrale.

■ Lorsque l'inflation s'accélère, la Banque centrale augmente le **taux d'intérêt nominal** de telle manière que le **taux d'intérêt réel** augmente également. La hausse de ce dernier rend le crédit plus coûteux, ce qui tend à inciter les agents économiques à demander moins de crédits et à baisser leurs dépenses. Ainsi, la hausse du taux d'intérêt réel a pour effet une moindre création de monnaie et un retour à l'équilibre sur le marché avec moins d'inflation.

> **MOT CLÉ**
> Le **taux d'intérêt nominal** est le taux convenu entre le prêteur et l'emprunteur.
> Le **taux d'intérêt réel** est la différence entre le taux d'intérêt nominal et le taux d'inflation.

II — Les effets sur l'activité économique

1 | Monnaie et activité économique

■ La création de monnaie stimule les échanges et favorise la croissance de l'activité économique. Inversement, si la création de monnaie est limitée, cela risque de freiner la hausse de la production et la création d'emplois.

> **MOT CLÉ**
> L'**activité économique** est définie par la production des biens et services qui vont satisfaire les besoins des agents membres de la société.

■ En accordant des prêts, et donc en créant de la monnaie scripturale, les banques favorisent le développement de l'activité économique. Cependant, la Banque centrale doit mener une politique monétaire qui favorise cette création de monnaie scripturale.

2 | Taux d'intérêt et activité économique

■ Alors que la hausse du taux d'intérêt vise à limiter l'inflation, la baisse du taux d'intérêt permet à l'inverse de soutenir l'économie. Les agents économiques peuvent financer leur activité à un faible coût : les ménages consomment plus et les entreprises augmentent leurs investissements.

■ Une politique monétaire accommodante est un ensemble de mesures prises par une Banque centrale consistant à augmenter la masse monétaire et à maintenir des taux d'intérêt faibles afin de soutenir l'économie. Cette politique est le contraire de celle visant à lutter contre l'inflation.

zoOm

L'évolution des taux directeurs de la BCE et de la Fed

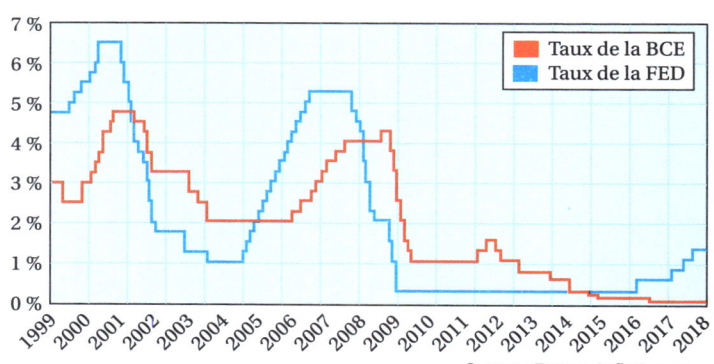

Source : France-inflation.com

■ Lors de la crise financière de 2007-2008, la Banque centrale des États-Unis (*Federal Reserve System* ou Fed) a baissé son taux d'intérêt directeur plus rapidement – dès 2007 – que la BCE – fin 2008.

■ Cela s'explique par les objectifs des deux banques centrales. La Fed peut choisir de limiter l'inflation ou de relancer l'activité économique, tandis que l'objectif quasi unique de la BCE est de lutter contre l'inflation.

Monnaie et création monétaire   97

MÉMO VISUEL

LA MON[NAIE]

Fonctions et formes

Fonctions
- Unité de compte (fixer un prix)
- Intermédiaire des échanges (liquidités)
- Réserve de valeur (épargne)

Formes
- Monnaie fiduciaire (pièces et billets)
- Monnaie scripturale (dépôts à vue dans les banques)

Les agrégats monétaires

M1 = billets et pièces en circulation + dépôts à vue
M2 = M1 + comptes sur livret
M3 = M2 + placements à terme

Crédit bancaire et création monétaire

Rôle des banques
- Collecte des dépôts
- Attribution des crédits
- Gestion de portefeuille

Encadrement de la création monétaire
- Obligation de convertir de la monnaie scripturale en monnaie fiduciaire
- Réglementation définie par le comité de Bâle

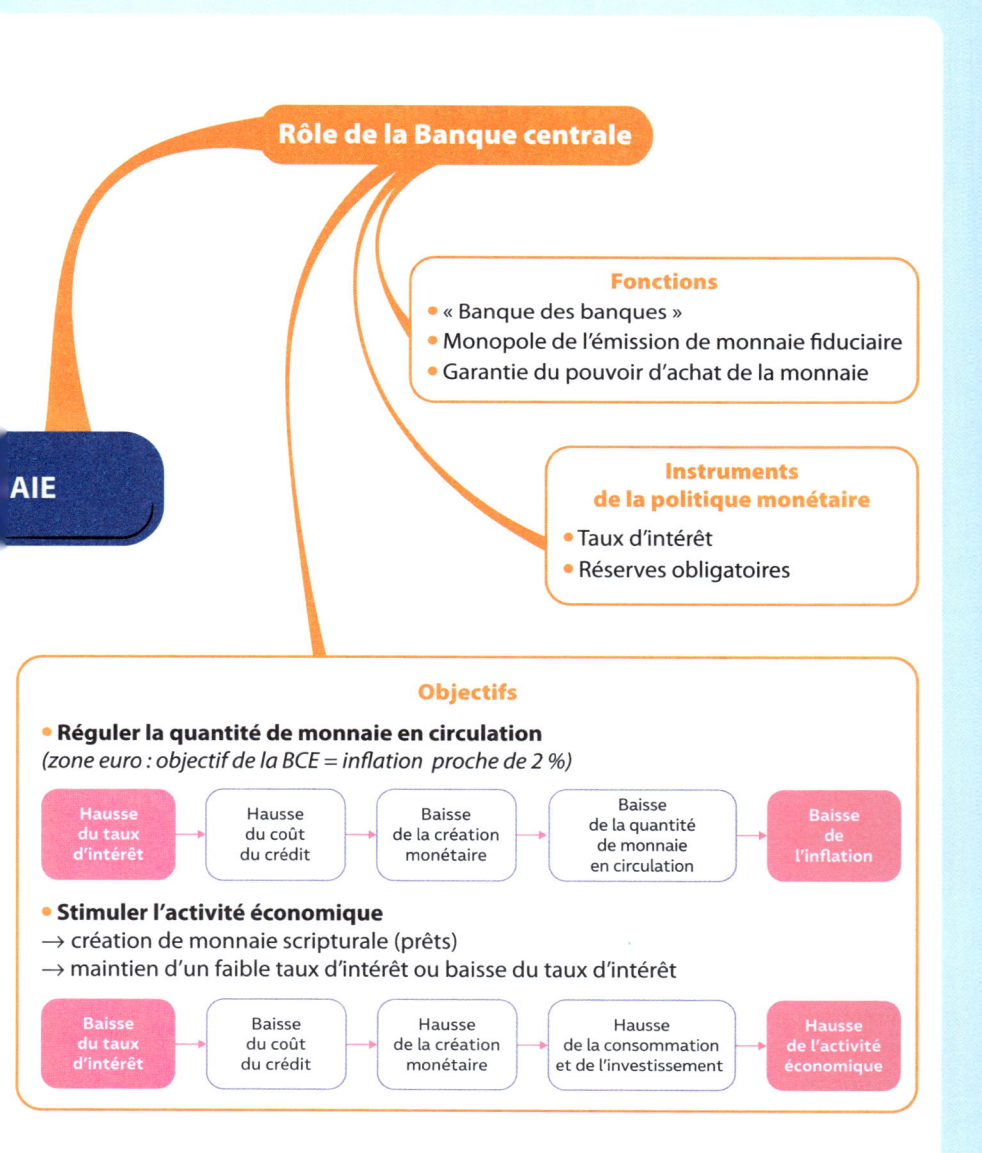

Rôle de la Banque centrale

Fonctions
- « Banque des banques »
- Monopole de l'émission de monnaie fiduciaire
- Garantie du pouvoir d'achat de la monnaie

Instruments de la politique monétaire
- Taux d'intérêt
- Réserves obligatoires

Objectifs

- **Réguler la quantité de monnaie en circulation**
(zone euro : objectif de la BCE = inflation proche de 2 %)

Hausse du taux d'intérêt → Hausse du coût du crédit → Baisse de la création monétaire → Baisse de la quantité de monnaie en circulation → Baisse de l'inflation

- **Stimuler l'activité économique**
→ création de monnaie scripturale (prêts)
→ maintien d'un faible taux d'intérêt ou baisse du taux d'intérêt

Baisse du taux d'intérêt → Baisse du coût du crédit → Hausse de la création monétaire → Hausse de la consommation et de l'investissement → Hausse de l'activité économique

Monnaie et création monétaire

▶ SE TESTER QUIZ

*Vérifiez que vous avez bien compris les points clés des **fiches 18 à 21**.*

1 Les fonctions et les formes de la monnaie → FICHE 18

1. Parmi les affirmations suivantes, laquelle est vraie ?
- ☐ **a.** La monnaie est un simple instrument d'échange.
- ☐ **b.** La monnaie a une fonction sociale.
- ☐ **c.** La monnaie n'a aucun rôle politique.

2. Qu'est-ce qu'un chèque ?
- ☐ **a.** Un moyen de règlement des échanges
- ☐ **b.** De la monnaie fiduciaire
- ☐ **c.** De la monnaie scripturale

2 Le rôle du crédit bancaire → FICHE 19

Les banques créent de la monnaie…
- ☐ **a.** métallique (pièces).
- ☐ **b.** fiduciaire.
- ☐ **c.** scripturale.

3 Le rôle de la Banque centrale → FICHE 20

1. Que peut-on dire de la Banque centrale ?
- ☐ **a.** Elle ne crée pas de monnaie scripturale.
- ☐ **b.** Elle a le monopole de l'émission de monnaie fiduciaire.
- ☐ **c.** Elle est une banque de second rang.

2. En tant que « prêteur en dernier ressort », la Banque centrale émet…
- ☐ **a.** de la monnaie pour permettre aux banques de faire face à leurs engagements en cas de crise.
- ☐ **b.** de la monnaie fiduciaire qui sera distribuée à l'ensemble des agents économiques.
- ☐ **c.** des devises pour les prêter aux entreprises étrangères.

4 Les effets des interventions de la Banque centrale → FICHE 21

1. En principe, une augmentation de la quantité de monnaie en circulation dans l'économie entraîne …
- ☐ **a.** une hausse des prix.
- ☐ **b.** une baisse des prix.
- ☐ **c.** une baisse de l'activité économique.

2. Une baisse du taux directeur de la Banque centrale permet de…
- ☐ **a.** diminuer l'inflation.
- ☐ **b.** relancer l'activité économique.
- ☐ **c.** diminuer la masse monétaire.

S'ENTRAÎNER

5 Comprendre le vocabulaire du cours
→ FICHES 18 à 21

Associer les notions à leur définition.

- Monnaie fiduciaire •
- Banque centrale •
- Inflation •
- Réserves obligatoires •
- Réserve de valeur •

- • Dépôt non rémunéré que chaque banque doit effectuer à la Banque centrale
- • Billets et pièces de monnaie
- • Fonction économique de la monnaie permettant l'épargne
- • Banque des banques
- • Hausse générale et durable des prix

6 Comprendre le rôle du crédit bancaire dans la création monétaire
→ FICHE 18

Dans une économie, on considère qu'il n'existe qu'une seule banque ayant un seul client A. Le bilan de la banque est le suivant :

Actif	Passif
Caisse[1] : 100 €	Dépôts de A : 100 €

1. La caisse est composée de la monnaie fiduciaire détenue par la banque.

La banque accorde un prêt de 900 € à son client A.

1. Quelle est la quantité de monnaie que le client A peut utiliser avant que la banque ne lui accorde le prêt ?

2. Quel est le bilan de la banque après avoir accordé le prêt à son client ?

3. Quelle est la quantité de monnaie que le client A peut utiliser après le prêt accordé par la banque ?

4. Que peut-on en conclure ?

7 Réviser le cours en 8 questions flash
→ FICHES 18 à 21

1. Quelles sont les trois fonctions économiques de la monnaie ?

2. Qu'est-ce que la monnaie fiduciaire ?

3. Quel est le rôle des banques dans l'économie ?

4. Quelles sont les limites de la création de monnaie par les banques ?

5. De quel monopole dispose la Banque centrale ?

6. Qu'est-ce que le taux d'intérêt ?

7. Quel est l'effet de l'augmentation de la quantité de monnaie dans l'économie sur les prix ?

8. Qu'est-ce qu'une politique monétaire accommodante ?

8 Calculer et interpréter un indice simple → FICHE 18

Document **Évolution de la masse monétaire dans la zone euro**

	2015	2018
Masse monétaire (milliards d'euros)	10 839	12 134

Source : Banque centrale européenne.

1. Calculez le taux de variation de la masse monétaire entre 2015 et 2018.

2. Calculez l'indice de la masse monétaire en 2018 en prenant comme année de référence l'année 2015 et faites une lecture du résultat.

3. Comment passe-t-on du taux de variation à l'indice ?

Savoir-faire

Calculer et interpréter un indice simple et un indice synthétique

■ L'**indice simple** mesure l'évolution d'une grandeur à partir d'une valeur de référence, à laquelle on attribue l'indice 100. Il se calcule ainsi :

$$\frac{\text{valeur observée}}{\text{valeur de référence}} \times 100.$$

■ L'**indice synthétique** est la somme de plusieurs indices simples qui sont pondérés en fonction de leur poids relatif. Par exemple, plus un bien est acheté par un consommateur, plus il aura un coefficient élevé dans le calcul de l'indice des prix. Un indice synthétique se calcule ainsi :

$$\sum (\text{indice simple} \times \text{coefficient de pondération})$$

---

9 Lire et interpréter un indice synthétique → FICHE 21

Document **Dépenses de consommation et indices des prix**

Dépenses	Indice des prix	Part dans la consommation (en %)	
		Catégorie A	Catégorie B
Alimentation	105	10	20
Logement	110	20	30
Autre	120	70	50

1. Faites une lecture des données en bleu.

2. L'indice des prix est de 116,5 pour les consommateurs de la catégorie A et de 114 pour ceux de la catégorie B.

a. Que signifient ces valeurs ?

b. Comment expliquez-vous les différences d'indice des prix entre les deux catégories de consommateurs ?

👍 INFO

L'indice des prix est un indice synthétique qui attribue un coefficient à chaque type de dépense en fonction de son poids dans la consommation.
Pour les consommateurs de la catégorie A, les coefficients sont de 0,1 pour l'alimentation, 0,2 pour le logement et 0,7 pour les autres dépenses.
L'indice des prix s'obtient donc en posant (105 × 0,1) + (110 × 0,2) + (120 × 0,7).

10 Calculer et interpréter une moyenne pondérée → FICHE 21

Document — **Part des dépenses de consommation et évolution des prix**

Dépenses de consommation	Part des dépenses dans la consommation totale (%)	Hausse des prix (%)
Alimentation, logement	50	2
Transport	20	10
Autres	30	5
Total	100	

1. Faites une lecture des données en bleu.

2. Calculez la hausse des prix pour l'ensemble des dépenses.

3. Interprétez le résultat.

Savoir-faire

Calculer et interpréter une moyenne pondérée

■ On calcule la moyenne pondérée d'un ensemble de valeurs n'ayant pas le même poids dans cet ensemble. Chaque valeur est affectée d'un coefficient de pondération correspondant à son poids.

■ La moyenne pondérée s'obtient en faisant la somme des valeurs multipliées par le coefficient de pondération, le tout divisé par la somme des coefficients de pondération.

■ L'interprétation de la moyenne pondérée dépend des coefficients de pondération affectés à chaque valeur.

Monnaie et création monétaire

▶ OBJECTIF BAC

11 **L'efficacité de la politique monétaire de la BCE**
Analyse de document
⏱ 40 min

Ce sujet vous propose un entraînement sur un type de document fréquent en SES : une série chronologique.

📄 LE SUJET

Montrez que la politique monétaire menée par la Banque centrale européenne est devenue moins efficace.

Document **L'évolution du taux d'inflation en France**

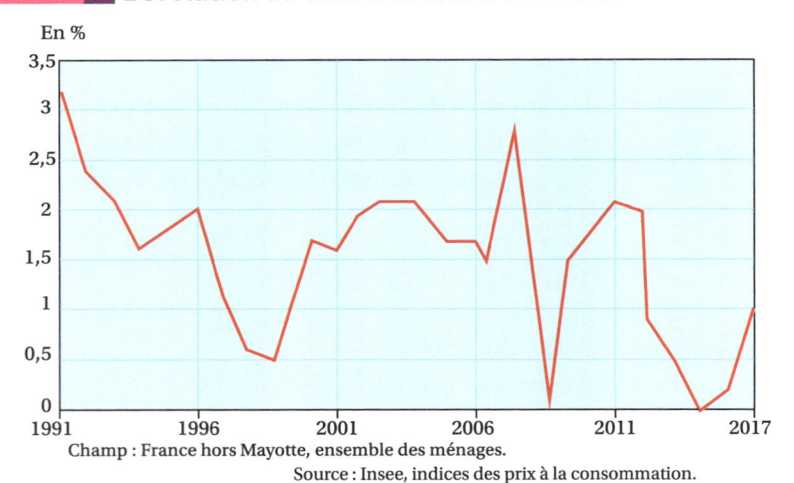

Champ : France hors Mayotte, ensemble des ménages.
Source : Insee, indices des prix à la consommation.

Méthode

Lire et interpréter une série chronologique

Une série chronologique permet de suivre l'évolution d'une variable au cours du temps. Il s'agit d'une courbe avec le temps en abscisses et l'unité de la variable en ordonnées. Plusieurs variables peuvent être représentées simultanément, ce qui permet de comparer leur évolution.

Étape 1 Identifier le document

- La présence d'une unité de temps (mois, années…) en abscisses signale que vous avez affaire à une série chronologique. Repérez ensuite la ou les variables en ordonnées, et leur unité.
- Lisez le titre du document et identifiez sa source. Notez le champ considéré.

Étape 2 Comprendre le graphique
- Repérez les limites chronologiques de la série. Dégagez la tendance générale, puis essayez de délimiter des périodes significatives en repérant des valeurs.
- S'il y a plusieurs variables, demandez-vous comment elles évoluent l'une par rapport à l'autre.

Étape 3 Exploiter le graphique pour répondre à la question posée
- Mobilisez vos connaissances : faites le lien avec les notions et mécanismes du cours pour comprendre le phénomène représenté.
- Sélectionnez les données qui font écho à la question qui vous est posée.

Étape 4 Rédiger la réponse
Votre réponse doit être structurée et répondre à la consigne en mettant en évidence la logique de votre raisonnement.

▶▶▶ LA FEUILLE DE ROUTE

Étape 1 Identifier le document
Le document, établi par l'Insee, est une série chronologique montrant l'évolution de l'inflation en France entre 1991 et 2017.

Étape 2 Comprendre le graphique
- D'après le document, l'inflation tend globalement à baisser.
- On peut cependant distinguer plusieurs périodes : certaines où l'inflation recule (1991-1999, 2008-2009, 2012-2015) et d'autres où elle repart à la hausse.

Étape 3 Exploiter le graphique pour répondre à la question posée
- Le sujet porte sur la politique de la BCE, créée en 1999. Il faut donc s'intéresser à la période 1999-2017 et lier les évolutions de l'inflation à l'objectif inscrit dans ses statuts : un taux d'inflation avoisinant les 2 %.
- Pour mener sa politique, la BCE utilise essentiellement l'instrument du taux d'intérêt, et plus particulièrement son taux directeur. Mais la BCE peut également mener une politique accommodante avec des taux d'intérêt très bas et en injectant de la monnaie dans l'économie.

Étape 4 Rédiger la réponse
→ CORRIGÉS p. 108

Monnaie et création monétaire

CORRIGÉS

▶ SE TESTER QUIZ

1 Les fonctions et les formes de la monnaie

1. Réponse b. La monnaie n'est pas qu'un instrument d'échange : elle a une fonction sociale car elle repose sur la confiance et est un instrument de la cohésion sociale. Elle est également un instrument de pouvoir et de souveraineté.

2. Réponse a. Le chèque est un moyen de règlement des échanges qui permet la circulation de la monnaie scripturale.

2 Le rôle du crédit bancaire

Réponse c. Une banque crée de la monnaie scripturale en accordant un crédit dont le montant est inscrit sur le compte d'un client.

3 Le rôle de la Banque centrale

1. Réponse b. La Banque centrale, banque de premier rang et « banque des banques », a le monopole de l'émission de monnaie fiduciaire.

2. Réponse a. En cas de crise, la Banque centrale est la seule institution qui peut fournir des **liquidités** aux banques pour qu'elles remplissent leurs engagements.

> **MOT CLÉ**
> Les **liquidités** sont les moyens de paiement pouvant être utilisés dans les échanges.

4 Les effets des interventions de la Banque centrale

1. Réponse a. L'augmentation de la quantité de monnaie en circulation entraîne une hausse des prix si on considère que l'inflation est un phénomène purement monétaire.

2. Réponse b. La baisse du taux directeur permet de relancer l'activité économique car le coût des emprunts diminue et la demande augmente sur le marché.

▶ S'ENTRAÎNER

5 Comprendre le vocabulaire du cours

- **Monnaie fiduciaire** : billets et pièces de monnaie.
- **Banque centrale** : « banque des banques » ou « banque de premier rang ».
- **Inflation** : hausse générale et durable des prix.
- **Réserves obligatoires** : dépôt non rémunéré que chaque banque doit effectuer à la Banque centrale.
- **Réserve de valeur** : fonction économique de la monnaie permettant l'épargne.

6 Comprendre le rôle du crédit bancaire dans la création monétaire

1. Avant le prêt, le client détient 100 € de monnaie scripturale.

2. Le bilan de la banque se présente de la manière suivante :

Actif	Passif
Caisse : 100 € Prêt (créance sur le client) : 900 €	Dépôts : 1 000 € (100 + 900)

3. Après le prêt, le client A détient 1 000 € de monnaie scripturale.

4. On en conclut que la banque a créé 900 € de monnaie scripturale en accordant ce prêt.

7 Réviser le cours en 8 questions flash

1. La monnaie a trois fonctions économiques : **unité de compte**, **intermédiaire** des échanges et **réserve de valeur**.

2. La monnaie fiduciaire comprend la monnaie divisionnaire composée des **pièces de monnaie** et des **billets** émis par la Banque centrale.

3. Les banques ont pour rôle de **collecter les dépôts** du public (les dépôts à vue) et d'**accorder des crédits** aux entreprises et aux ménages.

4. La création de **monnaie** scripturale par les banques rencontre deux limites : l'obligation de **convertir** la monnaie scripturale en monnaie fiduciaire et la **réglementation prudentielle** définie par le comité de Bâle.

5. La Banque centrale a le **monopole de l'émission de monnaie fiduciaire**, c'est-à-dire des pièces et des billets. Ce monopole donne à la Banque centrale un rôle de prêteur en dernier ressort pour le refinancement des banques.

6. Le taux d'intérêt représente le **coût de l'emprunt** d'un client auprès d'une banque ou le coût de refinancement des banques sur le marché monétaire.

7. L'augmentation de la quantité de monnaie dans l'économie a pour effet d'**accélérer l'inflation**. Celle-ci représente une hausse durable et générale des prix entraînant une diminution de la valeur de la monnaie.

8. On dit qu'une politique monétaire est accommodante lorsque la Banque centrale **fournit de la monnaie centrale** aux banques de manière quasiment illimitée et à un taux d'intérêt très faible, afin de **soutenir l'activité**.

8 Calculer et interpréter un indice simple

1. Taux de variation de la masse monétaire de 2015 à 2018 :
[(12 134 – 10 839) / 10 839] × 100 = **11,9 %**

2. Calcul de l'indice : [12 134 / 10 839] × 100 = **111,9**. Selon la Banque centrale européenne, la masse monétaire est à l'indice 111,9 en 2018 pour un indice 100 en 2015, ce qui signifie que la masse monétaire a augmenté de 11,9 % entre 2015 et 2018.

INFO
Un indice n'a pas d'unité.

3. Indice = taux de variation + 100.

9 Lire et interpréter un indice synthétique

1. • **10** : les dépenses alimentaires représentent 10 % des dépenses totales de consommation des consommateurs de la catégorie A.

• **30** : les dépenses pour le logement représentent 30 % des dépenses totales de consommation des consommateurs de la catégorie B.

2. a. • **116,5** : par rapport à l'année de référence, les prix ont augmenté de 16,5 % pour les consommateurs de la catégorie A.

• **114** : par rapport à l'année de référence, les prix ont augmenté de 14 % pour les consommateurs de la catégorie A.

b. L'augmentation des prix est plus importante pour les consommateurs de la catégorie A. On peut l'expliquer par la nature de l'indice des prix. Pour les consommateurs de la catégorie A, le poids des « autres dépenses » est plus important que pour les consommateurs de la catégorie B. Or, c'est le prix de ces dépenses qui a le plus fortement augmenté.

10 Calculer et interpréter une moyenne pondérée

1. Pour une dépense totale de 100, la dépense en alimentation et logement est de **50**. Le prix des dépenses de transport a augmenté de **10%**.

2. La hausse des prix pour l'ensemble des dépenses est de :
$$\frac{(2 \times 0{,}5) + (10 \times 0{,}2) + (5 \times 0{,}3)}{1}, \text{ soit } \mathbf{4{,}5\ \%}.$$

3. La hausse des prix peut s'expliquer par une hausse des prix de l'alimentation et du logement inférieure à la hausse des prix des autres dépenses.

▶ OBJECTIF BAC

11 Analyse de document

■ La politique monétaire consiste, pour la banque centrale, à contrôler la quantité de monnaie en circulation afin de garantir son pouvoir d'achat.

■ Depuis 1999, la Banque centrale européenne (BCE) est chargée de mener la politique monétaire des pays de la zone euro. L'objectif de cette politique est défini par les statuts de la BCE : maintenir le taux d'inflation aux alentours de 2 % à moyen terme.

■ Cependant, on remarque que la BCE rencontre des difficultés pour atteindre son objectif. En effet, en 2008 puis en 2015-2016, le taux d'inflation est resté quasiment nul et, malgré une politique monétaire accommodante, le taux d'inflation est de 1 % en 2017 (document).

SOCIOLOGIE

La socialisation, facteur de différenciation des comportements

Par le rappel à la règle, l'imitation ou les interactions, les comportements sociaux s'apprennent à l'école, y compris lors des repas pris au restaurant scolaire. Ainsi, dès l'enfance, le processus de socialisation contribue à faire de nous des êtres sociaux.

FICHES DE COURS

22	Des comportements liés à l'environnement social et culturel	110
23	L'enfance : une période de socialisation décisive	112
24	Des conditions de socialisation différentes selon les familles	114
25	Une socialisation tout au long de la vie	116
26	La socialisation n'est pas un simple conditionnement	118
MÉMO VISUEL		120

EXERCICES & SUJETS

SE TESTER	Exercices 1 à 4	122
S'ENTRAÎNER	Exercices 5 à 9	123
OBJECTIF BAC	Exercice 10 • Analyser un texte sociologique	126

CORRIGÉS

Exercices 1 à 10 — 128

22 Des comportements liés à l'environnement social et culturel

En bref *Il existe une grande variété de comportements humains, d'une société à l'autre mais aussi entre individus d'une même société. Ces comportements ne sont pas innés : ils sont le résultat de la socialisation, un processus d'apprentissage permettant à chacun d'appartenir à un groupe social et de s'intégrer à la société tout entière.*

I Des comportements variés entre individus

1 D'une société à une autre

■ Des **comportements** variés sont observables d'un pays à un autre. Il en va ainsi, par exemple, pour les postures du corps : au Japon, il est courant de manger assis par terre, sur ses jambes repliées, alors que dans les pays occidentaux on s'assoit autour d'une table.

> **MOT CLÉ**
> Un **comportement** désigne les manières d'agir, les actes réalisés par les individus ou les groupes d'individus, mais aussi les comportements sociaux, culturels ou religieux.

■ On relève également des différences entre individus d'une même société à deux périodes différentes : certains comportements acceptés par le passé ne le sont plus forcément aujourd'hui. C'est le cas des manières de table : lors des festins médiévaux, les convives partageaient un même plat dans lequel ils venaient tous prélever leur part à pleines mains et buvaient la soupe dans un même récipient. Aujourd'hui, dans de nombreuses sociétés, chacun mange dans son assiette, en utilisant toutes sortes de couverts.

2 À l'intérieur d'une même société

■ Certains comportements diffèrent entre les hommes et les femmes. Ces différences sont visibles dans le domaine des attitudes corporelles. Par exemple, s'asseoir les jambes croisées est une pratique très répandue chez les femmes et beaucoup moins chez les hommes.

■ Les comportements diffèrent aussi en fonction des milieux sociaux. Ainsi, le choix des produits alimentaires varie selon la position sociale. Les individus appartenant aux milieux populaires consomment davantage d'aliments gras et caloriques – souvent moins coûteux – et peu de légumes et de fruits frais, privilégiés dans l'alimentation des groupes sociaux disposant d'un niveau de vie plus élevé.

II Des comportements acquis

1 Le résultat d'un apprentissage…

■ En dehors des comportements relevant des réflexes (cligner des yeux en cas de forte lumière ou poser les mains par terre en cas de chute), les comportements humains dépendent de l'environnement culturel et social dans lequel naît et évolue l'individu. Ils sont liés à la culture du pays et à la culture de son groupe social.

■ Les comportements ne sont donc pas innés, c'est-à-dire fixés dès la naissance. Les façons d'agir et de penser intériorisées sont acquises, et donc propres à l'environnement dans lequel l'individu grandit. Ce processus d'intériorisation s'appelle la **socialisation**.

> **MOT CLÉ**
> La **socialisation** est le processus au cours duquel l'individu intériorise les normes, les valeurs, les comportements et les façons de penser de son milieu social.

2 │ ... qui permet aux individus d'être intégrés à la société

■ Cette transmission favorise une certaine reproduction des comportements sociaux de génération en génération et une certaine stabilité des comportements humains dans le temps. Cette transmission permet aux individus d'être conformes aux attentes de leur milieu social et d'adopter les comportements attendus.

■ Le partage de comportements communs permet donc aux individus d'être plus facilement acceptés par les autres et de s'intégrer.

zoOm

Porter des vêtements : un comportement qui s'apprend

■ Porter des vêtements fait partie des règles de vie appliquées dans nos sociétés. Cela nous semble même naturel tellement nous l'avons intériorisé : nous le faisons sans nous poser de question.

■ Or ce comportement s'acquiert dès le plus jeune âge. Au Japon, les *salarymen* portent tous un costume de couleur foncée avec une chemise blanche et une cravate. L'adhésion à cet uniforme professionnel est le fruit de la socialisation au port de l'uniforme scolaire dès l'enfance et l'adolescence.

La socialisation, facteur de différenciation des comportements

23 L'enfance : une période de socialisation décisive

En bref *Dès sa naissance, l'individu intériorise les valeurs, les normes, les façons d'agir et de penser propre à son environnement. La famille joue donc un rôle essentiel dans la construction de l'individu. Son influence se réalise par de multiples canaux, parfois choisis par les parents mais le plus souvent inconscients.*

I La famille, premier acteur de la socialisation

1 Dès la naissance

■ Les parents transmettent à l'enfant dès son plus jeune âge un ensemble de normes sociales découlant de **valeurs**. Par ce mécanisme, appelé **socialisation**, l'enfant adopte des manières de faire, de penser et incorpore des manières d'être propre à son groupe social. Par le choix de ses vêtements et de leurs couleurs, par exemple, ou par les jeux qui lui sont proposés, l'enfant intériorise son futur rôle en tant que femme ou homme.

> **MOT CLÉ**
> Une **valeur** est un grand principe, un idéal qui oriente les actions et les comportements d'une société ou d'un groupe social.

■ La socialisation aboutit à ce que l'enfant **fasse siennes** les normes transmises, qu'il construise les bases de son identité sociale. C'est à cette période qu'il apprend à manger, à marcher et à parler de manière conforme à son groupe social.

2 L'enfant est particulièrement malléable

■ Cette socialisation dans l'enfance est d'autant plus aisée qu'à cette période, l'enfant est vierge de toute autre influence : il peut être assimilé à une pâte molle, sur laquelle l'adulte peut inscrire tous les contenus qu'il souhaite.

■ Il est aussi **inconscient des mécanismes** en jeu et croit que ce qu'il fait, dit et anticipe pour son avenir lui est propre, alors qu'il ne s'agit que du résultat de cet apprentissage. Par exemple, un enfant dont les parents sont cadres aura plus de facilités à se projeter professionnellement dans ce type de fonction qu'un enfant dont les parents sont ouvriers, car il sera familier de cet environnement et aura intégré sans s'en rendre compte l'ensemble des normes et valeurs attachées à ce statut social.

II La variété des mécanismes de socialisation

1 Une socialisation consciente : l'éducation

■ L'éducation est l'un des mécanismes mis en œuvre lors de cette transmission. C'est par une transmission explicite et volontaire des normes sociales par les parents que les façons de penser, d'agir et d'anticiper l'avenir seront intériorisées.

■ L'éducation est le noyau le plus visible de la **socialisation primaire**. Elle se fait aussi à l'école, où le respect des règles, les programmes scolaires et les interactions avec les équipes éducatives participent à la socialisation. Le non-respect de ces normes conduit à des sanctions formelles (punitions, réprimandes) ou informelles (moquerie ou rire).

> **MOT CLÉ**
> La **socialisation primaire** représente le processus d'apprentissage de normes et de valeurs qui se déroule pendant l'enfance.

2 | Des mécanismes inconscients de socialisation

■ La socialisation explicite est accompagnée d'autres mécanismes qui opèrent au quotidien par imprégnation, sans que les parents s'en rendent compte. Par exemple, l'injonction « tiens-toi droit » n'est pas seulement corporelle, elle porte en elle l'intériorisation d'un rapport austère au corps et l'importance de la présentation de soi, tout en définissant la frontière entre la bonne tenue et le relâchement.

■ La socialisation se réalise par imitation et/ou interactions entre les parents et les enfants. C'est en regardant sa mère se maquiller qu'un enfant, souvent une fille, apprend les gestes du maquillage. C'est au cours des échanges verbaux ou non verbaux que les enfants incorporent aussi les règles de politesse.

zoOm

Vivre avec les autres : un apprentissage scolaire

■ À l'école, les apprentissages du vivre-ensemble participent à la socialisation des enfants en parallèle de ceux réalisés au sein des familles.

■ C'est par le rappel des règles de bonne conduite, de la politesse, des droits et des devoirs de chacun à la cantine ou dans la cour de récréation que les enfants apprennent à respecter les adultes, à se respecter les uns les autres et à se respecter eux-mêmes.

24 Des conditions de socialisation différentes selon les familles

En bref *La socialisation ne s'exerce pas de façon identique pour tous les enfants et dans toutes les familles. Ainsi, la composition du foyer, le groupe social, les modèles éducatifs ou encore le sexe de l'enfant influent sur les conditions et le résultat de la socialisation.*

I Le poids des configurations familiales

1 Les effets de la structure interne de la famille

■ Les **configurations familiales** jouent un rôle essentiel. La famille ne se réduit pas au couple parental : la fratrie et le reste de la parenté participent à la socialisation. Par exemple, la présence d'une sœur étudiante chargée de surveiller les devoirs de son frère peut modifier le rapport à l'école et à la culture de ce dernier, notamment dans les familles de milieu populaire.

■ Le couple parental ne forme pas un tout unifié : les parents peuvent venir de milieux sociaux différents et être porteurs de valeurs différentes, voire contradictoires.

> **MOT CLÉ**
> Les **configurations familiales** désignent les différentes formes de famille et leur composition : présence d'un ou de deux parents, de sexes différents ou de même sexe, nombre de frères et sœurs, rôle des grands-parents et des autres membres de la parenté.

2 L'influence des modèles éducatifs

■ On distingue deux modèles théoriques. D'une part, le modèle « autoritaire », qui repose sur un contrôle parental élevé, un usage fréquent des punitions et une relation asymétrique entre enfant et parents. D'autre part, le modèle « permissif », reposant sur un contrôle faible, un recours limité à la punition et une relation d'égal à égal entre l'enfant et les adultes.

■ Plusieurs enquêtes récentes ont montré que, dans la réalité, ces deux modèles se juxtaposent. Le modèle « autoritaire » favoriserait la transmission de valeurs telles que l'obéissance, tandis que le modèle « permissif » encouragerait le développement de l'autonomie, c'est-à-dire la liberté de choix de l'enfant.

II Des différences selon les sexes et les milieux sociaux

1 Une socialisation genrée

■ Les filles et les garçons ne sont pas éduqués de la même manière, car les adultes ont des représentations de la façon dont ils doivent se comporter. Ainsi, dès la naissance, les réactions des parents face à leurs comportements sont différentes. Par exemple, les pleurs sont souvent moins tolérés chez les garçons, dont les adultes attendent davantage de force et de courage.

■ De même, les jouets choisis pour l'enfant favorisent le développement, par exemple, de la motricité pour les garçons et de l'intérêt porté à soi pour les filles.

2 | Une socialisation de classe

■ Les conditions de vie matérielle induisent un rapport aux contraintes économiques et à l'espace qui diffère selon les milieux sociaux. Vivre dans un espace réduit peut être vécu comme de la « promiscuité » d'un point de vue bourgeois, mais interprété comme de la « solidarité familiale » dans les milieux populaires.

■ L'**intériorisation** bourgeoise du contrôle de soi, qui se réalise dans la maîtrise des espaces, s'oppose à l'apprentissage de l'affrontement physique des milieux populaires. Ce dernier est transmis au travers du modèle des pères en accord avec l'idéal populaire de la virilité. L'origine sociale des parents est donc un facteur de différenciation.

> **MOT CLÉ**
> L'**intériorisation** est un mécanisme assurant l'intégration des normes et valeurs à la personnalité des individus.

zoom — La lecture, une pratique liée au milieu social

N'ont pas lu de livre dans l'année (en %)

Catégorie	%
Ouvriers	69
Employés	40
Prof. intermédiaires	31
Cadres et prof. intell. supérieures	20
Artisans, commerçants	51
Agriculteurs	72

Source : Observatoire des inégalités (données pour 2012).

■ La catégorie socioprofessionnelle d'appartenance est une des variables explicatives des différences de pratiques sociales et culturelles entre individus.

■ La socialisation différenciée entre milieux sociaux influence en effet les comportements. Ainsi, la part des cadres déclarant n'avoir pas lu de livre dans l'année est nettement inférieure à celle des ouvriers ou des agriculteurs.

25 Une socialisation tout au long de la vie

En bref *La socialisation n'est pas achevée à la sortie de l'adolescence. D'autres instances de socialisation vont intervenir tout au long de la vie. Ainsi, toutes les expériences de socialisation vécues par l'individu vont s'ajouter aux premières en parfaite cohérence ou s'y opposer.*

I D'autres temps de socialisation et d'autres acteurs

1 L'enfance n'est pas la seule période de socialisation

■ Pendant la phase de socialisation primaire, période forte de socialisation, se transmettent les **codes sociaux élémentaires**, mais le processus de socialisation ne prend pas fin une fois l'enfance terminée.

■ L'individu est soumis à d'autres influences qui vont intervenir sur sa « personnalité de base » et cela tout au long de sa vie.

> **MOT CLÉ**
> Les **codes sociaux élémentaires** regroupent le langage, les normes et les valeurs qui permettent aux individus d'établir des relations sociales.

2 Les nouveaux acteurs à l'âge adulte

■ En accédant au monde professionnel, les individus doivent se conformer à de nouvelles normes (manière de se vêtir, horaires de travail, règlement intérieur) et de nouvelles valeurs, comme la performance économique ou le service client dans les entreprises privées. Cette socialisation se nomme la socialisation professionnelle. Celle-ci opère par l'observation de nouveaux modèles ou par les interactions avec la hiérarchie ou les groupes de pairs.

■ De même, les interactions au sein du couple vont agir comme moment de socialisation. Par les discussions et les expériences vécues en commun, les membres d'un couple vont agir sur le comportement et les opinions de l'un et de l'autre. C'est le cas par exemple du partage des tâches domestiques, qui est souvent l'objet de négociations constantes entre les partenaires et influe sur leurs attitudes. On parle de socialisation conjugale.

■ Enfin, la fréquentation de syndicats, d'associations, de partis politiques peut avoir une incidence sur les comportements et opinions politiques des individus. Le rôle des pairs est ici fondamental : ce sont principalement les expériences partagées qui vont influer sur les pratiques politiques (manifester, voter, s'abstenir, signer une pétition).

II. Renforcement ou opposition ?

1. La socialisation secondaire

■ La socialisation secondaire intervient donc à un autre moment de la vie de l'individu et par le biais d'autres instances de socialisation.

■ Parce que l'individu est déjà le fruit d'une première socialisation, il va filtrer les nouvelles normes et valeurs transmises lors de la **socialisation secondaire** pour percevoir le monde extérieur.

> **MOT CLÉ**
> La **socialisation secondaire** intervient après l'enfance des individus. Elle va compléter, prolonger ou transformer les apprentissages de la socialisation primaire.

2. Contradiction ou adéquation avec la socialisation primaire ?

■ La socialisation secondaire peut renforcer la socialisation primaire : les normes et valeurs acquises pendant l'enfance permettent l'acquisition de nouveaux codes sociaux à l'âge adulte en cohérence avec celles déjà acquises. Les normes professionnelles s'appuient sur les résultats de la socialisation scolaire et familiale. La recherche de la performance dans le monde professionnel peut prendre appui sur la recherche de la performance scolaire par exemple.

■ Parfois, la socialisation secondaire peut contredire les effets de la première et induire des transformations chez l'individu, car les valeurs et les normes transmises ne coïncident pas, voire s'opposent. C'est le cas d'un individu qui connaît un changement de statut social par rapport à celui de sa famille d'origine et qui doit s'adapter à ce nouvel environnement.

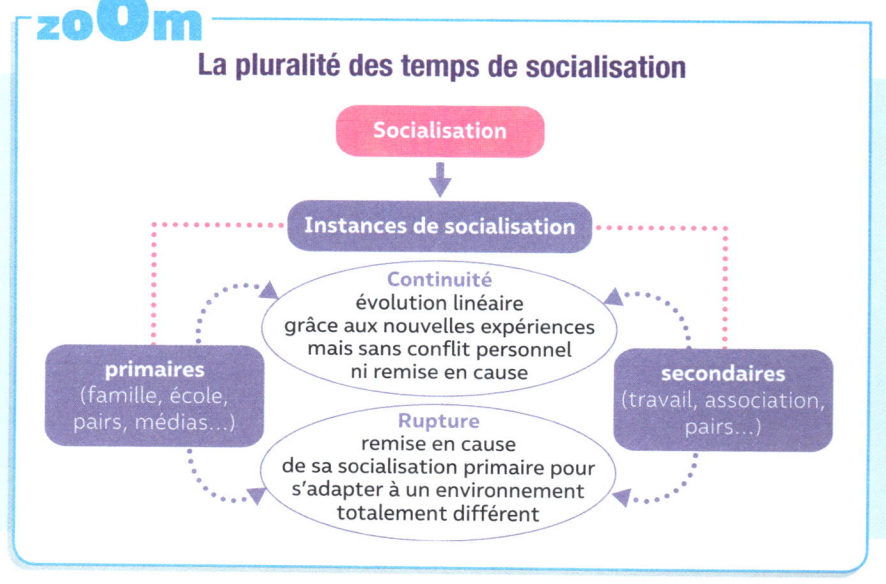

zoOm — La pluralité des temps de socialisation

Socialisation → Instances de socialisation

- **primaires** (famille, école, pairs, médias…)
- **secondaires** (travail, association, pairs…)

Continuité : évolution linéaire grâce aux nouvelles expériences mais sans conflit personnel ni remise en cause

Rupture : remise en cause de sa socialisation primaire pour s'adapter à un environnement totalement différent

26 La socialisation n'est pas un simple conditionnement

En bref *Si le processus de socialisation débute au sein des familles, il se poursuit tout au long de la vie, permettant à l'individu d'agir sur ce qui lui est transmis. Cette socialisation plurielle peut expliquer des parcours individuels de réussite ou d'échec statistiquement improbables.*

I La socialisation plurielle

1 | L'individu incorpore des modèles d'action différents

■ Dans chacune des instances de socialisation, l'individu intègre des **dispositions** qui sont ou non utilisables dans un autre contexte social. Par exemple, l'acquisition de « l'effort et du dépassement de soi » dans un environnement sportif peut être à nouveau mobilisée ou non par l'individu à l'école ou dans un univers professionnel. Ainsi, chaque individu est porteur d'une pluralité de dispositions qui vont être, selon les contextes et les moments, mis en œuvre ou mis en veille.

> **MOT CLÉ**
> Les **dispositions** sont les manières de faire, de voir, de sentir, les inclinations à croire ou à agir intériorisées et mobilisées par un individu dans un contexte social.

■ Cette pluralité des dispositions fait de l'individu un « homme pluriel », c'est-à-dire façonné par la multiplicité des expériences socialisatrices, qui peuvent agir de manières différentes, voire contradictoires selon l'instance de socialisation (école, famille, groupe de pairs…) et le domaine concerné (culture, politique, rapport aux autres…).

2 | L'individu est un être réflexif

■ Ce qui est vécu et intériorisé durant la socialisation primaire est la base à partir de laquelle est interprété et donc intériorisé ce qui intervient dans la socialisation secondaire.

■ La socialisation n'est pas un processus automatique, plusieurs conditions sociales doivent être réunies pour qu'elle ait un effet. Pour que le capital culturel soit transmis, il faut que celui qui le détienne ait une légitimité à transmettre, qu'il soit présent régulièrement auprès de l'individu socialisé. Par exemple, il ne suffit pas d'avoir une bibliothèque bien fournie à la maison pour pratiquer la lecture.

II. Trajectoires improbables et situations paradoxales

1. Le cas des transfuges de classe…

■ On parle de **transfuge de classe** lorsqu'un individu change de position sociale à l'âge adulte par rapport à ses parents. C'est le cas d'un fils d'ouvrier qui deviendrait chef d'entreprise. Dans cette situation, certains individus tentent parfois d'anticiper leur futur statut lors de la socialisation primaire en adoptant les règles de comportement du groupe social qu'ils souhaitent intégrer et qui devient à leurs yeux le **groupe de référence**. On parle alors de **socialisation anticipatrice**.

> **MOT CLÉ**
> Le **groupe de référence** est le groupe auquel l'individu s'identifie. Il peut être différent de son groupe d'appartenance (groupe auquel l'individu appartient en fonction de ses caractéristiques sociales objectives (âge, sexe, position sociale).

■ La persistance des produits de la socialisation du groupe social d'origine se traduit souvent par un **sentiment de gêne ou de culpabilité** pour les individus qui, dans certains cas, peut freiner les transformations ultérieures et, dans d'autres cas, obliger l'individu à réaliser un travail de mise en cohérence entre des prises de position souvent contradictoires.

2. … et celui des échecs improbables

On parle d'**échec improbable** dans le cas d'un individu qui connaît un déclassement social, c'est-à-dire qui occupe une position sociale inférieure à celle de ses parents. C'est le cas d'un enfant de cadres qui deviendrait employé.

zoOm

Un « transfuge de classe » : le sociologue Didier Eribon

■ Didier Eribon a longtemps été enseignant chercheur à la faculté de sciences humaines et sociales et philosophie de l'université d'Amiens. Issu d'un milieu populaire, il a dû adopter de nouveaux comportements pour s'adapter à son environnement scolaire puis professionnel.

■ Il est le produit d'une socialisation familiale en partie en opposition avec sa socialisation scolaire et professionnelle. Il témoigne dans ses travaux du renoncement et souvent de la honte de son milieu d'origine.

MÉMO VISUEL

Définition

- **Processus** au cours duquel les individus adoptent les comportements conformes à leur environnement social et culturel
- C'est un **apprentissage**
- Il passe par la **transmission** de normes et de valeurs
- Il contribue à l'**intégration** des individus au groupe

LA SOCIA

Effets

Favorise l'intégration de l'individu…
- À la société
- À des groupes

Explique la diversité des comportements…
- Entre les sociétés
- Au sein d'une même société

N'est pas un simple conditionnement
- Phénomène pluriel
- Transfuges de classe
- Échecs improbables

La socialisation primaire

Des caractéristiques communes
- **Période** de la vie : enfance
- **Acteurs** : famille, école, pairs
- **Mécanismes** conscients (éducation) et inconscients (imitation, intériorisation)

Un processus différencié selon…
- La configuration familiale (parents, fratrie…)
- Le modèle éducatif (autoritaire ou permissif)
- Le sexe de l'enfant
- Le milieu social

La socialisation secondaire

Des caractéristiques communes
- **Période** de la vie : âge adulte
- **Acteurs** : conjoint, monde professionnel, associatif, syndical, politique…
- **Mécanismes** conscients (éducation) et inconscients (imitation, intériorisation)

Des résultats différents
- Renforce la socialisation primaire

  ou
- Atténue la socialisation primaire

La socialisation, facteur de différenciation des comportements

▶ SE TESTER QUIZ

*Vérifiez que vous avez bien compris les points clés des **fiches 22 à 26**.*

1 Des comportements liés à l'environnement social et culturel
→ FICHE 22

Les comportements des individus sont-ils le fruit de facteurs biologiques ?
- ☐ **a.** Non, seuls les réflexes sont naturels.
- ☐ **b.** Oui, nos comportements sont déterminés par nos gènes.
- ☐ **c.** Non, les individus adoptent seulement des comportements sociaux.

2 Une socialisation primaire décisive
→ FICHES 23 et 24

1. Qu'est-ce que la socialisation ?
- ☐ **a.** La transmission d'une culture par la famille.
- ☐ **b.** Le processus au cours duquel l'individu intègre les normes, les valeurs et les comportements transmis par son environnement culturel et social.
- ☐ **c.** L'éducation des enfants par leurs parents.

2. Parmi les affirmations suivantes, laquelle est vraie ?
- ☐ **a.** Seuls les parents socialisent les enfants au sein de la famille.
- ☐ **b.** Les enfants sont tous socialisés de la même manière.
- ☐ **c.** Les conditions de socialisation sont influencées par la composition de la famille, le sexe de l'enfant et l'origine sociale des parents.

3 Une socialisation tout au long de la vie
→ FICHE 25

Les socialisations primaire et secondaire coïncident-elles toujours ?
- ☐ **a.** Oui, la socialisation secondaire renforce la socialisation primaire.
- ☐ **b.** Non, elles se superposent mais peuvent se renforcer ou se contredire.
- ☐ **c.** Non, la socialisation primaire s'efface pour laisser la place aux valeurs et normes transmises au cours de la socialisation secondaire.

4 La socialisation n'est pas un simple conditionnement
→ FICHE 26

1. Pourquoi dit-on que la socialisation est plurielle ?
- ☐ **a.** Il existe plusieurs acteurs de socialisation.
- ☐ **b.** Les instances de socialisation, nombreuses, ont des influences multiples.
- ☐ **c.** La socialisation est un processus automatique.

2. Peut-on écrire que l'individu est passif au cours de la socialisation ?
- ☐ **a.** Oui, car il n'intervient pas durant le processus de socialisation.
- ☐ **b.** Non, car il est socialisé par différentes instances.
- ☐ **c.** Non, car l'individu réinterprète et analyse les normes et les valeurs nouvellement incorporées grâce aux acquisitions antérieures.

S'ENTRAÎNER

5 Comprendre le vocabulaire du cours → FICHE 22

1. Les comportements ci-dessous sont-ils innés ou acquis ? Cochez la case correspondante.

Comportement...	inné	acquis
Cligner des yeux		
Jouer du piano		
Manger avec une fourchette		
Avoir faim		
Se vêtir pour sortir dans la rue		

6 Se repérer sur un graphique statistique → FICHES 23 et 24

Document — **Obtention du baccalauréat selon la catégorie socioprofessionnelle et la génération**

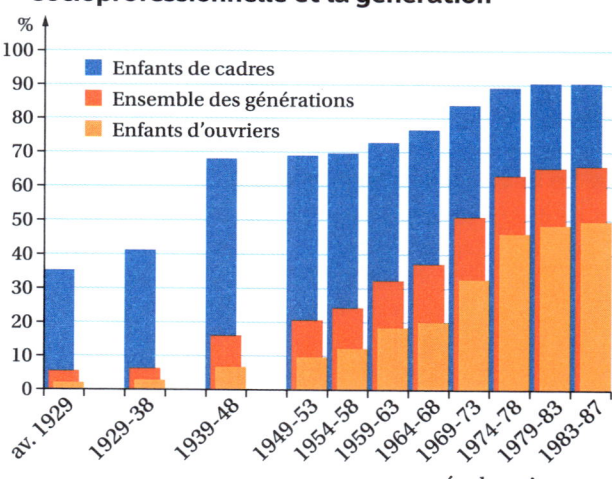

Source : ministère de l'Éducation nationale, 2010.

1. Quelle est la source de ce document ?

2. a. Entourez la part des enfants d'ouvrier nés entre 1983 et 1987 ayant obtenu le baccalauréat.

b. Complétez la phrase suivante : « Selon le ministère de l'Éducation nationale, sur ………………… enfants d'ouvriers nés entre 1983 et 1987, ………………… ont obtenu le baccalauréat. »

La socialisation, facteur de différenciation des comportements

3. Laquelle de ces affirmations est vraie ?

☐ **a.** Le nombre de bacheliers augmente entre 1929 et 1987.
☐ **b.** La part des diplômés du baccalauréat augmente entre la génération des enfants nés avant 1929 et celle des enfants nés entre 1983 et 1987.
☐ **c.** La part des diplômés du baccalauréat augmente entre 1929 et 1987.

4. Quels constats pouvez-vous faire sur les résultats au baccalauréat selon l'origine sociale ?

7 Réviser le cours en 8 questions flash → FICHES 22 à 26

1. Pourquoi les comportements humains ne sont-ils pas les mêmes partout ?

2. Que nous transmettent nos parents à travers la socialisation ?

3. Quels sont les mécanismes conscients et inconscients de la socialisation ?

4. Quelle est l'influence de la configuration familiale sur la socialisation des enfants ?

5. Qu'est-ce qui distingue la socialisation primaire de la socialisation secondaire ?

6. Citez trois instances de socialisation à l'âge adulte.

7. Pourquoi peut-on dire que la socialisation est un processus pluriel ?

8. Comment la pluralité des influences socialisatrices peut-elle être à l'origine de trajectoires improbables ?

8 Comprendre un texte → FICHE 26

Document — **De la socialisation plurielle à l'homme pluriel**

Chacune de ces dispositions prend place dans la mosaïque qui constitue l'individu et qui reflète l'histoire et la diversité de ses expériences sociales. Le dispositif méthodologique original de l'enquête ayant donné lieu à *Portraits sociologiques*[1] (six entretiens différents, portant sur des domaines pratiques
5 différents, menés auprès d'une même personne) permet ainsi de faire apparaître que la multiplicité des dispositions au sein d'un même individu renvoie à la multiplicité des expériences socialisatrices qui l'ont formé, et ce de manière différente, voire divergente selon l'instance de socialisation ayant opéré (famille, école, amis...) et le domaine concerné (la culture, le rapport au
10 corps, aux autres). Dans cette optique, c'est donc parce que la socialisation est plurielle que l'individu qu'elle façonne est un « homme pluriel ».

Muriel Darmon, *La socialisation*, © Armand Colin, 2007.

1. *Portraits sociologiques*, ouvrage du sociologue Bernard Lahire (2005).

1. a. Entourez dans le texte les différentes instances de socialisation primaire.

b. Expliquez l'expression soulignée (l. 1-2).

c. Dans le texte, surlignez la phrase qui montre que les instances de socialisation peuvent agir sur l'individu de plusieurs manières.

2. En vous appuyant sur le travail d'analyse précédent et sur vos connaissances, vous rédigerez un paragraphe argumenté d'une quinzaine de lignes pour expliquer qu'il existe une pluralité d'influences socialisatrices.

> **CONSEIL**
> Commencez par énoncer l'idée que vous allez démontrer (A). Puis présentez les différents acteurs de la socialisation (E) et terminez par un exemple (I).

9 Calculer une proportion → FICHE 24

Document — **Nombre de femmes inscrites dans quelques fédérations sportives françaises en 2013**

Fédérations sportives	Nombre de femmes licenciées (A)	Part des femmes licenciées en % (A/B)	Nombre total de licences (B)
Fédération française de football	98 700	**4,9**	2 002 400
Fédération de la pêche sportive au coup	280		7 413
Fédération française de twirling bâton	12 518		13 487
Fédération française d'équitation	574 728		694 480

Source : à partir de données du ministère des Sports.

1. Entourez le chiffre indiquant le nombre de femmes titulaires d'une licence d'équitation en 2013.
2. Retrouvez la méthode de calcul permettant d'obtenir la valeur du tableau indiquée en rouge. Quel est le nom de cet outil statistique ?
3. Calculez les valeurs manquantes et complétez la colonne du milieu.
4. Quel constat pouvez-vous tirer de ces données ? Comment l'expliquer ?

Savoir-faire

Calculer une proportion

- Une proportion ou pourcentage de répartition est la part, exprimée en pourcentage, que représente un sous-ensemble A dans un ensemble B.
- Pour effectuer ce calcul, il faut donc diviser A par B, puis multiplier le résultat par 100 pour obtenir un pourcentage.

▶ OBJECTIF BAC

10 La socialisation et l'école • Raisonnement
1 h 20

Ce sujet vous donne l'occasion d'utiliser vos connaissances sur la socialisation pour construire un raisonnement à partir d'un texte sociologique. L'analyse de celui-ci doit vous permettre de repérer le rôle de la famille dans la réussite scolaire, puis d'expliquer les mécanismes de la socialisation de classe en jeu.

LE SUJET

À l'aide du texte proposé, montrez que la socialisation permet d'expliquer les inégalités de réussite scolaire.

Document — **Socialisation de classe et réussite scolaire**

Les familles les plus démunies ne disposent ni des informations nécessaires sur le fonctionnement du système scolaire, ni des savoirs et savoir-faire culturels légitimes [c'est-à-dire attendus et valorisés dans le cadre scolaire], la langue qu'elles parlent et transmettent est scolairement disqualifiée [c'est-à-
5 dire dévalorisée]. Selon Bourdieu et Passeron, « l'inégale distribution entre les différentes classes sociales du capital linguistique scolairement rentable constitue une des médiations [c'est-à-dire un des facteurs] les mieux cachées par lesquelles s'instaure la relation entre l'origine sociale et la réussite scolaire ».

Source : Gérard Mauger, La sociologie de la délinquance juvénile,
Repères, La Découverte, 2009.

Méthode

Analyser un texte sociologique

Étape 1 Identifier le document

- Le titre et la source donnent des indications sur la fiabilité du document (s'agit-il d'un article de presse, d'un extrait de livre, d'une étude documentée ?), mais aussi sur la période et le contexte (la date permet de situer l'époque à laquelle le texte a été produit.)
- Repérez si le texte est descriptif (l'auteur présente des faits, analyse une notion) ou engagé (l'auteur défend un point de vue).

Étape 2 Comprendre le texte

- Soulignez les mots clés : notions, principaux arguments.
- Entourez les connecteurs logiques pour mettre en évidence les liens entre les idées.
- Relevez la phrase ou l'exemple qui résume l'idée générale en lien avec la question posée.

Étape 3 Exploiter le texte pour répondre à la question posée
- Expliquez en quelques phrases les mécanismes qu'il met en évidence.
- À quelle(s) notion(s) du chapitre ce texte peut-il être rattaché ?
- D'après votre cours, quels compléments ou éléments contradictoires pouvez-vous apporter ?

Étape 4 Rédiger la réponse → MÉTHODE p. 63

▶▶▶ LA FEUILLE DE ROUTE

Étape 1 Identifier le document
- Le titre vous indique le thème : la socialisation de classe. Le texte est extrait d'un livre du sociologue Gérard Mauger publié en 2009. Il étudie le lien que l'on peut établir entre l'origine sociale et la réussite scolaire.
- En décrivant les pratiques culturelles des familles les plus modestes et en s'appuyant sur la thèse de deux autres sociologues, l'auteur tente d'expliquer les raisons d'une moindre réussite scolaire dans les milieux populaires.

Étape 2 Comprendre le texte
- Les connecteurs logiques à repérer sont : « c'est-à-dire », qui permet à l'auteur de donner des précisions complémentaires sur l'idée qu'il vient d'énoncer, et « selon », qui permet à l'auteur d'introduire les thèses de deux sociologues.
- Deux phrases résument l'idée générale en lien avec la question posée :
  - « les familles les plus démunies… savoir-faire culturels légitimes » (l. 1-3)
  - « inégale distribution… scolairement rentable » (l. 5-6)

Étape 3 Exploiter le texte pour répondre à la question posée
- Ce texte renvoie à l'idée d'une différence des conditions de socialisation selon l'origine sociale. Il souligne le rôle du milieu social dans la réussite scolaire.
- Vous pouvez expliquer l'effet du milieu social d'origine sur la socialisation, les mécanismes de la socialisation de classe. Ainsi, dans les familles de milieu populaire, les normes et les valeurs transmises diffèrent de celles des milieux sociaux plus favorisés et s'éloignent plus de celles attendues par l'école.
- Pensez aussi à d'autres facteurs : composition de la famille, sexe de l'enfant, modèles éducatifs.

Étape 4 Rédiger la réponse
- Dans un premier temps, vous expliquerez que la socialisation familiale varie selon le milieu social, et que cela peut avoir un effet sur la réussite scolaire.
- Dans un second temps, vous montrerez que selon le milieu social, les normes et valeurs transmises sont plus ou moins proches de celles valorisées par l'école.

→ CORRIGÉS p. 130

CORRIGÉS

▶ SE TESTER QUIZ

1 Des comportements liés à l'environnement social et culturel

Réponse a. Seuls les réflexes sont naturels, tous les autres comportements sont le résultat d'un apprentissage.

2 Une socialisation primaire décisive

1. Réponse b. La socialisation est le processus au cours duquel l'individu intègre les normes, les valeurs et les comportements transmis par son environnement.

2. Réponse c. Les conditions de socialisation sont influencées par la composition de la famille, le sexe de l'enfant et l'origine sociale des parents.

3 Une socialisation tout au long de la vie

Réponse b. Les normes et les valeurs peuvent soit s'inscrire dans une continuité soit se contredire, c'est-à-dire créer une rupture permettant à l'individu de s'adapter à son nouvel environnement.

4 La socialisation n'est pas un simple conditionnement

1. Réponse b. La socialisation est plurielle : les instances de socialisation sont nombreuses et ont des influences multiples.

2. Réponse c. L'individu réinterprète et analyse les normes et les valeurs nouvellement incorporées grâce aux acquisitions antérieures. En effet, ce qui est vécu et intériorisé durant la socialisation primaire est la base à partir de laquelle est interprété et donc intériorisé ce qui intervient dans la socialisation secondaire.

▶ S'ENTRAÎNER

5 Comprendre le vocabulaire du cours

1. • Comportements innés : cligner des yeux, avoir faim.
• Comportements acquis : jouer du piano, manger avec une fourchette, se vêtir pour sortir dans la rue.

6 Se repérer sur un graphique statistique

1. La source de ce document est le ministère de l'Éducation nationale.

2. a. La valeur à entourer est la dernière de la colonne orange, soit **49 %**.

b. « Selon le ministère de l'Éducation nationale, sur **100** enfants d'ouvriers nés entre 1983 et 1987, **49** ont obtenu le baccalauréat. »

3. Réponse b. La part des diplômés du baccalauréat augmente entre la génération des enfants nés avant 1929 et celle des enfants nés entre 1983 et 1987.

COURS — **EXERCICES & SUJETS** — **CORRIGÉS**

4. Il est possible de tirer deux constats :
- 1. Les chances de réussite au baccalauréat sont toujours fortement déterminées par le milieu d'origine : quelle que soit la génération étudiée, le nombre de diplômés est toujours plus élevé chez les enfants de cadres que chez les enfants d'ouvriers.
- 2. Les écarts ont cependant tendance à se réduire, notamment depuis trois décennies.

7 Réviser le cours en 8 questions flash

1. Les comportements humains ne sont pas les mêmes partout dans le monde car ils sont **influencés par la culture** du pays et de l'époque.
2. À travers la socialisation, nos parents nous transmettent principalement des **normes** et des **valeurs**.
3. Les mécanismes **conscients** de la socialisation relèvent de l'éducation : ils sont mis en place par les instances de socialisation. Les mécanismes **inconscients**, eux, reposent sur une transmission involontaire, comme l'imitation ou l'interaction.
4. La **taille** de la famille, sa **composition**, le **sexe** de l'enfant et le **milieu social** d'origine des parents.
5. La socialisation primaire commence dès la naissance et se poursuit pendant **l'enfance** ; les principaux acteurs sont la famille et l'école. La socialisation secondaire vient renforcer ou contredire des normes et des valeurs déjà installées ; le **conjoint** et le **monde professionnel**, par exemple, jouent alors un rôle important.
6. Trois instances de socialisation à l'âge adulte : l'entreprise, les associations, le couple.
7. La socialisation est un processus pluriel car **plusieurs instances de socialisation** interviennent tout au long de la vie d'un individu et participent à la construction de son identité. Chacune de ces instances a une influence particulière.
8. Lorsque les normes et les valeurs transmises s'opposent ou ne sont pas en cohérence, des phénomènes tels que les **transfuges de classe** ou le **déclassement social** peuvent être observés.

8 Comprendre un texte

1. a. Les mots à entourer dans le texte sont : « école », « famille », « amis » (l. 9).
b. Cette expression suggère que nos façons d'agir, de penser, de voir, de sentir se construisent à partir d'une multitude d'expériences de socialisation, issues de plusieurs instances de socialisation, pendant l'enfance et même à l'âge adulte.
c. La phrase à surligner est la suivante : « la multiplicité des expériences socialisatrices qui l'ont formé, et ce de manière différente, voire divergente selon l'instance de socialisation ayant opéré (famille, école, amis…) et le domaine concerné (la culture, le rapport au corps, aux autres) » (l. 7-10).
2. Il existe une pluralité d'influences socialisatrices, car **la socialisation n'est pas un processus uniforme** (A). De **nombreux acteurs** interviennent en même temps ou à des moments différents, et les normes et les valeurs trans-

> **CONSEIL**
> La pluralité des instances de socialisation et des valeurs transmises doit constituer le cœur de votre explication (E). L'illustration (I) peut provenir du texte ou du cours.

La socialisation, facteur de différenciation des comportements   **129**

mises par ces instances de socialisation peuvent se renforcer ou se contredire. Lors de l'enfance, période de la socialisation primaire, ce sont la famille et l'école qui ont une place importante dans la construction de l'identité de l'individu (E). Ainsi, alors que dans certaines familles les femmes et les hommes n'ont pas les mêmes rôles ni les mêmes activités, l'école promeut l'égalité entre les sexes (I).

9 Calculer une proportion

1. Le chiffre à entourer, indiquant le nombre de femmes titulaires d'une licence d'équitation en 2013, est 574 728.

2. Pour obtenir ce pourcentage de répartition de 4,9 %, il faut diviser 98 700 par 2 002 400. On obtient 0,049.
Puis on multiplie ce résultat par 100 : 0,049 × 100 = 4,9.

3. Les valeurs manquantes sont, de haut en bas : 3,78 • 92,81 • 82,76.

4. On constate une surreprésentation des femmes parmi les titulaires de licences de twirling bâton et d'équitation, et une sous-représentation des femmes pour le football et la pêche sportive au coup. Cette répartition inégale peut s'expliquer par une socialisation différenciée entre les filles et les garçons, qui conduit à des choix de pratiques sportives très différents.

▶ OBJECTIF BAC

10 Raisonnement

■ L'origine sociale des parents est une des conditions de socialisation différentes entre les familles, ce qui a des conséquences en termes de comportement, de mode de pensée et donc de réussite scolaire. De plus, les attendus de l'école sont souvent non explicités ou mettent plus longtemps à être intériorisés, ce qui freine la réussite scolaire.

■ En effet, dans les familles de milieu populaire, les normes et les valeurs transmises diffèrent de celles des milieux sociaux plus favorisés, et sont moins proches de celles valorisées par l'école. Ainsi comme le souligne Gérard Mauger dans *La sociologie de la délinquance juvénile*, « les familles les plus démunies ne disposent ni des informations nécessaires sur le fonctionnement du système scolaire, ni des savoirs et savoir-faire culturels légitimes ». C'est le cas par exemple de la langue et de ses registres, moins bien maîtrisés dans les milieux populaires, où le franc-parler est valorisé.

SOCIOLOGIE

La construction et l'évolution des liens sociaux

> Dans les sociétés marquées par une différenciation accrue des individus, la cohésion sociale repose sur des liens nouveaux et de nature diverse. Pour autant, les individus cherchent parfois à se retrouver pour partager des valeurs, des normes, des croyances, des causes.

FICHES DE COURS

27	Des liens sociaux diversifiés	132
28	Les professions et catégories socioprofessionnelles	134
29	Individualisation et évolution des formes de la solidarité	136
30	De nouvelles sociabilités numériques	138
31	La fragilisation des liens sociaux	140
	MÉMO VISUEL	142

EXERCICES & SUJETS

SE TESTER	Exercices 1 à 4	144
S'ENTRAÎNER	Exercices 5 à 9	145
OBJECTIF BAC	Exercice 10 • Lire et analyser un graphique	148

CORRIGÉS Exercices 1 à 10 — 150

131

27 Des liens sociaux diversifiés

En bref Les liens sociaux désignent l'ensemble des relations concrètes et abstraites qui relient les individus d'un groupe social ou d'une société, créant un sentiment d'appartenance et de reconnaissance entre les membres du groupe et lui donnant une cohésion.

I Des liens au sein de multiples groupes

Un groupe social en sociologie n'est pas une simple catégorie statistique ou un agrégat d'individus mais désigne un ensemble de personnes liées par des éléments objectifs (des conditions d'existence semblables par exemple) et subjectifs (un sentiment d'appartenance).

1 Au sein de groupes primaires…

■ Au sein des groupes primaires, le nombre d'individus est réduit, les relations sont interpersonnelles et marquées par un degré d'intimité plus ou moins fort.

■ Les liens de parenté, unissant les membres d'une même famille, dépendent d'une relation d'alliance (l'union d'un père et d'une mère le plus souvent) et d'une relation de filiation (entre parents et enfants). Ces liens ont également une nature juridique : chaque personne a un état civil, l'enfant a un représentant légal, les époux sont liés par un contrat de mariage…

■ Les liens électifs unissent des personnes qui se choisissent et s'exercent notamment au sein de groupes de pairs : amis, collègues, membres d'une équipe sportive.

> **MOT CLÉ**
> Un **groupe de pairs** désigne un groupe d'individus partageant des caractéristiques, des valeurs et des normes semblables, exerçant un rôle socialisateur sur ses membres.

2 …et au sein de groupes secondaires

■ Les individus appartiennent également à des groupes secondaires au sein desquels les relations apparaissent moins denses et moins stables dans le temps. Ceux-ci apparaissent plus étendus et les relations entre individus y sont plus impersonnelles.

■ Ces liens s'exercent notamment au sein du monde du travail, dans lequel les individus nouent des relations de nature horizontale avec des collègues de travail et verticale avec leurs supérieurs hiérarchiques ou leurs subordonnés.

■ Les organisations (associations, partis politiques, syndicats) constituent d'autres collectifs au sein desquels les personnes peuvent communiquer et agir ensemble, pour défendre des intérêts ou une cause, partager une pratique culturelle ou sportive.

■ Au niveau d'un pays, les individus sont liés par une même citoyenneté, partageant une appartenance à une nationalité, l'attachement aux valeurs, aux symboles, à la culture d'un pays.

II Des liens sociaux concrets de différente nature

1 Les relations de sociabilité

■ La sociabilité désigne les relations concrètes que les individus entretiennent au sein de leur environnement. Ces relations directes, d'interconnaissance, prennent diverses formes : parler avec sa famille ou avec ses voisins, se rendre visite ou échanger au téléphone, s'apporter soutien moral ou financier, se rendre des services, offrir des cadeaux, communiquer via les réseaux sociaux numériques.

■ Les groupes d'amis jouent un rôle particulièrement important au moment de l'adolescence, générant une forte sociabilité extérieure au cercle familial.

2 L'appartenance à des réseaux sociaux

■ Les individus sont insérés dans des réseaux constitués de personnes elles-mêmes reliées à leurs propres réseaux. Ces réseaux constituent une ressource, par exemple pour rechercher un emploi.

MOT CLÉ
En sociologie, un **réseau social** désigne l'ensemble des relations directes et indirectes qui relient des individus entre eux.

■ La « force des liens faibles » désigne le fait qu'avoir un réseau très étendu, et donc des relations de faible intensité avec de nombreuses personnes, permet d'élargir les opportunités et d'accéder à un emploi de meilleure qualité.

zoOm

Une typologie des liens sociaux

Types de lien	Formes de protection	Formes de reconnaissance
Lien de filiation	rapprochée	affective
Lien de participation élective (entre conjoints, amis...)	rapprochée	affective
Lien de participation organique (entre acteurs de la vie professionnelle)	garantie par un contrat de travail	sociale (liée au travail)
Lien de citoyenneté	juridique (droits civils, politiques et sociaux)	Reconnaissance de l'individu souverain

Source : d'après Serge Paugam, *Le Lien social*, PUF, Que sais-je, 2008.

Le sociologue Serge Paugam distingue quatre grands types de lien qui apportent aux individus deux éléments majeurs :
– la protection, pour faire face aux aléas de la vie (« compter sur... ») ;
– la reconnaissance, pour la valorisation et l'estime de soi (« compter pour... »).

28 Les professions et catégories socioprofessionnelles

En bref *Les PCS constituent un outil statistique pour décrire la structure sociale en cherchant à classer les individus à partir de leur situation professionnelle. Comment ces catégories sont-elles construites et sur quels critères sont-elles fondées ? Quels en sont les usages ?*

I Enjeux et principes de construction des PCS

1 Enjeux et évolutions

■ La **nomenclature** des professions et catégories socioprofessionnelles (PCS), établie par l'Insee (Institut national de la statistique et des études économiques) à partir des recensements de population et des enquêtes-emploi, permet de décrire la structure sociale.

> **MOT CLÉ**
> Une **nomenclature** est une liste de catégories visant à classer une population dans des ensembles homogènes sur la base d'un ou de plusieurs critères.

■ La classification en PCS aujourd'hui en vigueur a remplacé en 1982 la classification en CSP (catégories socioprofessionnelles), créée en 1954, afin de s'adapter aux évolutions de la structure des emplois.

2 Les principes de construction

■ La nomenclature des PCS comporte quatre niveaux d'agrégation emboîtés. Le niveau le plus détaillé comprend 497 professions. Le plus agrégé est composé de 8 groupes socioprofessionnels : 6 groupes d'actifs et 2 groupes d'inactifs.

■ Le classement s'effectue à partir du croisement de plusieurs critères :
– concernant la personne elle-même : profession, statut (indépendant ou salarié), classification professionnelle (liée au niveau de qualification), fonction exercée ;
– concernant son employeur : activité, nombre de salariés, statut public ou privé.

■ Deux actifs exerçant le même métier ne sont pas nécessairement classés dans la même PCS. Par exemple, un plombier à son compte est classé dans le groupe « artisans, commerçants, chefs d'entreprise », tandis qu'un plombier exerçant comme salarié dans une entreprise de plomberie sera classé dans le groupe « ouvriers ».

> **INFO +** Les chiffres clés (2017)
> ▸ Les 12,9 millions d'ouvriers et d'employés représentent 48 % de la population active.
> ▸ La part des cadres parmi les actifs est de 20,6 % chez les hommes et 15,2 % chez les femmes.
> ▸ L'espérance de vie des cadres est de 6 ans supérieure à celle des ouvriers.

II Les usages de la nomenclature des PCS

1 Décrire la structure sociale et ses évolutions

■ Les PCS mettent en évidence les mutations de la structure sociale française depuis les années 1950, marquées par le déclin du secteur primaire, le développement du salariat, la désindustrialisation et la tertiarisation.

■ Les PCS qui ont le plus progressé au cours des dernières décennies sont les cadres et les professions intermédiaires, tandis que celles qui ont le plus diminué sont les agriculteurs et les ouvriers.

2 Mettre en évidence les inégalités économiques et sociales

■ La classification en PCS permet de montrer des inégalités économiques, en matière de revenu et de patrimoine. Ainsi, le niveau de vie des cadres est en moyenne deux fois supérieur à celui des ouvriers.

■ Cette classification met aussi en évidence des inégalités sociales et culturelles, en matière d'espérance de vie, de pratiques de loisir ou d'accès aux études supérieures, pour ne citer que quelques exemples.

zoOm — Progrès technique et évolution des PCS

■ Le progrès technique transforme les PCS. Si l'emploi ouvrier augmente jusqu'aux années 1970 avec la production de masse permise par le travail à la chaîne (comme ci-dessus dans une usine Citroën) et une demande croissante, l'emploi agricole recule avec la mécanisation.

■ Aujourd'hui, la robotisation fait disparaître des emplois d'ouvriers tandis que les emplois intermédiaires et d'encadrement progressent.

29 Individualisation et évolution des formes de la solidarité

En bref *Avec la société industrielle qui émerge au XIXe siècle, l'individu devient progressivement plus autonome (individualisation) et ses liens avec les autres se transforment (d'une solidarité mécanique à une solidarité organique).*

I Le processus d'individualisation

1 Des individus plus autonomes

■ L'**individualisation** est un processus historique long qui conduit l'individu à s'émanciper progressivement de diverses tutelles (église, communauté, famille) et des modèles de comportement qu'elles imposent.

> **MOT CLÉ**
> **Individualisation** et individualisme désignent, pour les sociologues, une caractéristique majeure des sociétés occidentales modernes marquées par le primat de l'individu, qui devient l'unité de référence pour la société et pour lui-même.

■ Cette transformation rend possible le choix de son avenir professionnel, de ses croyances et de ses opinions. De la même façon, les individus ne se voient plus imposer le mariage ou le choix de leur conjoint.

■ L'autonomisation des individus ne les affranchit pas de toutes normes juridiques et sociales, mais celles-ci s'imposent moins du dehors sur les individus et reposent davantage sur l'autocontrainte, c'est-à-dire des normes intériorisées.

2 Des liens à la fois plus forts et plus fragiles

■ L'individualisation conduit à tisser des liens davantage choisis, donc plus forts, mais aussi plus nombreux, les individus multipliant leurs appartenances à des groupes divers. Ces liens apparaissent néanmoins plus fragiles car les individus peuvent les rompre plus facilement.

■ Au sein de la famille, par exemple, les relations se sont profondément transformées : l'union conjugale ne se conçoit plus pour la vie entière et les relations entre les membres de la famille garantissent l'autonomie de chacun.

II L'évolution des formes de solidarité

1 La solidarité mécanique

■ La solidarité des sociétés traditionnelles est une solidarité mécanique (ou par similitude) : les individus sont peu différenciés, partagent les mêmes croyances et adhèrent aux mêmes valeurs. La tradition joue un rôle prépondérant et s'impose à tous. Tous les aspects de la vie sont réglementés par des prescriptions organisant la façon de manger, de s'habiller, les rites religieux, le choix des conjoints…

■ La cohérence de la société naît de la similitude de ses membres et de la parfaite adéquation entre les consciences individuelles et la conscience collective.

> **MOT CLÉ**
> Pour Émile Durkheim, la **conscience collective** désigne l'ensemble des croyances et des sentiments communs partagés par les membres d'un groupe, d'une société.

■ Ce type de solidarité persiste au sein des groupes primaires (familles, groupes de pairs) dans lesquels les individus nouent des liens entre personnes semblables.

2 | La solidarité organique

■ Selon Durkheim, les sociétés modernes sont caractérisées par un processus de différenciation des individus qui crée une nouvelle forme de solidarité fondée sur la complémentarité. Il qualifie cette solidarité d'organique, par analogie avec les organes de l'être vivant remplissant chacun une fonction propre mais indispensable les uns aux autres.

■ Cette différenciation est due à la division du travail qui se développe au sein des sociétés industrielles. En spécialisant les individus, la division du travail les rend tout à la fois autonomes et interdépendants.

■ Dans les sociétés où domine la solidarité organique, la conscience collective laisse un espace aux consciences individuelles et une autonomie dans l'interprétation des normes à suivre. La solidarité organique ne fait cependant pas complètement disparaître la solidarité mécanique.

zoOm
Une persistance de la solidarité mécanique ?

Les supporters qui viennent soutenir leur équipe dans les stades, dans les bars ou sur les réseaux sociaux, ne sont qu'un exemple parmi d'autres du besoin exprimé dans de multiples sphères de la vie sociale de se réunir entre semblables pour partager une même passion ou une cause commune.

30 De nouvelles sociabilités numériques

En bref *Avec le développement des nouvelles technologies de l'information et de la communication, de nouvelles formes de sociabilité se développent, qui s'ajoutent ou parfois se substituent aux formes plus traditionnelles. L'effet de cette transformation sur le lien social et la cohésion de la société est donc à nuancer.*

I Le rôle des technologies numériques

■ Avec l'usage des téléphones mobiles multifonction et des réseaux sociaux numériques, les individus utilisent de nouvelles modalités de communication et d'échanges qui transforment la sociabilité.

■ L'envoi de SMS et de messages via les messageries instantanées, de courriels, la participation aux réseaux sociaux (Facebook, Twitter) sont devenus des vecteurs courants de communication, dans un cadre privé, professionnel ou public.

■ La sociabilité en ligne peut conduire à créer une sociabilité physique, c'est même dans certains cas sa fonction essentielle. Les sites de rencontres via Internet constituent par exemple un mode de constitution des couples qui progresse fortement.

II Divers types de liens renforcés

■ Avec les technologies numériques, les individus peuvent intensifier les liens avec leurs connaissances (familles, amis). Plus qu'elle ne se substitue à la sociabilité physique, la sociabilité numérique vient la compléter et l'enrichir, en nourrissant liens forts et affinitaires → FICHE 27 au sein de collectifs de personnes qui se connaissent.

■ Les pratiques de sociabilité en ligne permettent d'étendre le réseau relationnel, développant des liens entre individus éloignés et qui ne se connaissent que virtuellement. Cela permet d'étendre le réseau de « liens faibles » → FICHE 27 que chacun peut mobiliser en cas de besoin, créant des ponts entre des réseaux d'individus.

INFO + Les chiffres clés en 2018

- 75 % des plus de 12 ans (35 % en 2011) et 98 % des 18-24 ans possèdent un smartphone.
- 53 % des plus de 12 ans envoient des messages par messagerie instantanée, 41 % quotidiennement.
- 93 % des 18-24 ans sont présents sur les réseaux sociaux.

■ Les outils de communication numérique créent les conditions d'un monde rapproché, un « **effet petit monde** », étudié par Milgram à la fin des années 1960, qui se renforce.

> **MOT CLÉ**
> Le phénomène du « **petit monde** » est issu d'une expérience du psycho-sociologue américain Stanley Milgram (1933-1984) montrant que deux individus pris au hasard sont reliés en moyenne par 6 chaînes de relations.

III Des effets de cohésion à nuancer

■ Les pratiques de sociabilité sur les réseaux sociaux numériques renforcent la solidarité mécanique →FICHE 29 et des liens de nature élective et horizontale →FICHE 27. Elles exercent aussi des effets de contrôle social forts →FICHE 32 conduisant à exclure ceux qui ne partagent pas les normes, les valeurs et les croyances de la communauté.

■ Ces collectifs, rapidement mobilisables grâce aux outils de communication numériques pour défendre des causes, exprimer ou soutenir des revendications, sont aussi influençables et soumis à des discours ou à des fausses informations qui cherchent à les manipuler.

■ La sociabilité en ligne, quand elle se substitue à la sociabilité physique, est propice à favoriser des situations d'isolement, les liens numériques étant plus fragiles et moins aisés à mobiliser que les liens physiques de proximité.

zoOm

Un accès inégal aux outils de sociabilité numérique

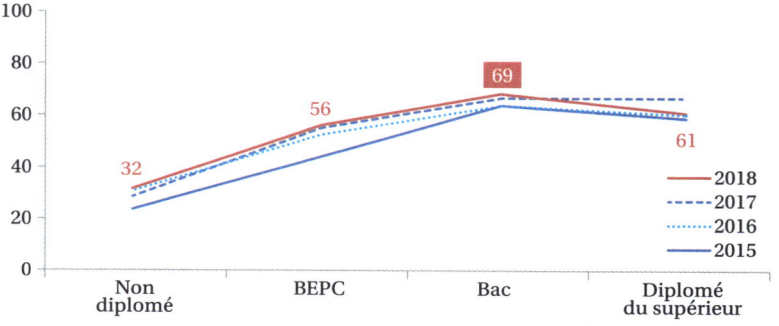

[Graphique montrant la proportion sur 4 années (2018, 2017, 2016, 2015) selon le niveau de diplôme : Non diplômé (32), BEPC (56), Bac (69), Diplômé du supérieur (61)]

Source : Baromètre du numérique 2018.

Ce graphique montre la proportion d'individus présents sur des réseaux sociaux numériques au cours des 12 derniers mois (en % de la population de 12 ans et plus). Si cette pratique est banalisée chez les plus jeunes, ce n'est pas le cas pour les plus âgés et pour les moins diplômés, notamment, dont la participation est beaucoup plus faible. Ces inégalités se retrouvent entre PCS et entre territoires.

31 La fragilisation des liens sociaux

En bref *Les liens qui relient les individus entre eux et avec la société sont plus fragiles. Les communautés d'appartenance n'apportent plus la protection dont ont besoin les individus et les institutions visant à pallier les effets négatifs de l'individualisme sont en crise.*

I Des liens fragilisés par l'individualisme

1 Une atomisation de la société…

■ Dans les sociétés marquées par le développement de la solidarité organique (→ FICHE 29) et l'affaiblissement de la solidarité mécanique, la cohésion sociale peut être mise en difficulté selon Émile Durkheim. On observe alors des **pathologies** qui mettent en cause la solidarité et les liens sociaux entre les individus.

■ Durkheim évoque en particulier deux types de suicide dans l'étude qu'il mène en 1897, qui sont des signes d'un défaut de solidarité : les « suicides égoïstes » résultent d'un **défaut d'intégration** à la société, tandis que les « suicides anomiques » sont liés à un manque de règles et de repères pour orienter les comportements, situation qu'il qualifie d'**anomie**.

2 … qui fragilise l'intégration sociale

■ L'affaiblissement des solidarités traditionnelles de proximité conduit les individus à se détacher des collectifs d'appartenance (le village, la communauté religieuse, la corporation professionnelle…). S'ils gagnent en autonomie et en libre choix de leur destin, les individus **perdent en sécurité et en protection**.

■ Si l'institution familiale reste un collectif d'ancrage important pour les individus, les transformations qui la touchent depuis les années 1970 fragilisent son rôle protecteur. La **rupture des liens familiaux** est souvent un élément décisif dans le processus d'**exclusion sociale**.

II Les transformations de la société salariale

1 Un affaiblissement des protections juridiques et sociales

■ Robert Castel (1933-2013) met en évidence le processus de **désaffiliation** qui touche une partie de la société à partir des années 1980, c'est-à-dire la rupture progressive des liens sociaux par perte des protections attachées au statut du salarié qui se sont construites avec l'**État-providence** et l'avènement des **droits sociaux**.

> **MOT CLÉ**
> On appelle **État-providence** l'ensemble des institutions qui visent à établir une protection sociale pour protéger les individus des risques sociaux (maladie, chômage, vieillesse…).

■ Cette rupture commence souvent par l'enchaînement d'emplois précaires, c'est-à-dire de contrats de travail de courte durée alternant avec des périodes de chômage, puis se poursuit avec la perte durable d'emploi et un chômage de longue durée. Cette situation conduit à la disparition des protections, des droits sociaux et des revenus stables attachés à l'emploi. Le processus mène à la rupture des liens familiaux et amicaux, facteur d'isolement relationnel.

2 | Un processus d'exclusion

■ Serge Paugam évoque un processus d'affaiblissement ou de rupture des liens sociaux par la perte des protections et des reconnaissances qui lient l'individu à la société. Il distingue trois phases dans le processus de disqualification sociale qui conduisent de la fragilité sociale d'un individu à sa dépendance à un système d'assistance → FICHE 45 et à la rupture qui le marginalise au sein de la société.

■ La pauvreté joue un rôle important dans ce processus. Les revenus insuffisants (pauvreté monétaire) ne permettent plus à l'individu de faire face à ses besoins de base (s'alimenter, se soigner, se loger...), l'excluent de la société de consommation, et conduisent à une pauvreté en conditions de vie.

zoOm

La rupture des liens sociaux

Types de lien	Déficit de protection	Déni de reconnaissance
Lien de filiation	Impossibilité de compter sur sa famille en cas de difficulté	Sentiment de ne pas compter pour sa famille
Lien de participation élective	Isolement relationnel	Rejet par les pairs
Lien de participation organique	Perte des droits et protections garantis par l'emploi	Sentiment d'inutilité
Lien de citoyenneté	Éloignement des institutions (école, santé, administrations...)	Sentiment de ne pas être représenté ni considéré, désintérêt à l'égard des institutions politiques

Source : d'après Serge Paugam, *Le Lien social*, *op. cit.*

Pour chacun des types de lien social → FICHE 27, Serge Paugam montre en quoi leur rupture s'explique par deux catégories de critères (protection/reconnaissance) :
– dans le cas d'un déficit de protection, l'individu ne peut plus « compter sur » sa famille, ses collègues, les institutions...
– dans le cas d'un déficit de reconnaissance, il ne « compte » plus pour son entourage et les institutions de la société, ou se considère comme tel.

MÉMO VISUEL

LES LIENS

Des liens diversifiés

Groupes primaires
- Liens de parenté
- Liens électifs

Groupes secondaires
- Liens professionnels (horizontaux et verticaux)
- Participation à des organisations (associations, partis politiques, syndicats)
- Citoyenneté

Modalités
- Sociabilité
- Appartenance à des réseaux mobilisables

Un outil : les PCS

8 groupes socioprofessionnels

Actifs	1. Agriculteurs exploitants 2. Artisans, commerçants et chefs d'entreprise 3. Cadres et professions intellectuelles supérieures 4. Professions intermédiaires 5. Employés 6. Ouvriers
Inactifs	7. Retraités 8. Autres personnes sans activité professionnelle

142

SOCIAUX

Des liens qui évoluent

Deux formes de solidarité
- Solidarité mécanique
- Solidarité organique

Individualisation
- Autonomisation des individus
- Liens plus nombreux mais plus fragiles

Des liens fragilisés

Atomisation de la société
- Affaiblissement des solidarités traditionnelles
- Rupture des liens familiaux

Transformation de la société salariale
- Désaffiliation
- Disqualification

De nouvelles sociabilités numériques

Les réseaux sociaux
- Liens substitutifs ou complémentaires de la sociabilité physique
- Renforcement des liens forts
- Extension des liens faibles
- Contrôle social et isolement

La construction et l'évolution des liens sociaux

▶ SE TESTER QUIZ

*Vérifiez que vous avez bien compris les points clés des **fiches 27 à 31**.*

1 Des liens sociaux diversifiés • Les PCS → FICHES 27 et 28

1. Comment désigne-t-on les liens entre personnes qui se choisissent ?
- a. Les liens de sociabilité
- b. Les liens électifs
- c. Les liens de pairs

2. Que représente la sociabilité d'un individu ?
- a. L'ensemble des liens qui le relient à la société
- b. L'intériorisation des valeurs et des normes de la société
- c. L'ensemble des liens concrets qu'il a avec autrui

3. Quel critère n'est pas pris en compte dans le classement des PCS ?
- a. Le niveau de salaire
- b. Le statut du salarié
- c. La qualification

2 Individualisation et évolution des formes de la solidarité → FICHE 29

1. Qu'est-ce qu'une société individualiste ?
- a. Une société caractérisée par l'égoïsme et le chacun pour soi
- b. Une société marquée par un processus d'autonomisation des individus
- c. Une société sans solidarité

2. Quelle affirmation est fausse concernant la solidarité organique ?
- a. Elle est issue du développement de la division du travail.
- b. Les individus sont reliés par leurs différences.
- c. Elle fait disparaître la conscience collective.

3 De nouvelles sociabilités numériques → FICHE 30

Quel est l'effet de la sociabilité numérique sur le lien social ?
- a. Elle renforce la solidarité organique.
- b. Elle réduit les liens faibles.
- c. Elle renforce le contrôle social par les pairs.

4 La fragilisation des liens sociaux → FICHE 31

1. Qu'est-ce que l'anomie ?
- a. La perte de valeurs et de normes communes
- b. Le manque d'intégration dans la société
- c. Le manque de solidarité dans la société

2. La désaffiliation est la perte des liens sociaux due à…
- a. l'individualisme qui se développe dans la société.
- b. la perte des protections et des droits liés au salariat.
- c. la rupture avec sa famille.

S'ENTRAÎNER

5 Comprendre le vocabulaire du cours
→ FICHES 27 à 31

1. Illustrez chacune des notions suivantes par un exemple.

Lien de filiation	Mère-fille
Lien électif	
Lien de citoyenneté	
Sociabilité physique	Se parler au téléphone
Sociabilité numérique	
Lien faible	
Solidarité organique	
État-providence	

2. Complétez le tableau suivant en indiquant l'intensité de chaque caractéristique : forte, faible, étendue, réduite.

	Solidarité mécanique	Solidarité organique
Degré de différenciation des individus		
Conscience collective		
Conscience individuelle		
Division du travail		

6 Se repérer sur un schéma
→ FICHE 27

Document — **Représenter un réseau d'individus**

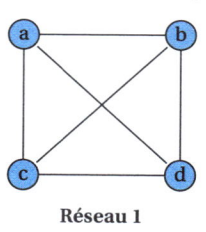

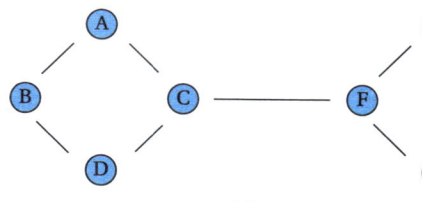

Réseau 1

Réseau 2

1. Que représente F dans le réseau 2 ?
2. À qui s'adresse l'individu d s'il a besoin d'aide ? et l'individu D ?
3. Quelle est la particularité de C dans le réseau 2 ?
4. Comment les individus A et E peuvent-ils entrer en contact ?
5. Montrer que les réseaux 1 et 2 ne sont pas équivalents et n'apportent pas les mêmes ressources aux individus.

La construction et l'évolution des liens sociaux

7 Réviser le cours en 8 questions flash
→ FICHES **27** à **31**

1. Qu'est-ce qui distingue les groupes primaires des groupes secondaires du point de vue des liens sociaux ?

2. En quoi le réseau social peut-il aider un individu à trouver un emploi ?

3. À quoi sert la nomenclature des PCS ?

4. Quelles sont les caractéristiques d'une société marquée par un processus d'individualisation ?

5. Pourquoi la division du travail favorise-t-elle la solidarité organique ?

6. En quoi la sociabilité numérique renforce-t-elle les liens sociaux ?

7. Décrivez le processus de désaffiliation.

8. Comment la pauvreté peut-elle favoriser l'exclusion ?

8 Comprendre un texte
→ FICHE **29**

Document — **Quand l'individualisme crée du lien**

Progressivement, nous sommes passés à une société centrée sur les individus. Une telle société tient moins bien que les sociétés antérieures, le lien étant devenu moins solide, sous la pression des individus. Ce moindre attachement des « je » à un autre « nous » exprime des valeurs positives tout en ayant des effets qui peuvent être négatifs. L'individualisation des sociétés occidentales est à la fois positive et négative.

[...] Ainsi, apparaît une contradiction principale des sociétés contemporaines : si les individus souhaitent plutôt un lien social « fort », <u>ils ne veulent pas, pour autant, en payer le prix qui consisterait à diminuer leur liberté</u>. Ils apprécient aussi ce lien social moderne électif. [...]

Le fait que les individus contemporains soient « individualisés » ne signifie pas qu'ils aiment être seuls, que leur rêve soit la solitude. Il veut dire que ces individus apprécient d'avoir plusieurs appartenances pour ne pas être liés par un lien unique. Pour l'exprimer schématiquement, le lien social serait composé de fils moins solides que les fils antérieurs, mais il en comprendrait nettement plus. [...]

<u>La multiplication des appartenances engendre une diversité des liens</u> qui, pris un à un, sont moins solides, mais qui, ensemble, font tenir et les individus et la société.

François de Singly, *Les uns avec les autres. Quand l'individualisme crée du lien*, © Armand Colin, 2003.

1. Illustrez par des exemples les phrases soulignées.

2. Quelle contradiction l'auteur relève-t-il dans le texte ?

3. Selon François de Singly, quelles sont les conséquences de l'individualisation sur le lien social ? Vous répondrez dans un **paragraphe argumenté**.

CONSEIL
Organisez votre rédaction en deux points, un pour chaque argument, en vous efforçant d'illustrer chacun d'eux.

9 Comprendre un tableau statistique

→ FICHE 31

Document — **La pauvreté monétaire en France de 2012 à 2016**

	2012	2013	2014	2015	2016
Niveau de vie médian (en €)	20 240	20 200	20 250	20 340	20 520
Seuil de pauvreté à 50 % (en milliers de personnes)	5 231	4 917	4 964	5 020	4 997
Taux de pauvreté à 50 % (en %)	8,5	7,9	8,0	8,0	8,0
Seuil de pauvreté à 60 % (en milliers de personnes)	8 760	8 563	8 732	8 875	8 783
Taux de pauvreté à 60 % (en %)	14,2	13,8	14,0	14,2	14,0

Source : Insee.

Note de lecture : le seuil de pauvreté est le niveau de vie (NV) en euros en dessous duquel les ménages sont considérés comme pauvres d'un point de vue monétaire. Il peut être évalué à 50 % ou à 60 % du NV médian. Le taux de pauvreté monétaire est la part des ménages dont le NV est inférieur à 50 % ou à 60 % du NV médian.

1. Rédigez une phrase donnant le sens de chaque valeur de la colonne 2016.
2. Calculez le seuil de pauvreté en € en 2016 à 50 % et à 60 %.
3. Comment le taux de pauvreté à 50 % évolue-t-il entre 2012 et 2016 ?

Savoir-faire

Lire et interpréter une médiane

- Une médiane est une valeur qui partage une population en deux groupes égaux.
- Par exemple, le niveau de vie médian est de 20 520 € en France en 2016. Cette valeur signifie que 50 % des ménages ont un niveau de vie inférieur à 20 520 € et 50 % un niveau de vie supérieur.
- Il ne faut pas confondre médiane et moyenne : le niveau de vie moyen, qui est la moyenne arithmétique → p. 184 de tous les revenus, a un montant de 23 580 € en 2016.

La construction et l'évolution des liens sociaux

▶ OBJECTIF BAC

10 La solidarité mécanique • Analyse de document
40 min

L'objectif de cet exercice est d'exploiter un graphique de façon appropriée afin de répondre à la question posée.

LE SUJET

Vous interrogerez la persistance de la solidarité mécanique dans les sociétés contemporaines.

Document — **La participation associative des jeunes de 18 à 30 ans en 2018 (en %)**

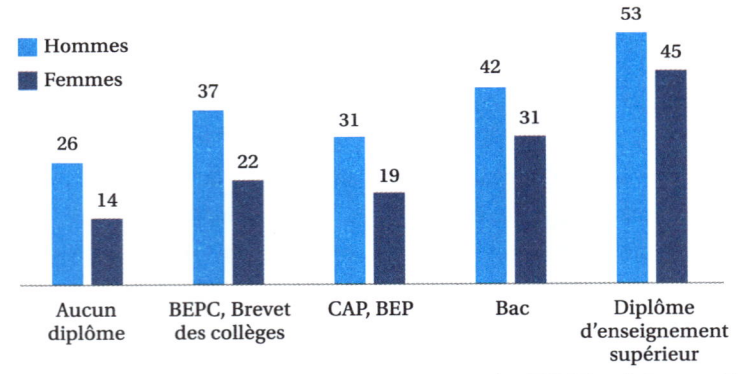

Diplôme	Hommes	Femmes
Aucun diplôme	26	14
BEPC, Brevet des collèges	37	22
CAP, BEP	31	19
Bac	42	31
Diplôme d'enseignement supérieur	53	45

Source : INJEP, notes et rapports, Baromètre DJEPVA sur la jeunesse 2018.

Méthode

Lire et analyser un graphique

Étape 1 Identifier le graphique
- Le titre et la source donnent des indications sur la fiabilité du document, mais aussi sur la période et le contexte.
- Repérez la date (quand ?), le territoire (où ?), le champ (qui ?).

Étape 2 Comprendre le graphique
- Identifiez le type de graphique dont il s'agit, puis ses deux axes (abscisses, ordonnées) pour repérer la nature et l'unité des données.
- Cherchez le mode de lecture du graphique.

Étape 3 **Exploiter le graphique**
- Dégagez les principales informations du graphique.
- Identifiez les informations utiles par rapport au sujet.
- Sélectionnez les données les plus pertinentes.

Étape 4 **Rédiger la réponse**
Votre réponse doit être structurée. Chaque paragraphe doit apporter un élément de réponse à la consigne donnée par le sujet.

▶▶▶ **LA FEUILLE DE ROUTE**

Étape 1 **Identifier le graphique**
- Ce graphique porte sur l'implication des jeunes de 18 à 30 ans dans les associations. La source est l'Institut national de la jeunesse et de l'éducation populaire (INJEP), organisme qui publie régulièrement un ensemble de données sur la jeunesse.
- Ces données, publiées en 2018, concernent la France.

Étape 2 **Comprendre le graphique**
- Ce graphique est un diagramme en bâtons qui a en axe des abscisses le niveau de diplôme des jeunes, en distinguant hommes et femmes, et en axe des ordonnées les parts exprimées en pourcentage.
- En 2018, 45 % des jeunes femmes de 18 à 30 ans titulaires d'un diplôme d'enseignement supérieur participent à des associations.

Étape 3 **Exploiter le graphique**
- La participation associative des jeunes augmente avec le diplôme ; elle est plus élevée pour les hommes.
- On peut montrer la persistance de la solidarité mécanique au travers de l'engagement associatif mais aussi la nuancer en fonction du diplôme et du genre.
- Relevez les données pertinentes : 53 % des jeunes hommes et 45 % des jeunes femmes diplômés de l'enseignement supérieur ont un engagement associatif en 2018, mais seulement 26 % des jeunes hommes sans diplôme et 14 % des jeunes femmes sans diplôme.

Étape 4 **Rédiger la réponse**
- Un premier paragraphe présentera le lien positif entre niveau de diplôme et taux de participation associative.
- Un deuxième paragraphe permettra de souligner tout en la nuançant la persistance de la solidarité mécanique.
- Un dernier paragraphe apportera des illustrations chiffrées.

→ CORRIGÉS p. 152

CORRIGÉS

▶ SE TESTER QUIZ

1 Des liens sociaux diversifiés • Les PCS

1. Réponse b. Les liens entre personnes qui se choisissent sont dits électifs, par opposition à des liens subis ou imposés par la société.

2. Réponse c. La sociabilité d'un individu est l'ensemble des liens concrets qu'il entretient avec les personnes avec lesquelles il est en relation.

3. Réponse a. Le salaire n'est pas un critère de classement des PCS.

2 Individualisation et évolution des formes de la solidarité

1. Réponse b. Une société individualiste est une société marquée par un processus d'autonomisation des individus.

2. Réponse c. La solidarité organique ne fait pas disparaître la conscience collective qui coexiste avec les consciences individuelles, même si sa place diminue.

3 De nouvelles sociabilités numériques

Réponse c. La sociabilité numérique renforce le contrôle social par les pairs.

4 La fragilisation des liens sociaux

1. Réponse a. L'anomie désigne la perte de valeurs et de normes communes. Les propositions b et c peuvent être des conséquences de l'anomie.

2. Réponse b. La désaffiliation est la perte des liens sociaux causée par la perte des protections et des droits liés au salariat.

▶ S'ENTRAÎNER

5 Comprendre le vocabulaire du cours

1.

Lien de filiation	Lien petit-fils-grand-père
Lien électif	Lien entre amis, entre conjoints
Lien de citoyenneté	Carte nationale d'identité
Sociabilité physique	Se rencontrer dans un café
Sociabilité numérique	Échanger via l'application Skype
Lien faible	Les connaissances de mes amis
Solidarité organique	Entre médecin et pharmacien
État-providence	La Sécurité sociale

2.

	Solidarité mécanique	Solidarité organique
Degré de différenciation des individus	faible	fort
Conscience collective	étendue	réduite
Conscience individuelle	réduite	étendue
Division du travail	faible	forte

6 Se repérer sur un schéma

1. F est un individu relié à C, E et H.

2. L'individu d s'adresse à ses connaissances a, b ou c s'il a besoin d'aide. L'individu D peut s'adresser à B ou à C.

3. C est connecté à F. Il fait donc le lien entre deux parties du réseau.

4. A et E peuvent entrer en contact en passant par C et F.

5. Le réseau 1 est constitué exclusivement de liens forts (chacun a des liens directs avec les 3 autres). Le réseau 2 est constitué de liens forts mais aussi de liens faibles, c'est-à-dire indirects, qui peuvent procurer des ressources mobilisables.

7 Réviser le cours en 8 questions flash

1. Au sein des **groupes primaires**, les individus se connaissent, se rencontrent physiquement, nouent des relations stables, les liens sont forts. Au sein des **groupes secondaires**, c'est globalement l'inverse.

2. L'individu peut **mobiliser son réseau** en cas de besoin, d'autant plus qu'il est étendu. Par exemple, dans le cas de la recherche d'emploi, il s'adresse aux connaissances de ses connaissances.

3. La nomenclature des PCS **décrit la structure sociale**, montre ses **évolutions** dans le temps, met en évidence des **inégalités** économiques, sociales, culturelles.

4. Une société qui s'individualise donne une **place centrale à l'individu**, les solidarités traditionnelles s'affaiblissent et sont complétées par des institutions telles que la Sécurité sociale, les liens sociaux se diversifient et se fragilisent.

5. La division du travail favorise la solidarité organique car en **spécialisant** les individus dans des fonctions et des tâches différentes, elle les rend **complémentaires** les uns des autres.

6. La sociabilité numérique renforce les **liens à distance**, forts et faibles, et conduit dans de nombreux cas à développer les **liens concrets** lorsque les personnes se rencontrent effectivement à l'issue de leurs échanges numériques.

7. La désaffiliation est un **processus de rupture des liens sociaux** qui commence par la perte de l'emploi et des protections qu'il apporte en matière économique (revenu) et sociale (droits sociaux…).

8. La pauvreté peut favoriser l'exclusion en conduisant les individus à **rompre avec la société**, en perdant leurs capacités à consommer, à se loger, à se soigner, à avoir une sociabilité…

8 Comprendre un texte

1. Le développement du divorce illustre la préférence des couples pour la liberté : ils se séparent lorsqu'ils ne s'aiment plus.

Les individus nouent des liens avec des groupes de nature différente : famille, réseau amical, associatif, politique ou syndical, professionnel, etc.

2. L'auteur relève une contradiction entre la volonté des individus de nouer des liens forts avec leur entourage, tout en cherchant à s'émanciper des normes qu'imposent les groupes d'appartenance.

3. ■ L'individualisation se traduit par un désir d'autonomie des individus, qui cherchent à favoriser leur épanouissement personnel en développant des liens affinitaires. Ces liens sont plus forts car ils sont choisis et reposent sur des relations privilégiées. Ils sont aussi plus nombreux car les individus vivent dans des espaces sociaux aujourd'hui plus divers et plus étendus.

■ C'est pourquoi l'individualisation rend aussi les liens plus fragiles puisqu'ils ne sont plus dictés par des normes à suivre, des traditions imposées aux individus et qu'ils peuvent de ce fait être rompus plus facilement. Ainsi, l'union conjugale, fondée sur le sentiment amoureux, n'est plus vécue sur le mode du « pour la vie » et peut être facilement révoquée par la séparation ou le divorce.

9 Comprendre un tableau statistique

1. En 2016, 50 % des personnes ont un NV supérieur à 20 520 € et 50 % ont un NV inférieur. 8 % des personnes sont en dessous du seuil de pauvreté à 50 %, ce qui représente 4,997 millions de personnes. 14 % des personnes sont en dessous du seuil de pauvreté à 60 %, soit 8,783 millions de personnes.

2. Seuil de pauvreté à 50 % en 2016 : 20 520 × 0,5 = 10 260 €

Seuil de pauvreté à 60 % en 2016 : 20 520 × 0,6 = 12 312 €

3. Le taux de pauvreté à 50 % baisse légèrement entre 2012 et 2013 (– 0,6 point), puis reste stable à partir de 2014 à 8 %.

▶ OBJECTIF BAC

10 Analyse de document

■ La participation associative des jeunes augmente avec le niveau de diplôme. Par ailleurs, elle est plus élevée pour les hommes, quel que soit le niveau de diplôme.

■ Le graphique illustre la persistance de la solidarité mécanique au travers de l'engagement associatif qui conduit des personnes à partager des activités, pratiques ou valeurs communes. Cet engagement est cependant plus faible lorsque les niveaux de diplôme sont plus bas et pour les femmes.

■ Parmi les diplômés du supérieur, 53 % des jeunes hommes et 45 % des jeunes femmes ont un engagement associatif en 2018. Cette part tombe à 26 % pour les jeunes hommes sans diplôme et 14 % pour les jeunes femmes sans diplôme.

SOCIOLOGIE

Les processus sociaux qui contribuent à la déviance

Chaque société assure sa pérennité et sa stabilité grâce à l'élaboration de normes sociales collectivement partagées. Leur transgression constitue la déviance, fruit d'une construction sociale et de processus s'appuyant sur de multiples interactions.

FICHES DE COURS			
	32	Le contrôle social, garant du respect des règles	154
	33	La déviance : la transgression d'une norme	156
	34	La déviance, produit de processus sociaux	158
	35	La mesure de la délinquance	160
		MÉMO VISUEL	162

EXERCICES & SUJETS		
SE TESTER	Exercices 1 à 4	164
S'ENTRAÎNER	Exercices 5 à 8	165
OBJECTIF BAC	Exercice 9 • Rédiger un paragraphe argumenté	168

CORRIGÉS	Exercices 1 à 9	170

153

32 Le contrôle social, garant du respect des règles

En bref *Au cours de la socialisation, les individus intègrent un ensemble de normes, qui peuvent être sociales ou juridiques. Le respect de ces règles est favorisé par le contrôle social, dont les formes sont diverses.*

I Des règles de formes variées

1 Les normes sociales

■ Les **normes** sociales sont l'ensemble des règles et des usages socialement prescrits caractérisant les pratiques d'une collectivité ou d'un groupe. Leur intériorisation au cours du processus de socialisation garantit à l'individu son intégration sociale et assure la cohésion du groupe ou de la société.

> **MOT CLÉ**
> Une **norme** est une règle, un usage de la vie en société que les individus doivent intégrer et respecter. Elle peut être de nature juridique ou sociale.

■ Ces normes peuvent se présenter sous la forme de conduites « allant de soi » (règles de politesse, code vestimentaire) ou de prescriptions, voire d'obligations sociales (la virginité des jeunes filles au mariage il y a quelques décennies).

2 Les normes juridiques

■ Les normes juridiques sont liées aux règles légales (lois, règlements édictés par les pouvoirs publics). Leur respect est donc une obligation inscrite dans la loi. Par exemple, depuis 2004, le port de signes religieux distinctifs à l'école est interdit dans l'enceinte des établissements scolaires publics ; ce rappel à la loi est inscrit dans chaque règlement intérieur.

■ Les normes juridiques sont donc explicitées et codifiées par le droit et sont associées à des sanctions pénales en cas de non-respect. Cela peut aller par exemple de l'amende à l'emprisonnement.

II Diverses formes de contrôle social

1 Un contrôle social extérieur ou intériorisé

■ Le **contrôle social** est réalisé par le groupe ou par les autorités qui rappellent l'individu à l'ordre. C'est le cas des groupes de pairs dans la cour d'école qui dictent et s'assurent que chacun des élèves se conforme aux codes de comportement, ou bien d'un surveillant qui rappelle à l'ordre un groupe d'élèves qui chahute dans la file d'attente de la cantine.

> **MOT CLÉ**
> Le **contrôle social** désigne l'ensemble des dispositifs, formels ou non, intériorisés ou non, qui assurent que l'individu se conforme aux normes de la société dans laquelle il vit.

■ Le contrôle social peut être si efficace que l'individu finit par s'autocontrôler. Les normes et leur respect sont tellement intériorisés que l'individu fait en sorte de s'y conformer. Par exemple, les hommes et les femmes ayant intériorisé depuis leur enfance qu'il faut se vêtir pour sortir dans la rue, il est peu probable de rencontrer quelqu'un se promenant nu.

2 | Un contrôle social extérieur formel ou informel

■ La prédominance des relations de face-à-face fait que le contrôle social a longtemps été assuré de manière informelle (souvent préventive) et très étroite par la famille, le voisinage ou le groupe de pairs. Ce contrôle social se réalise alors de manière diffuse et continue au cours des interactions de la vie quotidienne. Il peut se matérialiser par des regards désobligeants lorsque la sanction est négative ou donner lieu à un sourire si elle est positive.

■ Lorsque les relations sociales deviennent plus impersonnelles, le contrôle social devient formel, c'est-à-dire que les activités sociales sont régulées par des instances spécialisées (justice, école, église). Les sanctions correspondantes peuvent être morales (avertissement, félicitation, augmentation de salaire), religieuses (excommunication) ou juridiques (versement de dommages et intérêts, amendes, peines de prison).

zoOm

Le port de la ceinture, une norme juridique et sociale ?

■ En voiture, le port de la ceinture sécurité n'a pas toujours été la norme en vigueur. Avant 1970, peu de véhicules étant équipés, son usage est rare.

■ Pour que cette pratique devienne une norme sociale, il a fallu l'inscrire dans le Code de la route, l'accompagner de sanctions pénales et la promouvoir par des campagnes de sensibilisation. Aujourd'hui, le respect de cette norme est donc le fruit d'un contrôle social à la fois formel et informel.

Les processus sociaux qui contribuent à la déviance

33 La déviance : la transgression d'une norme

En bref *Le contrôle social n'empêche pas les individus d'enfreindre les règles sociales. On parle de déviance pour désigner les actes de transgression des normes en vigueur. La délinquance est l'une de ses formes ; elle appelle un certain type de sanction.*

I Les formes variées de la déviance

1 D'une société à une autre

■ La définition de la **déviance** est liée aux normes de chaque société. Ainsi, le statut de l'homosexualité n'est pas le même d'un pays à un autre : au Soudan, par exemple, elle est passible de la peine de mort, tandis que de nombreux pays occidentaux autorisent le mariage entre personnes du même sexe.

> **MOT CLÉ**
> La **déviance** est l'ensemble des pratiques sociales qui transgressent les normes communément admises par une société à un moment donné.

■ De même, les normes et les valeurs d'une même société se transforment au fil du temps. Selon les époques, une pratique peut être qualifiée de déviante puis faire partie de la norme. Ainsi, en France, l'avortement était passible de la peine capitale sous le gouvernement de Vichy, puis d'une peine de prison jusqu'en 1975, date à laquelle il fut légalisé.

2 Au sein d'une même société

■ Chaque groupe social détermine les normes et les valeurs légitimes auxquelles ses membres doivent se conformer. Un acte conforme au sein d'un groupe peut être perçu comme déviant pour un autre. Par exemple, un punk trouvera normal d'avoir les cheveux en crête, des épingles à nourrice en guise de boucles d'oreilles. Mais il pourra être vu comme déviant par le reste de la société.

■ Au sein d'une même société, entre groupes sociaux d'âges différents, les comportements déviants peuvent prendre des formes variées. Ainsi, en ce qui concerne l'alcool, la consommation quotidienne est plus fréquente chez les 61-75 ans, tandis que les 15-30 ans s'adonnent plutôt à une consommation ponctuelle mais importante à l'occasion de fêtes.

II Déviance et délinquance

1 La délinquance : une forme spécifique de déviance…

■ La déviance doit être distinguée de la délinquance. La première renvoie à une transgression des normes sociales, la seconde à celle des normes juridiques. Ainsi, sortir de table avant la fin du repas peut être considéré comme une pratique déviante, mais n'est pas sanctionné par la loi.

COURS

■ Il existe **plusieurs types de délinquance** : les contraventions (jugées devant les tribunaux de police), les délits (jugés devant les tribunaux correctionnels) et les crimes (jugés devant les cours d'assises).

2 ... passible de sanctions particulières

■ La délinquance n'implique pas les mêmes **sanctions** que la déviance : pour cette dernière, les sanctions sont généralement diffuses et informelles, tandis que la transgression des normes juridiques appelle une **réponse institutionnalisée et codifiée par la société**.

> **MOT CLÉ**
> Une **sanction** est une réponse à un comportement. Elle peut être positive quand le comportement est conforme aux attentes (sourire, éloges, félicitation, cadeaux) ou négative quand elle y déroge (de la réprobation à la sanction par la loi).

■ Les sanctions pénales sont **hiérarchisées**. Les contrevenants sont soumis à des peines d'amendes de 1 500 euros maximum et passibles d'un ou deux jours d'emprisonnement. Les délits donnent lieu à des peines maximales allant de l'amende de plus de 1 500 euros à l'emprisonnement de deux à cinq ans, voire vingt ans pour les délits les plus graves. Pour les crimes, la peine encourue est une peine de prison allant de cinq ans à la perpétuité.

---

zoOm

La fessée, d'une pratique admise à une interdiction légale

Pays ayant adopté une législation contre les châtiments corporels envers les enfants
- ■ Avant l'an 2000
- ■ Depuis l'an 2000
- ■ Pays sans législation particulière

Source : Lefigaro.fr.

■ Au niveau européen, l'interdiction de la fessée fait figure de norme puisque 23 États membres ont légiféré en ce sens.

■ En France, depuis le 30 novembre 2018, les châtiments corporels infligés aux enfants par leurs parents ne sont plus considérés comme un acte déviant, mais comme une forme de délinquance sanctionnée par la loi. Les châtiments corporels, autrefois acceptés ou tolérés, sont aujourd'hui interdits.

34 La déviance, produit de processus sociaux

En bref *La déviance est une construction sociale : sans norme partagée, il n'y aurait pas de transgression et donc pas d'acte déviant. Fruit d'un travail d'élaboration de la part de groupes sociaux déterminés à faire reconnaître leurs valeurs comme légitimes, la déviance est aussi le résultat de processus sociaux multiples pouvant conduire à une carrière de déviant.*

I La déviance : une construction sociale

1 Les normes créent les actes déviants

■ La déviance se définit par rapport à une norme sociale collectivement adoptée. Le déviant est donc celui qui la transgresse. Il se peut qu'il néglige la norme car elle est trop éloignée de celles qu'il connaît. Par exemple, la déviance peut naître dans les espaces urbains marqués par l'isolement économique et culturel. Dans ces quartiers, le déficit d'intériorisation des normes sociales dominantes serait à l'origine de comportements déviants, tel que celui des jeunes des gangs.

■ La déviance peut aussi être analysée comme le résultat d'un affaiblissement des normes qui se traduit par un moindre contrôle social, de sorte que les individus ne savent plus comment orienter leur conduite. Ce type de déviance survient principalement dans les périodes de crise économique ou de forte et rapide prospérité. On observe par exemple que le taux de suicide augmente en cas de crise économique prolongée.

2 Le rôle clé des entrepreneurs de morale

■ Les normes sociales sont le produit d'une construction sociale : elles sont définies par des individus qui vont chercher à les faire respecter et à désigner comme déviants ceux qui ne s'y conforment pas.

■ Ces individus, appelés **entrepreneurs de morale**, établissent la norme. Pour cela, ils cherchent à participer à l'élaboration de la loi ou à attirer l'attention des médias sur un sujet qu'ils considèrent comme un problème social.

MOT CLÉ
Les **entrepreneurs de morale** sont les individus ou groupes d'individus cherchant à influencer un groupe social afin de lui faire adopter ou maintenir une norme.

II La carrière déviante

1 L'entrée dans la carrière déviante : processus d'étiquetage et stigmatisation

■ La déviance n'est pas définie par ceux qui transgressent la norme, mais par ceux qui désignent le comportement comme déviant. C'est par l'étiquetage que l'individu fait son entrée dans la déviance.

■ L'étiquetage peut devenir de la **stigmatisation** lorsqu'un individu est désigné comme déviant en raison d'une caractéristique qui le rend différent. Ce qui conditionne le jugement porté n'est pas ce que l'individu fait ou est, mais ce que les autres pensent de lui au regard de cet attribut distinctif. C'est le cas des personnes tatouées au Japon qui sont perçues comme des yakuzas et n'ont pas accès à certains lieux publics comme les piscines.

> **MOT CLÉ**
> La **stigmatisation** désigne la mise à l'écart d'un individu en raison de son comportement ou de ses caractéristiques.

2 | L'appropriation d'une sous-culture

■ Lorsque l'individu est désigné comme appartenant à un groupe déviant, il en adopte les règles et les codes de comportement, ce qui lui donne un sentiment d'appartenance. Par exemple, les jeunes des gangs trouvent dans leur groupe un refuge leur fournissant un cadre et des règles structurant leur nouvelle identité.

■ Cet étiquetage (ou stigmatisation) est le résultat d'une série d'interactions sociales. L'individu est désigné comme déviant, il va alors s'approprier l'identité déviante qu'on lui assigne, ce qui peut le conduire à rentrer dans une « carrière déviante ». Dans ce cas, c'est le contrôle social qui crée la déviance.

zoOm
La pénalisation de l'usage du cannabis aux États-Unis

■ L'interdiction de la consommation de marijuana aux États-Unis est le résultat de l'action d'un entrepreneur de morale : le Federal Bureau of Narcotics.

■ Chargé de faire respecter la loi sur l'interdiction des drogues opiacées, celui-ci se lance dans la dénonciation de la marijuana en mobilisant les médias et l'opinion publique sur ses dangers. En 1937, il parvient à faire adopter une loi interdisant la consommation de cette substance.

Les processus sociaux qui contribuent à la déviance

35 La mesure de la délinquance

En bref *Différents outils permettent de mesurer la délinquance et son évolution. Pour pallier les limites des statistiques officielles, d'autres dispositifs ont progressivement été mis en place, comme les enquêtes de victimation ou de délinquance autodéclarée.*

I Les statistiques officielles

1 Les sources et les modes de comptabilisation

■ Les statistiques judiciaires constituent la première source et la plus ancienne. Elles sont réalisées par le Compte général de l'administration de la justice criminelle et sont composées des condamnations prononcées et des personnes emprisonnées.

■ La seconde source est l'ensemble des statistiques policières communiquées par le ministère de l'Intérieur et l'Observatoire de la délinquance, à partir des plaintes enregistrées et des interpellations réalisées. Elles sont devenues la principale source de mesure de la délinquance.

2 Leurs limites

■ Ces outils mesurent la **délinquance observée** et non réelle. En effet, toutes les infractions ne donnent pas lieu à une plainte. Par exemple, si le nombre de plaintes pour agression sexuelle a fortement augmenté depuis l'affaire Weinstein et le mouvement « Me too », c'est parce que les personnes victimes de ces violences ont davantage porté plainte.

> **MOT CLÉ**
> Il y a une différence entre la **délinquance observée**, c'est-à-dire mesurée par les statistiques officielles, et la délinquance réelle, qui s'est effectivement produite. Cette différence est désignée par ce que l'on appelle le « chiffre noir de la délinquance ».

■ Les statistiques policières sont par ailleurs très sensibles à l'évolution de la législation. Par exemple, les lois adoptées depuis 2010 en matière de fraude fiscale ont mécaniquement fait augmenter le nombre de délinquants fiscaux.

■ Enfin, les statistiques sont sensibles à l'intensité de l'activité policière : le nombre de faits constatés et d'interpellations est d'autant plus important que l'activité policière est zélée.

II D'autres mesures de la délinquance

1 Les enquêtes de victimation

■ Pour pallier les limites des statistiques officielles, dues au fait que certaines victimes hésitent à porter plainte, plusieurs outils ont été construits. Ce sont tout d'abord les ==enquêtes de victimation==, qui consistent à interroger les individus sur les infractions dont ils se sentent victimes.

■ Ces enquêtes mettent en évidence les infractions sous-représentées dans les statistiques officielles, telles que les agressions sexuelles. Elles mettent aussi en lumière ce qui est lié à l'activité policière et ce qui relève de pratiques délinquantes.

■ Cependant, elles ne reflètent pas l'étendue des activités délinquantes : elles sont sujettes aux rétentions d'information ou aux difficultés de qualification des actes par la victime et ne sont utilisables que pour les infractions pour lesquelles il y a une victime.

> **MOT CLÉ**
> Les **enquêtes de victimation** consistent à demander aux enquêtés s'ils ont été victimes d'actes délinquants dans une période donnée, de quel type d'acte et de combien d'actes. Les témoignages permettent de reconstruire le niveau de délinquance subie.

2 | La délinquance autodéclarée

■ Cet outil consiste à interroger les membres d'un échantillon sur les actes délinquants qu'ils ont commis. Il est utilisé par exemple dans le cas de la délinquance juvénile.

■ Il a aussi des limites, car il suppose une relation de confiance entre l'enquêté-délinquant et l'enquêteur. Or celle-ci est difficile à mettre en place au travers d'un simple questionnaire.

zoOm

Une enquête de victimation sur les cambriolages

Déclaration à la police ou à la gendarmerie
- ■ Ne sait pas/Refus
- ▨ Pas de déplacement au commissariat ou à la gendarmerie
- ▨ Abandon de la démarche
- ▨ Dépôt d'une main courante
- ▨ Dépôt de plainte

Ménages victimes d'un cambriolage : 20 % / 74 %
Ménages victimes d'une tentative : 61 % / 29 %
Ménages victimes d'un cambriolage ou d'une tentative : 41 % / 5 % / 51 %

Source : Rapport d'enquête cadre de vie et sécurité 2018 – Interstats.

■ Cette enquête de victimation portant sur la période 2015-2017 montre qu'une partie des cambriolages ne fait pas l'objet d'un dépôt de plainte.

■ Sur la période considérée, 20 % des ménages victimes de cambriolage ne se sont pas déplacés au commissariat ou à la gendarmerie. Il y a bien un écart entre la délinquance observée et la délinquance réelle.

MÉMO VISUEL

La transgression d'une norme

Deux types de normes
- Normes **sociales** : usages intériorisés pendant le processus de socialisation
- Normes **juridiques** : lois et règlements officiels

La déviance
- Transgression des **normes sociales**
- Différence d'appréciation selon les groupes sociaux, les pays ou les époques

La délinquance
- Transgression des **normes juridiques**
- Plusieurs types : contraventions, délits, crimes
- Sanctions particulières : amendes, peines de prison

DÉVIANCE ET

Le produit de processus sociaux

La déviance : une construction sociale
- Résultat de l'éloignement ou de l'**affaiblissement** des normes
- Produit de l'action d'**entrepreneurs de morale**

La carrière déviante
- **Stigmatisation** de l'individu désigné comme déviant
- Appropriation par l'individu de l'**identité déviante** qu'on lui assigne
- Entrée dans la « carrière déviante »

DÉLINQUANCE

Un comportement sanctionné

Contrôle social extérieur ou intériorisé
- Contrôle social extérieur : rappel à l'ordre par le **groupe**, l'autorité ou les pairs
- Contrôle social intériorisé : « autocontrôle »

Contrôle social formel ou informel
- Contrôle social extérieur informel : interactions de la vie quotidienne
- Contrôle social extérieur formel : sanctions prononcées par des **institutions** (école, police, justice, etc.)

Des outils de mesure

Les statistiques officielles de la délinquance
- Les statistiques judiciaires
- Les statistiques policières

Les autres mesures de la délinquance
- Les enquêtes de victimation
- La délinquance autodéclarée

Les processus sociaux qui contribuent à la déviance

▶ SE TESTER QUIZ

*Vérifiez que vous avez bien compris les points clés des **fiches 32 à 35**.*

1 Le contrôle social, garant du respect des règles → FICHE 32

Lorsque le contrôle social est extérieur, cela signifie que…
- ☐ **a.** le respect des règles est assuré par l'individu lui-même.
- ☐ **b.** le contrôle social est formel.
- ☐ **c.** le contrôle social est réalisé par le groupe ou les autorités de manière formelle ou informelle.

2 La déviance : la transgression d'une norme → FICHE 33

1. Qu'est-ce que la délinquance ?
- ☐ **a.** Une forme de déviance particulière
- ☐ **b.** La même chose que la déviance
- ☐ **c.** La transgression de normes sociales

2. Parmi les affirmations suivantes, laquelle est vraie ?
- ☐ **a.** Seules les normes sociales font l'objet de sanctions.
- ☐ **b.** Les formes de déviance sont multiples car liées aux normes sociales en vigueur dans la société et au sein de chaque groupe.
- ☐ **c.** La déviance est la transgression de normes juridiques.

3 La déviance, produit de processus sociaux → FICHE 34

Pourquoi dit-on que la déviance est une construction sociale ?
- ☐ **a.** Parce qu'elle est le produit d'un travail de socialisation.
- ☐ **b.** Parce qu'elle n'existe que s'il y a transgression de normes sociales construites et légitimées par certains groupes sociaux.
- ☐ **c.** Parce qu'elle est le reflet de la société.

4 La mesure de la délinquance → FICHE 35

1. La délinquance observée est mesurée par…
- ☐ **a.** les enquêtes de victimation.
- ☐ **b.** les enquêtes de délinquance autoproclamée.
- ☐ **c.** les statistiques judiciaires et policières.

2. Parmi les affirmations suivantes, laquelle/lesquelles est/sont vraie(s) ?
- ☐ **a.** La délinquance est parfaitement mesurée par les statistiques officielles.
- ☐ **b.** Les enquêtes de victimation donnent une mesure de la délinquance toujours plus élevée que les statistiques officielles.
- ☐ **c.** Les statistiques officielles utilisées donnent une mesure de la délinquance limitée.

S'ENTRAÎNER

5 Comprendre le vocabulaire du cours
→ FICHES 32 à 35

1. Les normes ci-dessous sont-elles sociales ou juridiques ?

Norme	... sociale	... juridique
Ne pas tricher à un examen		
Travailler en silence en salle de permanence		
Manger 5 fruits et légumes par jour		
Déclarer ses revenus aux administrations fiscales		
Ne pas fumer dans les lieux publics		

2. Associer les notions à leur définition.

Réponse (positive ou négative) à un comportement • • Délinquance

Transgression des normes sociales • • Contrôle social

Dispositifs qui assurent que les individus se conforment aux normes de la société • • Déviance

Processus de mise à l'écart d'un individu en raison de son comportement ou de ses caractéristiques • • Sanction

Transgression des normes juridiques en vigueur dans une société • • Stigmatisation

6 Réviser le cours en 8 questions flash
→ FICHES 32 à 35

1. Quelles formes le contrôle social peut-il prendre ?
2. Qu'est-ce qui distingue déviance et délinquance ?
3. Donnez deux exemples qui montrent que la déviance est variable selon les groupes sociaux et les sociétés.
4. Quels sont les différents processus sociaux pouvant produire de la déviance ?
5. Pourquoi les processus de stigmatisation ou d'étiquetage peuvent-ils renforcer la déviance ?
6. En quoi consistent les enquêtes de victimation ?
7. Quelles sont les deux principales limites des statistiques officielles pour mesurer la délinquance ?
8. Qui sont les entrepreneurs de morale ?

7 Se repérer sur un graphique statistique

→ FICHES 33 à 35

Document — Évolution des contraventions et délits liés en matière de sécurité routière

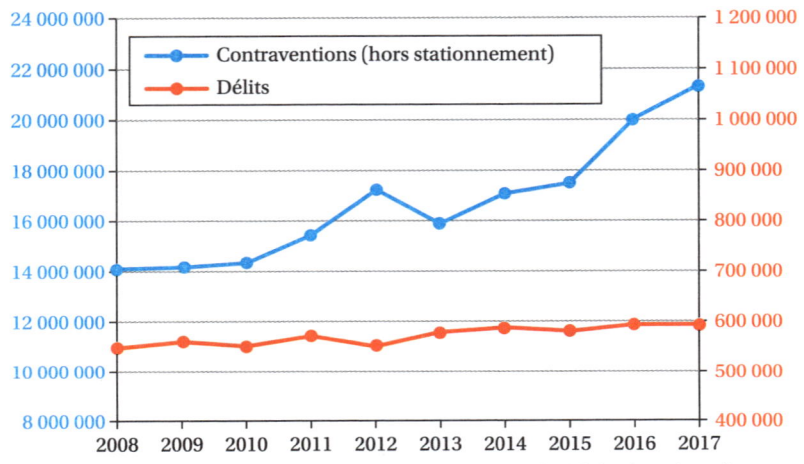

Source : Observatoire national interministériel de la sécurité routière, 2017.

1. Quelle est la nature de ce document statistique ?

2. Quel axe permet de mesurer le nombre de délits au Code de la route en 2008 et en 2017 ?

3. Comment le nombre de délits évolue-t-il entre 2008 et 2017 ? Est-il en augmentation ou est-il stable ?

4. Quels constats pouvez-vous faire quant à l'évolution des deux types de délinquance routière entre 2008 et 2017 ?

5. Vous justifierez votre réponse par le calcul puis la lecture du coefficient multiplicateur pour chaque évolution.

Savoir-faire

Calculer un coefficient multiplicateur

- Le coefficient multiplicateur (CM) permet de mesurer une variation entre deux données.
- Pour calculer un CM, on divise la valeur d'arrivée d'une variable (A) par la valeur de départ (B).
- Si le CM est supérieur à 1, cela signifie que la valeur augmente. Inversement, si le CM est inférieur à 1, elle diminue.

8 Mesurer un écart relatif

→ FICHE 35

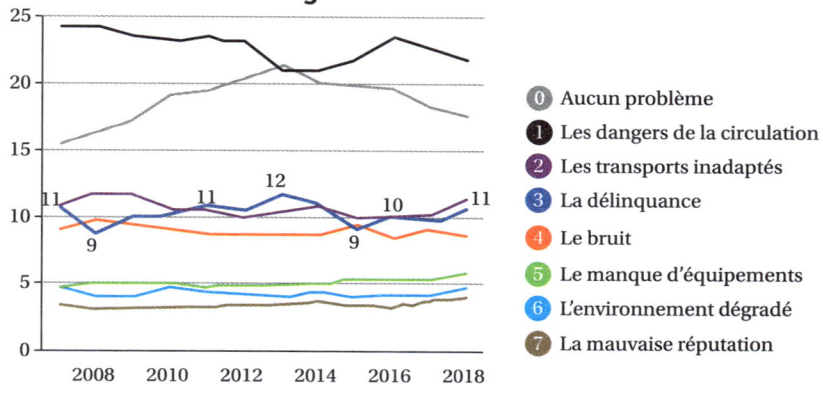

Document — **Quel est le problème le plus important dans votre quartier ou votre village ?**

- ⓿ Aucun problème
- ❶ Les dangers de la circulation
- ❷ Les transports inadaptés
- ❸ La délinquance
- ❹ Le bruit
- ❺ Le manque d'équipements
- ❻ L'environnement dégradé
- ❼ La mauvaise réputation

Champ : personnes de 14 ans ou plus vivant en ménage en France métropolitaine.

Source : Insee, enquêtes Cadre de vie et sécurité, 2007-2018.

1. Quelle est la nature et la source de ce document statistique ?

2. Ce type d'enquête permet-il de mesurer les actes de délinquance réels ou ceux ressentis par la population ?

3. Entourez la donnée statistique qui correspond à la lecture proposée : « En 2018, selon l'enquête Cadre de vie et sécurité, 18 % des personnes âgées de 14 ans et plus estiment que leur quartier ou leur village n'est concerné par aucun problème. »

4. Montrez, en mesurant un écart relatif, qu'en 2018 la délinquance est un problème moins important que les dangers de la circulation.

Savoir-faire

Mesurer un écart relatif

Il existe 2 outils principaux pour mesurer un écart relatif entre deux données.

- On peut utiliser le **coefficient multiplicateur**. Il s'obtient en divisant la part de la variable la plus grande (A) par la part la plus faible (B).

  Pour le lire on écrira : « La part de A est X fois plus élevée que la part de B. »

- On peut aussi utiliser les **points de pourcentage**. Ils s'obtiennent en soustrayant la part de la variable la plus grande (A) par la part la plus faible (B).

  Pour le lire on écrira : « La part de A est x points de pourcentage plus élevée que la part de la B. »

Les processus sociaux qui contribuent à la déviance

OBJECTIF BAC

9 Les processus sociaux de la déviance • Raisonnement
1 h 20

Cet exercice vous donne l'occasion d'utiliser vos connaissances pour traiter un sujet sur la déviance. L'analyse des documents vous fournira les arguments ou illustrations utiles pour rédiger un raisonnement.

LE SUJET

À l'aide des documents proposés, vous expliquerez les processus sociaux qui peuvent conduire à la déviance.

Document 1 **Les processus sociaux de la déviance**

La déviance n'est pas une chose en soi, qui trouverait son origine chez la personne déviante, mais plutôt une catégorie construite au cours des interactions entre ceux que l'on qualifie de déviants, les gens qu'ils fréquentent, ceux qui se chargent de faire respecter les normes (qu'elles soient légales ou culturelles). En un mot, « les groupes sociaux créent la déviance en instituant des normes dont la transgression constitue la déviance, en appliquant ces normes à certains individus et en les étiquetant comme des déviants ». L'alcoolisme, par exemple, n'est pas une déviance par nature. Les seuils à partir desquels on considère la consommation d'alcool comme une maladie changent selon les contextes [...]. La déviance n'est pas un état mais un processus. Ceux qui apprennent à fumer la marijuana ne savent pas, au début, comment tirer plaisir de cette activité, puisque cela requiert de savoir fumer. La carrière du fumeur comporte donc plusieurs étapes : apprendre la technique qui permet de planer, savoir reconnaître les effets de la marijuana (on peut « planer » sans savoir que l'on plane) et, enfin, prendre plaisir à ces effets. Cet apprentissage se fait au contact des fumeurs expérimentés, qui guident le novice dans sa carrière.

Xavier Molénat, « Outsiders », *Sciences humaines hors-série*, n° 42, 2003, www.scienceshumaines.com

Document 2 **Jugements reçus en tant que mineur et récidive à l'âge adulte**

	Nombre de jugements en tant que mineur				Moyenne
	1	2	3	4 et plus	
Récidive à l'âge adulte	20 %	34 %	49 %	64 %	26 %

Source : d'après OFS, 2018.

Méthode

Rédiger un paragraphe argumenté (AEI)

Pour traiter un sujet de raisonnement, vous devez construire une démonstration organisée en plusieurs paragraphes structurés. Chacun de ces paragraphes peut être construit selon le principe « AEI ».

Étape 1 Formuler une affirmation (A)
L'affirmation doit répondre à la question posée dans le sujet.

Étape 2 Expliquer en mobilisant les connaissances (E)
Vous devez faire appel à des notions, des faits, des mécanismes qui permettent de justifier, de défendre votre affirmation.

Étape 3 Illustrer à l'aide d'un exemple (I)
Choisissez de préférence, comme exemple, une donnée chiffrée, un élément d'actualité ou un exemple factuel tiré du ou des documents proposés.

▶▶▶ LA FEUILLE DE ROUTE

Étape 1 Formuler une affirmation (A)
Les affirmations suivantes peuvent faire l'objet de quatre paragraphes argumentés.
- **Affirmation 1.** La déviance est le produit d'une transgression des normes sociales.
- **Affirmation 2.** Des mécanismes d'étiquetage et de stigmatisation peuvent se mettre en place.
- **Affirmation 3.** Ils peuvent aboutir à une « carrière de déviant ».
- **Affirmation 4.** Mais cette transgression des normes est aussi le fruit d'une construction sociale de la part des entrepreneurs de morale.

Étape 2 Expliquer en mobilisant les connaissances (E)
Voici quelques suggestions de termes ou mécanismes à développer.
- **Explication 1.** Définition de norme sociale ; déficit d'intériorisation.
- **Explication 2.** Processus d'étiquetage et de stigmatisation.
- **Explication 3.** Appropriation d'une sous-culture déviante ; mécanismes qui font que la déviance est créée par le contrôle social lui-même.
- **Explication 4.** Définition des entrepreneurs de morale ; leur rôle.

Étape 3 Illustrer à l'aide d'un exemple (I)
Donnez des exemples issus de tous les documents proposés, sans paraphrase.
- **Illustration 1.** Lecture de la moyenne issue du tableau statistique (document 2).
- **Illustration 2.** Exemple à prélever dans le texte (document 1).
- **Illustration 3.** Lecture de données au choix du tableau (document 2).
- **Illustration 4.** Exemple à prélever dans le texte (document 1).

→ CORRIGÉS p. 172

CORRIGÉS

▶ SE TESTER QUIZ

1 Le contrôle social, garant du respect des règles

Réponse c. Le contrôle social est extérieur lorsqu'il est réalisé par le groupe ou par les autorités, de manière formelle ou informelle, et non par l'individu lui-même.

2 La déviance : la transgression d'une norme

1. Réponse a. La délinquance est une forme de déviance particulière, qui correspond à la transgression des normes juridiques.

2. Réponse b. La proposition a est fausse car les normes juridiques font elles aussi l'objet de sanctions (amendes, peines de prison). La proposition c est fausse car elle confond déviance (transgression de normes sociales) et délinquance (transgression de normes juridiques).

3 La déviance, produit de processus sociaux

Réponse b. La déviance est une construction sociale, parce qu'elle n'existe que s'il y a transgression de normes sociales construites et légitimées par certains groupes sociaux.

> **INFO**
> La déviance n'existe pas « en soi », elle est le produit de la culture et d'interactions sociales multiples.

4 La mesure de la délinquance

1. Réponse c. Les statistiques judiciaires et policières rassemblent les données statistiques issues des condamnations judiciaires et des dépôts de plaintes et interpellations policières.

2. Réponses b et c. La proposition a est fausse car les statistiques officielles ne recensent que les actes ayant donné lieu à un dépôt de plainte.

▶ S'ENTRAÎNER

5 Comprendre le vocabulaire du cours

1. • **Normes sociales** : toutes ces normes sont des normes sociales.

• **Normes juridiques** : ne pas tricher à un examen ; déclarer ses revenus aux administrations fiscales ; ne pas fumer dans les lieux publics.

2. • **Délinquance** : transgression des normes juridiques en vigueur dans une société.

• **Contrôle social** : dispositifs qui assurent que les individus se conforment aux normes de la société dans laquelle ils vivent.

• **Déviance** : transgression des normes sociales.

• **Sanction** : réponse (positive ou négative) à un comportement.

- **Stigmatisation** : processus de mise à l'écart d'un individu en raison de son comportement ou de ses caractéristiques.

6 Réviser le cours en 8 questions flash

1. Le contrôle social peut être intériorisé ou extérieur, formel ou informel.

2. La délinquance est une transgression des normes juridiques, la déviance une transgression des normes sociales.

3. Fumer est une pratique déviante à l'âge de 15 ans, mais ne l'est plus à 50 ans. Se faire la bise pour se dire bonjour est une pratique qui peut être perçue comme déviante au Japon.

4. Les différents processus sociaux qui peuvent produire de la déviance sont l'étiquetage et la stigmatisation. L'individu peut alors être incité à renforcer ses comportements déviants et entrer dans une carrière déviante.

5. La stigmatisation ou l'étiquetage peuvent renforcer la déviance : l'individu désigné comme déviant peut intérioriser cette identité et se socialiser auprès de personnes qui partagent cette étiquette.

6. Les enquêtes de victimation sont complémentaires aux statistiques officielles, car elles sont basées sur les témoignages des victimes, qui n'ont pas nécessairement déposé plainte.

7. Les statistiques officielles de la délinquance présentent deux principales limites : elles ne mesurent qu'une partie de la délinquance (délinquance observée) ; leurs données sont soumises aux évolutions de la loi.

8. Les entrepreneurs de morale sont les individus ou groupes d'individus qui cherchent à influer sur les normes sociales en participant à l'élaboration des lois ou en attirant l'attention des médias.

7 Se repérer sur un graphique statistique

1. Ce document est un graphique statistique à double entrée : il contient deux courbes et deux axes des ordonnées. Il faut donc être vigilant lors de sa lecture.

2. L'axe qui permet de mesurer le nombre de délits au Code de la route en 2008 et en 2017 est l'axe des ordonnées situé à droite, en rouge.

3. Entre 2008 et 2017, le nombre de délits au Code de la route augmente. On peut mesurer cette augmentation en valeur absolue ou en valeur relative.
- En valeur absolue : en 2017, 50 000 délits supplémentaires ont été commis par rapport à 2008.
- En valeur relative : les délits ont augmenté de 9 % entre 2008 et 2017.

4. On observe que, si les infractions au Code la route sont en augmentation (+ 9 %) entre 2008 et 2017, les contraventions augmentent plus rapidement (+ 55,7 %).

5. • Calcul du coefficient multiplicateur pour les délits :
600 000 / 550 000 = 1,09.
- Calcul du coefficient multiplicateur pour les contraventions :
21 800 000 / 14 000 000 = 1,56.

Entre 2008 et 2017, le nombre de délits a été multiplié par 1,09 tandis que le nombre de contraventions a été multiplié par 1,56.

8 Mesurer un écart relatif

1. Ce document est un graphique statistique extrait de l'enquête « Cadre de vie et sécurité » réalisée conjointement par l'Insee et le ministère de l'Intérieur.

2. Ce type d'enquête permet de mesurer les actes de délinquance ressentis par la population. Il s'agit donc d'une enquête de victimation.

3. La donnée statistique correspondant à la lecture proposée se trouve sur la courbe 0 du graphique, en gris clair, soit : 18 %.

4. • Calcul d'un écart relatif en points de pourcentage : 22 – 11 = 11 points.
En 2018, la part des personnes de 14 ans ou plus déclarant que les dangers de circulation sont le problème le plus important de leur quartier ou village est de 11 points de pourcentage plus élevé que la part des personnes déclarant qu'il s'agit de la délinquance.

• Calcul d'un écart relatif en utilisant le coefficient multiplicateur : 22/11 = 2
En 2018, la part des personnes de 14 ans ou plus déclarant que les dangers de circulation sont le problème le plus important de leur quartier ou village est 2 fois plus élevée que la part des personnes déclarant qu'il s'agit de la délinquance.

> **CONSEIL**
> De préférence, utilisez le coefficient multiplicateur lorsque les écarts sont importants.

OBJECTIF BAC

9 Raisonnement

Dans ce corrigé, nous vous proposons un exemple de rédaction pour l'affirmation 4.

[A] L'un des processus sociaux qui produit de la déviance est le contrôle social effectué par certains groupes d'individus ou par la société. Parmi ces groupes, les entrepreneurs de morale jouent un rôle particulier. [E] En effet, ce sont eux qui fixent les normes à respecter et considérées comme légitimes en exerçant une influence directe sur la rédaction et l'adoption de la loi, ou indirecte par l'intermédiaire des médias. La transgression de celles-ci est donc perçue comme une déviance, comme [I] l'écrit Xavier Molénat dans cet extrait du magazine *Sciences humaines* : « les groupes sociaux créent la déviance en instituant des normes dont la transgression constitue la déviance, en appliquant ces normes à certains individus et en les étiquetant comme des déviants » (doc. 1).

SCIENCE POLITIQUE

La formation et l'expression de l'opinion publique

L'Assemblée nationale, lieu d'expression des opinions, du débat et de l'affrontement, est une institution centrale de notre démocratie. Les lois y sont votées au nom du peuple souverain.

FICHES DE COURS	**36** Opinion publique et démocratie	174
	37 Sonder l'opinion publique	176
	38 Ce que les sondages font à la démocratie	178
	MÉMO VISUEL	180
EXERCICES & SUJETS	**SE TESTER** Exercices 1 à 3	182
	S'ENTRAÎNER Exercices 4 à 7	183
	OBJECTIF BAC Exercice 8 • Exploiter un dossier documentaire	185
CORRIGÉS	Exercices 1 à 8	188

36 Opinion publique et démocratie

En bref *La notion d'opinion publique qui se construit avec la société démocratique n'est pas aisée à définir, présentant plusieurs dimensions et relevant d'une pluralité d'approches parfois opposées.*

I Une notion polysémique, évolutive, débattue…

1 Les contours de l'opinion publique

■ Dans son sens courant, l'opinion publique est l'ensemble des jugements partagés par une communauté d'individus sur des questions d'intérêt général.

■ Pour les sociologues, elle est une construction sociale, produit des croyances, des représentations collectives et d'interactions avec des institutions.

■ Qu'elle désigne le sens commun, constitué en partie de préjugés, ou des jugements éclairés, issus de la délibération rationnelle au sein de l'espace public, elle produit elle-même des effets en orientant la décision publique par le vote ou par la mise à l'agenda politique de certaines questions.

> **MOT CLÉ**
> La **mise à l'agenda politique** d'une question désigne le fait qu'une « question » (économique, sociale, etc.) entre dans le débat public et devient l'objet d'une action ou d'une décision des institutions politiques.

2 L'évolution d'une notion

■ Pour le philosophe allemand Habermas, l'opinion publique naît au XVIIIe siècle au sein de la bourgeoisie à l'initiative de certaines élites éloignées du pouvoir royal et le soumettant à la critique. Elle apparaît alors comme un contre-pouvoir et un intermédiaire entre le peuple et le pouvoir royal.

■ Avec le développement des sondages d'opinion, la notion d'opinion publique prend une acception nouvelle et devient le résultat de l'agrégation des opinions individuelles, qu'on cherche à mesurer et à influencer.

■ Les médias jouent un rôle de premier plan dans la construction d'une opinion publique en diffusant des informations et des points de vue au plus grand nombre, permettant d'orienter le jugement et de s'en faire l'écho.

II … et liée à l'avènement de la démocratie

1 Opinion publique et place de l'individu dans la société

■ La notion d'opinion publique est indissociable de la société individualiste et démocratique qui donne une place centrale à l'individu et à ses facultés de jugement. Celles-ci s'incarnent dans des institutions où se posent, se discutent, se tranchent des opinions individuelles auxquelles on reconnaît une valeur égale.

■ L'opinion publique, son expression et sa mesure deviennent des éléments centraux des démocraties. Les institutions représentatives dont il faut sélectionner les représentants reposent en partie sur le vote. Celui-ci est un mode d'expression de l'opinion publique, créant une opinion majoritaire au travers des bulletins que chacun dépose dans l'urne.

2 | Un rôle ambivalent

■ Alexis de Tocqueville dans *De la démocratie en Amérique* (1835) met en évidence certaines contradictions de l'opinion publique. Si une opinion publique éclairée est nécessaire pour limiter le « despotisme de l'État », lui donner une place excessive peut lui conférer un pouvoir tyrannique non respectueux des opinions minoritaires.

■ Les corps intermédiaires tels que la presse et les associations jouent alors un rôle essentiel pour permettre l'expression d'une opinion publique éclairée et développer des contre-pouvoirs.

> **MOT CLÉ**
> Les **corps intermédiaires** désignent les institutions et organisations qui font le lien entre la base de la société et son sommet, créant une médiation entre les individus et l'État.

■ Cette ambivalence de la notion d'opinion publique est toujours vive dans les sociétés contemporaines, partagées entre le souci de favoriser son expression et les dangers d'une « démocratie d'opinion ». → FICHE 38

zoOm
L'Assemblée nationale, expression de l'opinion publique ?

■ Dans une démocratie représentative, les élus représentent en principe le peuple, expriment et relaient la diversité des opinions, délibèrent pour prendre des décisions au nom du peuple souverain.

■ Aujourd'hui, les démocraties sont en crise et apparaissent de moins en moins légitimes pour parler au nom de l'opinion publique, dans un contexte de montée de l'abstention et de faible diversité sociale des élus.

37 Sonder l'opinion publique

En bref *Supposés répondre à certaines limites de la démocratie représentative, les sondages se développent à partir des années 1960 en s'appuyant sur l'apport des techniques statistiques. Mais l'outil est fortement critiqué par certains sociologues.*

I Pourquoi sonder les opinions ?

■ George Gallup s'appuie sur une critique de la démocratie représentative et de ses intermédiaires, éloignés de la population et influencés par les lobbies et les groupes d'intérêt, pour justifier l'instauration des **sondages**, censés refléter « l'opinion publique réelle ».

■ Les sondages apparaissent comme relevant d'une forme de démocratie directe, permettant de connaître les points de vue et les aspirations des sondés de façon plus régulière et précise que lors des échéances électorales.

> **MOT CLÉ**
> Inventés par le statisticien George Gallup (1908-1934), les **sondages** cherchent à connaître les caractéristiques ou les opinions d'une population en s'appuyant sur des enquêtes par questionnaire.

■ Informés par les médias, les citoyens peuvent trancher les débats en connaissance de cause et apporter de façon directe leur consentement aux gouvernants, qui mettront alors en œuvre une politique conforme à leurs souhaits.

II Principes et techniques des sondages d'opinion

■ Les sondages consistent à poser à des individus sélectionnés des questions généralement fermées (appelant des réponses de type oui ou non), aisées à traiter statistiquement. Celles-ci portent sur des avis, des représentations ou des pratiques ; elles sont complétées par des questions sur les caractéristiques sociodémographiques (âge, sexe, CSP...) des personnes interrogées.

■ Deux méthodes permettent de construire l'**échantillon** interrogé. La méthode aléatoire se fonde sur le tirage au sort. Plus grand est le nombre d'individus interrogés, plus la probabilité que l'échantillon reflète la **population-mère** est forte. La méthode des quotas repose sur le respect des critères sociodémographiques de la population-mère, l'échantillon devant avoir la même structure que celle-ci (même pourcentage de femmes, de jeunes, d'ouvriers...).

> **MOT CLÉ**
> La caractéristique essentielle d'un **échantillon** est d'être représentatif de la **population-mère**, c'est-à-dire d'avoir les mêmes caractéristiques sociodémographiques.

■ La difficulté posée par l'échantillonnage tient à la complexité de la structure sociale qui, pour être fidèlement représentée, suppose un échantillon suffisamment vaste. Par exemple, tenir compte de la diversité du monde des agriculteurs est difficile quand ceux-ci ne représentent que 0,8 % de la population des plus de 15 ans en 2017.

III Les critiques à l'encontre des sondages d'opinion

1 | L'opinion publique : une construction

■ La critique la plus radicale des sondages d'opinion a été initiée par le sociologue français Pierre Bourdieu (1930-2002) dans son article « L'opinion publique n'existe pas » (1973). Il conteste les présupposés des sondages d'opinion dont la fonction est « d'imposer l'illusion qu'il existe une opinion publique ».

■ Il conteste notamment l'injonction à avoir une opinion, l'occultation des non-réponses, les opinions considérées comme équivalentes alors que tous les sondés n'ont pas la même culture politique.

> **MOT CLÉ**
> La **culture politique** désigne un ensemble de connaissances et de compétences permettant de comprendre les décisions et les débats politiques et leurs enjeux.

2 | Des réponses sous influence

■ La formulation des questions est une autre critique souvent mise en avant, celle-ci pouvant induire les réponses ou renvoyer à des problèmes qui ne font pas sens pour les sondés (on parle d'« imposition de problématique »).

■ Les sondages représentent ainsi une addition d'opinions individuelles érigées en opinion publique afin de servir des projets d'action politique.

---

zoOm — Deux exemples d'« imposition de problématique »

Dessin 1 :
— Vous avez une minute pour un sondage d'opinion ?
— L'étude est commandée par une association écologiste.
— Vous préférez utiliser votre jardin pour enfouir des déchets hautement radioactifs ou avoir un potager bio ?

Dessin 2 :
— Vous avez une minute pour un sondage d'opinion ?
— L'étude est commandée par un fournisseur d'énergie.
— Vous préférez vous chauffer à la bougie et manger cru ou continuer à bénéficier du confort nucléaire, moderne et sûr ?

Xavier Gorce

■ Ces dessins de presse de Xavier Gorce illustrent une des critiques portées à l'encontre des sondages d'opinion : orienter la réponse des sondés.

■ Le sondage d'opinion apparaît alors comme un instrument d'action politique qui cherche à s'appuyer sur une opinion publique « construite » au travers des sondages.

38 Ce que les sondages font à la démocratie

En bref *Les sondages d'opinion sont devenus un instrument essentiel des démocraties contemporaines, sur lesquels les personnalités politiques et certains médias cherchent à s'appuyer pour défendre leurs intérêts. Ils contribuent ainsi à transformer la démocratie représentative en démocratie d'opinion.*

I Les sondages influencent l'opinion publique…

■ Dès l'introduction des sondages d'opinion, la question de leur usage par les acteurs politiques a été posée. Ces derniers peuvent y voir un moyen d'influencer ou de contrôler l'opinion publique, en lui substituant l'opinion des sondés.

■ Dans la même logique, s'appuyer sur les sondages d'opinion peut être une façon de mettre en avant la « majorité silencieuse » contre les « minorités agissantes » et mobilisées dont on souhaite remettre en cause la légitimité de l'action.

■ Cette instrumentalisation des sondages s'appuie sur les médias, indispensables pour leur donner un impact. Elle peut aussi être le fait des groupes mobilisés eux-mêmes, qui cherchent ainsi une approbation de leurs actions.

II … modifient le comportement des électeurs…

Les sondages électoraux peuvent avoir une incidence sur le comportement électoral, avec des effets de mobilisation ou au contraire de démobilisation.

1 L'effet de mobilisation

L'effet « bandwagon » désigne l'effet de mimétisme des électeurs incités à voter pour le candidat que les sondages annoncent gagnant. L'effet « underdog » désigne au contraire l'effet de mobilisation en faveur du candidat en retard dans les sondages.

2 L'effet de démobilisation

Les sondages peuvent aussi avoir des effets de démobilisation des électeurs : des pronostics établis (qu'ils soient très favorables ou très défavorables), induisant l'idée que « les jeux sont faits », peuvent inciter à ne pas aller voter et contribuer au phénomène d'**abstention**.

> **MOT CLÉ**
> L'**abstention** désigne le fait pour un électeur inscrit sur les listes électorales de ne pas aller voter lors d'une élection. Elle désigne par extension le phénomène dans son ensemble, mesuré par le taux d'abstention.

III ... et transforment les institutions politiques

■ La généralisation des sondages d'opinion conduit à **réduire la place des partis politiques** dans l'organisation de la vie politique, ceux-ci devenant de simples machines électorales au service des candidats.

■ Les candidats aux élections les plus médiatisées tendent à être **sélectionnés par les sondages avant de l'être par leur parti**, éventuellement au travers de **primaires**. Les médias jouent un rôle majeur dans ce phénomène.

> **MOT CLÉ**
> Une **élection primaire** consiste à désigner au travers d'un vote le candidat d'un parti ou d'une coalition de partis pour une élection.

■ Les personnalités politiques (et leurs services de communication) s'appuient également sur les sondages relayés par les médias pour **se faire connaître et construire leur légitimité**, ou celle de leurs idées, auprès de l'opinion publique.

■ À la démocratie représentative succède ainsi une « **démocratie d'opinion** » ou « démocratie du public ». La délibération démocratique s'exerce de plus en plus au sein des médias (Internet et réseaux sociaux), influencés par les sondages et le travail des communicants politiques.

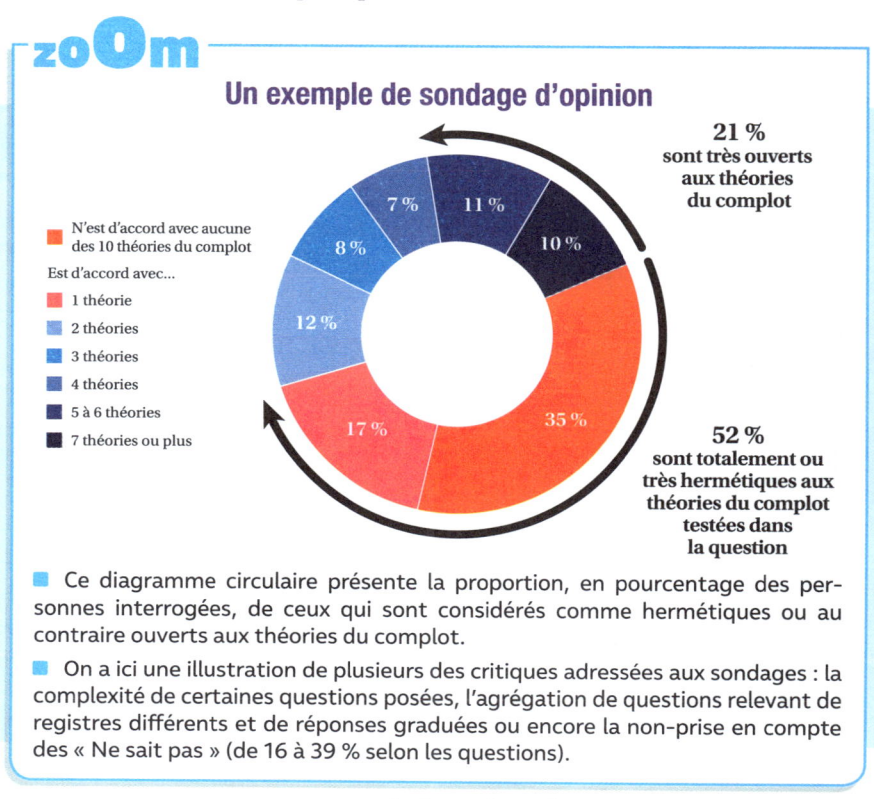

zoom

Un exemple de sondage d'opinion

- N'est d'accord avec aucune des 10 théories du complot
- Est d'accord avec...
- 1 théorie
- 2 théories
- 3 théories
- 4 théories
- 5 à 6 théories
- 7 théories ou plus

35 %, 17 %, 12 %, 8 %, 7 %, 11 %, 10 %

21 % sont très ouverts aux théories du complot

52 % sont totalement ou très hermétiques aux théories du complot testées dans la question

■ Ce diagramme circulaire présente la proportion, en pourcentage des personnes interrogées, de ceux qui sont considérés comme hermétiques ou au contraire ouverts aux théories du complot.

■ On a ici une illustration de plusieurs des critiques adressées aux sondages : la complexité de certaines questions posées, l'agrégation de questions relevant de registres différents et de réponses graduées ou encore la non-prise en compte des « Ne sait pas » (de 16 à 39 % selon les questions).

MÉMO VISUEL

L'OPINION

Un fondement de la démocratie

Une définition évolutive et débattue
- Opinion de l'élite éclairée (XVIIIe s.)
- Opinion du plus grand nombre
- Opinion construite par les médias et les sondages

Un rôle central…
- Rôle de contre-pouvoir
- Émergence liée à celle des régimes démocratiques (fin du XVIIIe s.)

… mais ambivalent
- Risque de non-prise en compte des opinions minoritaires
- Rôle des corps intermédiaires

Les sondages, un moyen pour la mesurer ?

Objectifs
- Donner la parole aux citoyens
- Trancher certaines questions de façon plus directe

Méthodes
- Questions généralement fermées
- Méthode aléatoire : tirage au sort
- Méthode des quotas : échantillon représentatif

Critiques
- Formulation des questions posées (biais)
- Injonction à avoir une opinion (« imposition de problématique »)
- Occultation des non-réponses

L'effet des sondages sur la démocratie

Influence sur l'opinion publique
- Instrumentalisation des sondages
- Mise en avant d'une « majorité silencieuse » contre une « minorité agissante »

Modification du comportement des électeurs
- Outils de mobilisation ou de démobilisation des électeurs
- Orientation du vote

Transformation des institutions politiques
- Réduction du rôle des partis politiques
- Influence sur la sélection des candidats
- Passage d'une démocratie représentative à une « démocratie d'opinion »

PUBLIQUE

▶ SE TESTER QUIZ

Vérifiez que vous avez bien compris les points clés des **fiches 36 à 38**.

1 Opinion publique et démocratie → FICHE 36

1. Qu'est-ce qu'une opinion publique ?
- ☐ **a.** Une opinion personnelle affirmée publiquement.
- ☐ **b.** La somme des opinions privées.
- ☐ **c.** Un jugement collectif sur une question politique, sociale ou sociétale.

2. Quels sont les risques de la démocratie selon Tocqueville ?
- ☐ **a.** L'excès de pouvoir des gouvernants.
- ☐ **b.** Le développement excessif des corps intermédiaires.
- ☐ **c.** Le désintérêt des gouvernés à l'égard de la chose publique.

2 Sonder l'opinion publique → FICHE 37

1. Dans un sondage, qu'appelle-t-on la « population-mère » ?
- ☐ **a.** La population qui est interrogée.
- ☐ **b.** La population dont on veut connaître les opinions.
- ☐ **c.** L'échantillon.

2. Parmi les questions suivantes, quelle est la question ouverte ?
- ☐ **a.** Pour quel candidat figurant dans cette liste allez-vous voter au 1er tour ?
- ☐ **b.** Êtes-vous pour ou contre la réduction des vacances scolaires d'été ?
- ☐ **c.** Que pensez-vous des sondages ?

3. Si les ouvriers représentent 12,1 % de la population de plus de 15 ans, combien faut-il en interroger au sein d'un échantillon de 800 personnes ?
- ☐ **a.** 97   ☐ **b.** 152   ☐ **c.** 121

3 Ce que les sondages font à la démocratie → FICHE 38

1. Pour quel(s) acteur(s) le sondage peut-il être un outil stratégique ?
- ☐ **a.** Pour les médias.
- ☐ **b.** Pour les personnalités politiques.
- ☐ **c.** Pour les groupes de citoyens mobilisés.

2. Quel comportement électoral met en évidence l'effet « bandwagon » ?
- ☐ **a.** Le fait de voter pour le candidat le plus bas dans les sondages.
- ☐ **b.** Le fait de ne pas voter car les sondages indiquent que tout est joué.
- ☐ **c.** Le fait de voter pour le candidat donné gagnant dans les sondages.

3. Qu'appelle-t-on démocratie d'opinion ?
- ☐ **a.** Une démocratie où chacun donne son opinion.
- ☐ **b.** Une démocratie dont les institutions sont soumises aux sondages.
- ☐ **c.** Une démocratie où le pouvoir se soumet aux désirs du peuple.

S'ENTRAÎNER

4 Comprendre le vocabulaire du cours

→ FICHES 36 à 38

Complétez le tableau ci-dessous en indiquant à quel type de démocratie renvoie principalement l'affirmation :

	Démocratie représentative	Démocratie d'opinion
Les citoyens ne se sentent pas représentés		X
La sélection des candidats se fait dans le cadre de primaires ouvertes		
La presse écrite est le média d'opinion le plus influent	X	
Les électeurs sont volatils		
Les réseaux sociaux sont un média influent		
La cote de popularité des gouvernants est observée à la loupe		
Le taux d'abstention est faible		
Sélection des candidats par les partis		

5 Comprendre un document statistique

→ FICHE 37

Document **Jugement sur sa situation par rapport à celle de ses parents**

Question posée aux 2116 individus interrogés : si vous comparez votre situation à celle de vos parents quand ils avaient votre âge, diriez-vous qu'elle est vraiment plus mauvaise ou vraiment meilleure que la leur ? (note 0 = votre situation est vraiment plus mauvaise ; note 10 = votre situation est vraiment meilleure)

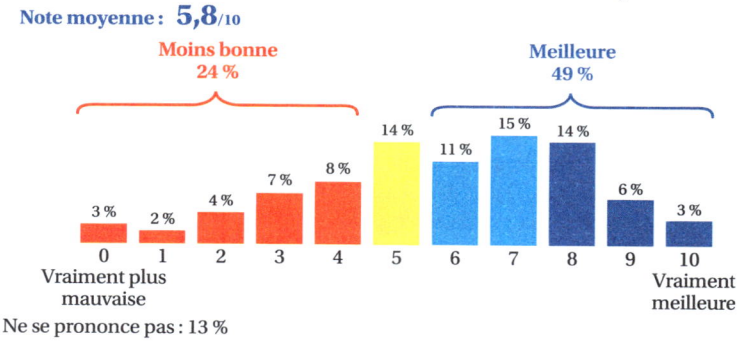

Note moyenne : 5,8/10

Moins bonne 24 % — **Meilleure 49 %**

- 0 (Vraiment plus mauvaise) : 3 %
- 1 : 2 %
- 2 : 4 %
- 3 : 7 %
- 4 : 8 %
- 5 : 14 %
- 6 : 11 %
- 7 : 15 %
- 8 : 14 %
- 9 : 6 %
- 10 (Vraiment meilleure) : 3 %

Ne se prononce pas : 13 %

Source : Baromètre de la confiance politique vague 10, Sciences Po-CEVIPOF, janvier 2019.

> **Savoir-faire**
>
> **Calculer une moyenne arithmétique simple**
>
> Pour calculer une moyenne arithmétique simple, on additionne une série de valeurs (notes, âges, revenus…) et on divise la somme obtenue par le nombre de valeurs.

1. a. Qu'est-ce qui indique que ce document est issu d'un sondage ?
b. Donnez la signification des valeurs « 15 % » et « 5,8/10 ».
2. Proposez un commentaire de ce document.

6 Réviser le cours en 6 questions flash   → FICHES 36 à 38

1. En quoi l'opinion publique est-elle une « construction sociale » ?
2. En quoi les corps intermédiaires peuvent-ils limiter le despotisme de l'État ?
3. Comment la démocratie a-t-elle favorisé l'usage des sondages d'opinion ?
4. Qu'apportent les sondages d'opinion à la démocratie selon George Gallup ?
5. Quel problème pose l'ignorance des non-réponses dans les sondages d'opinion ?
6. Donnez un exemple montrant que les sondages transforment la démocratie.

7 Comprendre un texte   → FICHE 37

Document   **Les trois postulats des sondages d'opinion**

Je voudrais préciser d'abord que mon propos n'est pas de dénoncer de façon mécanique et facile les sondages d'opinion, mais de procéder à une analyse rigoureuse de leur fonctionnement et de leurs fonctions. Ce qui suppose que l'on mette en question les trois postulats qu'ils engagent impli-
5 citement. Toute enquête d'opinion suppose que tout le monde peut avoir une opinion ; ou, autrement dit, que la production d'une opinion est à la portée de tous. Quitte à heurter un sentiment naïvement démocratique, je contesterai ce premier postulat. Deuxième postulat : on suppose que toutes les opinions se valent. Je pense que l'on peut démontrer qu'il n'en est rien et
10 que le fait de cumuler des opinions qui n'ont pas du tout la même force réelle conduit à produire des artefacts dépourvus de sens. Troisième postulat implicite : dans le simple fait de poser la même question à tout le monde se trouve impliquée l'hypothèse qu'il y a un consensus sur les problèmes, autrement dit qu'il y a un accord sur les questions qui méritent d'être posées.

Pierre Bourdieu, « L'opinion publique n'existe pas »,
in *Les Temps modernes*, 1973,
repris in *Questions de sociologie*, © 1981 by Les Éditions de Minuit.

1. a. Recherchez la signification des termes suivants : postulat ; artefact ; implicite ; consensus.

> **CONSEIL**
> Lorsque vous analysez un texte, assurez-vous que vous comprenez bien tous les termes employés. Si certains vous sont inconnus, consultez un dictionnaire si vous en avez la possibilité ou, à défaut, essayez de déduire leur sens à partir du contexte.

b. Donnez une illustration permettant de comprendre le postulat n° 2.

2. Rédigez un court texte identifiant les trois postulats évoqués par P. Bourdieu et expliquant en quoi ils ne sont pas fondés selon lui.

OBJECTIF BAC

8 La démocratie d'opinion • Raisonnement
1 h 20

Ce sujet vous permet de vous entraîner à bien utiliser les documents pour traiter un sujet de raisonnement.

LE SUJET

Vous montrerez comment les sondages modifient l'exercice de la démocratie représentative.

Document 1 **Les sondages et la sélection des candidats socialistes**

À partir des années 1980, les sondages pèsent de plus en plus sur le processus de sélection présidentielle : ils contribuent à façonner les profils d'éligibles légitimes, à consacrer certains candidats plus que d'autres, à hiérarchiser les prétendants et à structurer les anticipations, à peser sur le vote des adhérents... L'accumulation d'un capital médiatique et sondagier devient essentielle dans la construction des carrières politiques et des ambitions présidentielles. En 1995, la difficile succession de François Mitterrand et le vide laissé par la non-candidature de Jacques Delors, pourtant adoubé par les sondages, conduisent à la première primaire fermée (réservée aux adhérents) qui oppose Henri Emmanuelli, premier secrétaire en place, à Lionel Jospin. Ce dernier l'emporte en s'appuyant notamment sur la meilleure « présidentiabilité » que lui confèrent les sondages. [...] L'élection présidentielle de 2007 marque un glissement net vers l'affirmation des logiques d'opinion. Consacrée comme la seule capable de battre Nicolas Sarkozy, Ségolène Royal s'impose dans l'opinion avant d'être investie par les adhérents qui avalisent le verdict des sondages. La primaire socialiste de 2006, toujours fermée, conduit [les militants à choisir] la porte-parole qui optimise le mieux leurs chances collectives de victoire et non celle qui incarne leur préférence programmatique ou idéologique.

Rémi Lefebvre, « Les primaires : triomphe de la démocratie d'opinion », in *Pouvoirs*, n° 154, 2015.

Document 2 **La cote de confiance des présidents de la République**

	1er mois	2e mois	3e mois	4e mois	5e mois
Jacques Chirac (1995-2002)	64 %	63 %	56 %	54 %	41 %
Jacques Chirac (2002-2007)	50 %	47 %	54 %	47 %	50 %
Nicolas Sarkozy (2007-2012)	63 %	65 %	64 %	64 %	57 %
François Hollande (2012-2017)	55 %	55 %	52 %	50 %	41 %
Emmanuel Macron (2017-)	57 %	54 %	54 % (Ifop)	41 %	-

Source : observatoire-des-sondages.org

Méthode

Exploiter un dossier documentaire

Les sujets de raisonnement sont toujours accompagnés de deux documents de nature différente : vous devez donc apprendre à les exploiter correctement.

Étape 1 Identifier les documents
- Déterminez la nature et la source de chaque document, lisez leur titre et leur date.
- S'il y a lieu, identifiez la nature et l'unité des données.

Étape 2 Comprendre les documents et les mettre en relation
- Quelles sont les informations apportées par chacun des documents ?
- Quels liens peut-on établir entre les documents ? Est-ce qu'ils se complètent, s'opposent ?

Étape 3 Exploiter les documents pour répondre à la question posée
- Relevez, pour chacun des documents, les éléments de réponse utiles pour traiter le sujet.
- Mobilisez vos connaissances pour y apporter des compléments et des éléments d'explication. Cherchez également des illustrations, des exemples.

Étape 4 Rédiger la réponse
Votre réponse doit être organisée en deux ou trois paragraphes qui répondent à la question posée. Vous y répartirez vos éléments de réponse, tirés des documents et de vos connaissances, et penserez à les illustrer.

▶▶▶ **LA FEUILLE DE ROUTE**

Étape 1 Identifier les documents

■ Le document 1 est un article sur la sélection des candidats du PS à l'élection présidentielle.

■ Le document 2 est un tableau qui présente les sondages mesurant la cote de confiance des présidents de la République au début de leur mandat.

Étape 2 Comprendre les documents et les mettre en relation

■ Depuis les années 1990, le choix des candidats du PS à l'élection présidentielle est fortement influencé par les sondages. On observe aussi que, pour 4 présidents sur 5, la cote de confiance s'érode plus ou moins fortement dès les premiers mois.

■ La mesure des cotes de confiance est un des éléments de la démocratie d'opinion, qui soumet de façon continue l'image et l'action politique au jugement des sondés. Ces sondages constituent des outils de sélection et de légitimation des acteurs politiques.

Étape 3 Exploiter les documents pour répondre à la question posée

■ Depuis les années 1990, le choix des candidats du PS aux élections présidentielles est fortement influencé par les sondages. Le système des primaires consacre ce rôle (document 1).

■ Pour 4 présidents sur 5, la cote de confiance s'érode plus ou moins fortement dès les premiers mois. L'action des présidents se fait sous le regard permanent de l'opinion mesurée via les sondages (document 2).

■ La mesure des cotes de confiance et de popularité des acteurs politiques est un des éléments de la démocratie d'opinion qui soumet de façon continue l'image et l'action politique au jugement des sondés. Ces sondages constituent des outils de sélection et de légitimation des acteurs politiques (documents 1 et 2).

Étape 4 Rédiger la réponse

■ Dans un premier paragraphe, on montrera que les sondages modifient les modes de sélection des gouvernants.

■ Dans un second paragraphe, on soulignera que les sondages modifient l'exercice de l'action des gouvernants

■ Dans chacun de ces paragraphes, on comparera la situation qui prévaut dans une démocratie représentative, et celle qui se met en place dans une démocratie d'opinion.

→ CORRIGÉS p. 190

CORRIGÉS

▶ SE TESTER QUIZ

1 Opinion publique et démocratie

1. Réponse c. Dans son acception courante, l'opinion publique correspond à un jugement largement partagé sur des questions à enjeu politique.

2. Réponses a et c. Pour Tocqueville, les corps intermédiaires sont nécessaires pour permettre aux individus de débattre et pour qu'existent des contre-pouvoirs.

2 Sonder l'opinion publique

1. Réponse b. La population-mère est la population de référence à partir de laquelle on construit l'échantillon qui sera sondé.

2. Réponse c. Les questions a et b sont fermées car elles appellent des réponses directes, facilement quantifiables, ce qui n'est pas le cas de la question c.

3. Réponse a. Il est nécessaire d'interroger 97 ouvriers (800 × 12,1/100).

3 Ce que les sondages font à la démocratie

1. Réponses a, b et c. Le sondage peut être un outil stratégique pour les médias d'opinion, les personnalités politiques et les groupes mobilisés qui souhaitent orienter le jugement de la population en leur faveur.

2. Réponse c. L'effet « bandwagon » désigne la mobilisation par mimétisme, en faveur du candidat donné gagnant dans les sondages.

3. Réponse b. On appelle démocratie d'opinion une démocratie dont le fonctionnement (élections, institutions…) est de plus en plus soumis à l'influence des sondages d'opinion.

▶ S'ENTRAÎNER

4 Comprendre le vocabulaire du cours

- **Démocratie représentative** : la presse écrite est le média d'opinion le plus influent ; le taux d'abstention est faible ; les candidats sont sélectionnés par les partis.
- **Démocratie d'opinion** : les citoyens ne se sentent pas représentés ; la sélection des candidats se fait dans le cadre de primaires ouvertes ; les électeurs sont volatils ; les réseaux sociaux sont un média influent ; la cote de popularité des gouvernants est observée à la loupe.

5 Comprendre un document statistique

1. a. Une question s'adresse explicitement à des personnes. Elle porte sur une opinion. Le nombre de personnes interrogées est indiqué. La source est un « baromètre » qui cherche par définition à mesurer l'état d'une opinion à un moment donné. La « vague 10 » évoque un panel régulièrement interrogé.

b. Sur 100 personnes interrogées pour le Baromètre de la confiance politique en janvier 2019, 15 ont attribué la note de 7 à leur situation comparée à celle de leurs parents au même âge, signifiant qu'ils la considèrent plutôt meilleure. L'ensemble des personnes interrogées considèrent leur situation légèrement meilleure, attribuant la note moyenne de 5,8/10.

> **MOT CLÉ**
> La technique des **panels**, qui permet d'interroger un même échantillon à intervalles réguliers, est aujourd'hui couramment utilisée pour mesurer les évolutions des opinions des électeurs.

2. La population interrogée en janvier 2019 considère sa situation comme plutôt meilleure, attribuant une note moyenne de 5,8/10, la note de 10 indiquant la situation la plus favorable. 49 % des personnes interrogées ont attribué une note égale ou supérieure à 6/10, la note 7 recueillant le plus de suffrages.

6 Réviser le cours en 6 questions flash

1. L'opinion publique est une « construction sociale » au sens où elle n'est pas une entité qui existe en tant que telle, mais qu'elle est produite par les sondages qui agrègent des réponses qui ne se valent pas.

2. Les corps intermédiaires peuvent limiter le despotisme de l'État en permettant aux citoyens de s'organiser dans des groupes qui constituent des contre-pouvoirs.

3. La démocratie est un système politique qui repose sur l'individu souverain, celui-ci choisissant librement ses représentants. Les sondages d'opinion n'ont de sens que dans un système qui reconnaît l'existence d'opinions individuelles.

4. Selon Gallup, les sondages d'opinion permettent un exercice direct de la démocratie, le peuple pouvant s'adresser sans intermédiaire à ses gouvernants.

5. L'ignorance des non-réponses dans les sondages d'opinion, parfois très nombreuses, modifie les résultats et la perception d'un sondage en laissant penser que toute la population a un avis sur la question posée.

6. Les sondages d'opinion transforment le fonctionnement de la démocratie en influençant l'agenda politique des gouvernants, qui sont incités à modifier leurs actions en tenant compte des résultats des sondages.

7 Comprendre un texte

1. a. Un postulat est une proposition préalable, implicite et non soumise à la discussion. Un artefact est un élément artificiel, sans fondement réel. Un implicite est un non-dit. Un consensus désigne un accord de tous sur une proposition.

b. Un sondage qui porte sur la politique éducative requiert des compétences dont les professionnels de l'éducation sont experts. Agréger les avis des experts avec ceux des non-experts a donc peu de sens.

2. Pierre Bourdieu évoque trois postulats aux sondages d'opinion, dont il conteste les fondements.

■ Le premier postulat est le fait que les sondages font comme si tout le monde avait un avis sur les différents sujets. L'intérêt pour la politique ou la connaissance des programmes ne sont pas partagés par tous. Or les sondages peuvent inciter à répondre alors même que l'on n'a pas d'avis ou ignorer les non-réponses qui peuvent être importantes.

■ Le second postulat est que tous les avis sont considérés comme équivalents, alors que certains avis sont dans la réalité nécessairement plus éclairés que d'autres.

■ Le troisième postulat est que le sondage suppose que la question renvoie à un problème qui fait sens pour tous et de la même manière. Or les sondages peuvent faire émerger des problèmes qui n'en sont que pour une partie de la population.

▶ OBJECTIF BAC

8 Raisonnement

■ Les sondages modifient les modes de sélection des gouvernants. Dans une **démocratie représentative**, les partis politiques ont pour fonction de sélectionner les candidats aux élections au travers d'une procédure propre à chaque parti et de les soumettre au suffrage des électeurs. Si les médias jouent un rôle dans ce processus, celui-ci est essentiellement interne aux partis et le rôle des médias consiste à faire connaître les candidats et leurs programmes aux électeurs. Dans une **démocratie d'opinion**, les sondages jouent un rôle majeur dans la désignation des candidats, leur donnant ou non la légitimité nécessaire.

> 👍 **CONSEIL**
> Partez des principes de la démocratie représentative : elle repose sur des représentants choisis par leur parti et élus le plus souvent au suffrage universel.

■ Les sondages modifient l'exercice de l'action des gouvernants. Dans une **démocratie représentative**, les représentants élus sont soumis à un programme, construit par leur parti, qui oriente les politiques qu'ils vont mettre en œuvre. Les électeurs jugent leur capacité à mettre en œuvre ce programme de façon efficace à l'occasion de chaque élection. Dans une **démocratie d'opinion**, les politiques menées sont soumises aux perceptions mesurées en temps réel par les sondages, notamment les cotes de confiance accordées au président de la République. À l'exception du président Chirac en 2002-2007, les cotes de confiance de chacun des derniers présidents français ont très vite fléchi, perdant par exemple au cours des cinq premiers mois 23 points pour le président Chirac (1995-2002) et 14 points pour le président Hollande (2012-2017). Ces présidents ont ainsi été incités à modifier le programme sur lequel ils avaient été élus.

SCIENCE POLITIQUE

Voter : une affaire individuelle ou collective ?

En France, les femmes votent pour la première fois en 1945.

FICHES DE COURS	39	La participation électorale	192
	40	Les déterminants du vote	194
	41	La volatilité électorale	196
	MÉMO VISUEL		198

EXERCICES & SUJETS	SE TESTER	Exercices 1 à 3	200
	S'ENTRAÎNER	Exercices 4 à 8	201
	OBJECTIF BAC	Exercice 9 • Lire un diagramme de répartition	204

CORRIGÉS	Exercices 1 à 9	205

191

39 La participation électorale

En bref *Dans une démocratie représentative, le vote est un acte essentiel de la participation politique. Cependant, la participation électorale comprend plusieurs dimensions et dépend de plusieurs facteurs.*

I Les dimensions de la participation électorale

1 L'inscription sur les listes électorales

■ Pour pouvoir voter, les citoyens doivent être inscrits sur les listes électorales de leur commune de résidence. Pour être inscrit, en France, il faut être **âgé d'au moins 18 ans**, avoir la nationalité française (les citoyens européens peuvent être inscrits sur des listes complémentaires pour participer aux élections municipales ou européennes), et jouir de ses droits civils et politiques.

■ Depuis 1997, les jeunes de 18 ans ayant participé au recensement sont **inscrits automatiquement** sur les listes électorales. Si ce n'est pas le cas, ils doivent effectuer une démarche volontaire, notamment pour ceux qui ont déménagé ou qui ont acquis la nationalité française.

2 Participation électorale et abstention

■ Le **vote** est l'expression de la participation électorale. En France, voter n'est pas une obligation et les citoyens inscrits sur les listes électorales ont la possibilité de s'abstenir. On peut donc définir l'**abstention** comme le refus volontaire de participer à une élection.

> **MOT CLÉ**
> Il faut distinguer le vote blanc, qui est un suffrage non exprimé, et l'**abstention**. Ni le vote blanc ni l'abstention ne sont pris en compte dans les résultats de l'élection.

■ Le taux d'abstention mesure la **part des inscrits n'ayant pas voté** lors d'une élection. Ce taux complète le taux d'inscription sur les listes pour mesurer la participation électorale.

II Les déterminants de la participation électorale

1 Les déterminants de l'inscription électorale

■ Si le taux d'inscription électorale reste à peu près stable (proche de 90 %), on peut cependant mettre en évidence des **déterminants sociaux** expliquant la non-inscription. Si on excepte les non-inscrits volontaires, le plus souvent on retrouve des populations mal intégrées dans la société ou indifférentes à la politique, surtout des jeunes et des personnes culturellement ou scolairement défavorisées.

■ En principe, l'inscription sur les listes électorales est obligatoire mais la non-inscription n'est pas sanctionnée. Cependant, s'inscrire résulte d'une **démarche**

volontaire auprès des services administratifs. Cette démarche peut avoir un coût pour des populations éloignées des lieux d'inscription.

■ Si les procédures d'inscription ont été facilitées depuis la fin des années 1990, il existe toujours un certain taux de mauvaise inscription qui empêche les citoyens de voter. C'est le cas pour les changements de résidence ou pour les personnes venant d'acquérir la nationalité française.

2 | Les déterminants de l'abstention

■ L'abstention peut être analysée comme le signe d'une mauvaise intégration dans la société. Elle est aussi corrélée à l'intérêt pour la politique et au sentiment de compétence politique, ce que le sociologue Daniel Gaxie a qualifié de « cens caché ».

> **MOT CLÉ**
> En France, au XIXe siècle, le **cens** était un seuil d'imposition qui permettait à un citoyen d'être électeur.

■ Depuis les années 1970, la progression de l'abstention concerne surtout l'abstention intermittente. Les électeurs s'abstiennent en fonction du contexte de l'élection (national, local, européen) et de la personnalité des candidats. Les abstentionnistes intermittents sont plutôt bien intégrés socialement et politisés.

zoOm

Le droit de vote des femmes

■ En France, les femmes ont obtenu le droit de vote en 1944, soit assez tardivement en comparaison avec d'autres pays (1893 en Nouvelle-Zélande, 1901 en Australie, 1928 au Royaume-Uni).

■ On peut l'expliquer par les réticences des partis politiques : à « droite », on considérait que ce n'était pas le rôle des femmes ; à « gauche », on craignait que le vote des femmes avantage les partis de droite.

Voter : une affaire individuelle ou collective ?

40 Les déterminants du vote

En bref *Si voter apparaît comme un acte purement individuel, l'étude des déterminants du vote par la sociologie électorale montre que les comportements électoraux répondent à des logiques complexes : le vote peut également être considéré comme un acte collectif.*

I Le vote, un acte collectif

1 La sociologie électorale

■ À l'origine de la sociologie électorale, on trouve les travaux d'André Siegfried en France au début du XXe siècle. Son approche est qualifiée d'« écologique » car elle établit des relations entre l'environnement de l'électeur et son vote. Une autre approche « historique » insiste sur le rôle des événements historiques (la Révolution française par exemple).

■ À partir des années 1940, la sociologie électorale se développe aux États-Unis, notamment en introduisant la méthode d'enquêtes par interviews. Au début des années 1960, des sociologues américains proposent un modèle en établissant des corrélations entre comportement électoral et caractéristiques sociologiques des électeurs.

2 Les variables du comportement électoral

■ Depuis les années 1960, les études sur le **comportement électoral** se sont multipliées. On peut l'expliquer par la demande sociale émanant des acteurs politiques (élus, partis politiques) et des médias, avec la multiplication des sondages en période électorale. Ces études ont permis de mettre en évidence des variables lourdes du comportement électoral.

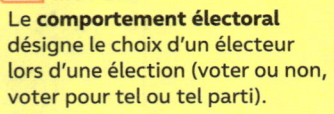

> **MOT CLÉ**
> Le **comportement électoral** désigne le choix d'un électeur lors d'une élection (voter ou non, voter pour tel ou tel parti).

■ Les variables lourdes du comportement électoral correspondent à des variables démographiques (âge, sexe), socio-économiques (catégorie socioprofessionnelle) et culturelles (instruction, appartenance religieuse). Ces dernières apparaissent comme les plus prédictives.

II Le vote, un acte individuel

1 L'approche économique du comportement électoral

■ La sociologie électorale distingue trois approches théoriques du comportement électoral. Les deux premières (écologique, psychosociologique) font du vote un acte collectif. Une troisième, l'approche économique, insiste sur le caractère individualiste du vote.

■ Dans le modèle économique, l'électeur se conduit comme un *homo œconomicus* : il veut maximiser l'utilité de son vote et raisonne en fonction du coût et des bénéfices associés à celui-ci. Cette théorie postule que les électeurs agissent, avant tout, en fonction de leurs intérêts individuels et non en fonction de leur sentiment d'appartenance à un groupe ou leur attachement à un parti.

2 | Les facteurs conjoncturels du vote

■ Des facteurs conjoncturels peuvent influencer le choix des électeurs à court terme. C'est le cas du « vote sur enjeu ». Ce dernier recouvre des choix électoraux qui dépendent principalement de problèmes qui jouent un rôle important dans le débat politique à un moment donné.

■ L'électeur peut adopter un comportement de stratège, notamment dans le cadre du scrutin majoritaire à deux tours comme l'élection présidentielle. On peut définir l'électeur stratège comme un électeur qui renonce à voter pour son candidat préféré et en choisit un autre de manière à accroître l'efficacité de son vote. Cette stratégie consiste à voter « utile » pour le candidat qui a le plus de chance de l'emporter au second tour.

> **MOT CLÉ**
> L'élection présidentielle en France est un **scrutin majoritaire à deux tours** : seuls les deux candidats arrivés en tête au premier tour peuvent se présenter au second tour.

zoOm

Sociologie des votes Macron et Le Pen en 2017

Variables socio-économiques	Part des suffrages exprimés (%) au 1er tour en faveur de...	
	E. Macron	M. Le Pen
Hommes	23	24
Femmes	25	20
25-34 ans	28	24
35-49 ans	21	29
Cadre	33	14
Ouvrier	16	37
Total	24	21,3

Source : Ipsos/Sopra Steria.

■ Ce tableau, établi à partir des résultats officiels du premier tour de l'élection présidentielle de 2017, détaille le vote pour deux candidats selon plusieurs variables socio-économiques. Il montre, par exemple, que 25 % des femmes ayant exprimé un vote l'ont fait en faveur d'Emmanuel Macron.

■ Ce document permet de définir le profil de l'électeur-type d'Emmanuel Macron et de Marine Le Pen lors de cette élection : pour le premier, il s'agit d'une femme âgée de 25 à 34 ans, cadre du secteur privé ; pour la seconde, c'est un homme âgé de 35 à 49 ans, ouvrier.

41 La volatilité électorale

En bref *L'analyse du vote depuis quelques années met en évidence une érosion des déterminants sociaux du vote et une plus grande volatilité électorale. Pour être expliqué, ce phénomène doit d'abord être défini.*

I La notion de volatilité électorale

1 Définition et mesure de la volatilité électorale

■ Depuis les années 1980, on observe, en France, une instabilité de plus en plus importante des comportements électoraux. C'est cette instabilité dans le vote ou la participation électorale que l'on qualifie de volatilité électorale.

■ La volatilité électorale est difficile à mesurer car elle ne peut s'expliquer uniquement par des changements dans les choix politiques. Par exemple, l'évolution de l'offre politique peut favoriser l'abstention intermittente →FICHE 39.

■ L'indice de volatilité électorale permet de mesurer la volatilité électorale. On peut le calculer en reconstituant les itinéraires de vote entre plusieurs élections. On peut également déterminer le moment où l'électeur décide de son choix. Plus ce moment est proche de l'élection, plus l'instabilité électorale est forte.

2 Les formes de la volatilité électorale

■ On distingue plusieurs formes de volatilité électorale. La plus significative concerne le passage du vote à l'abstention et inversement, ce qui correspond à l'**abstentionnisme intermittent**. Celui-ci est la principale cause des **alternances** politiques.

> **MOT CLÉ**
> L'**alternance** politique est le changement de majorité politique d'une élection à l'autre.

■ Deux autres formes de volatilité électorale concernent un changement partisan. Celui-ci peut s'opérer au sein de la même famille politique (la gauche ou la droite), le vote se déplaçant d'un parti à un autre. La volatilité peut aussi concerner le passage d'une famille à une autre (de la gauche vers la droite par exemple). Cette mobilité « transgressive » est la moins importante.

II Les raisons de la volatilité électorale

1 L'effritement du vote de classe

■ Les enquêtes électorales montrent que, depuis les années 1970, les caractéristiques socio-économiques jouent un rôle de moins en moins important dans le vote. Mais, si on constate que le vote de classe est moins prononcé, il n'a toutefois pas totalement disparu. Ainsi, le clivage entre le vote des indépendants et celui des salariés reste important.

■ Pour expliquer le déclin du **vote de classe**, notamment celui de la classe ouvrière, un certain nombre d'explications ont été avancées. Les premières insistent sur les transformations de la classe ouvrière. Celle-ci, mieux éduquée et bénéficiant d'une certaine mobilité sociale ascendante, aurait le sentiment d'appartenir davantage à la classe moyenne qu'à la classe ouvrière.

> **MOT CLÉ**
> On parle de **vote de classe** pour désigner la tendance à voter selon son appartenance à une classe ou à une catégorie sociale.

2 | Les effets de contexte et de l'offre politique

■ La volatilité électorale dépend en grande partie de la nature de l'élection. Ainsi, le niveau d'abstention est le plus faible pour l'élection présidentielle et les élections municipales. À l'inverse, les élections européennes ou régionales mobilisent moins d'électeurs. Ces différences s'expliquent principalement par la perception qu'ont les électeurs des enjeux de l'élection.

■ Un facteur de la volatilité électorale est lié à la moindre polarisation des débats politiques. Depuis les années 1980, en France, les alternances se sont succédé alors que les divergences dans les politiques menées se sont atténuées. Ainsi, la réduction des différences entre les programmes des partis a fait perdre au vote sa dimension collective.

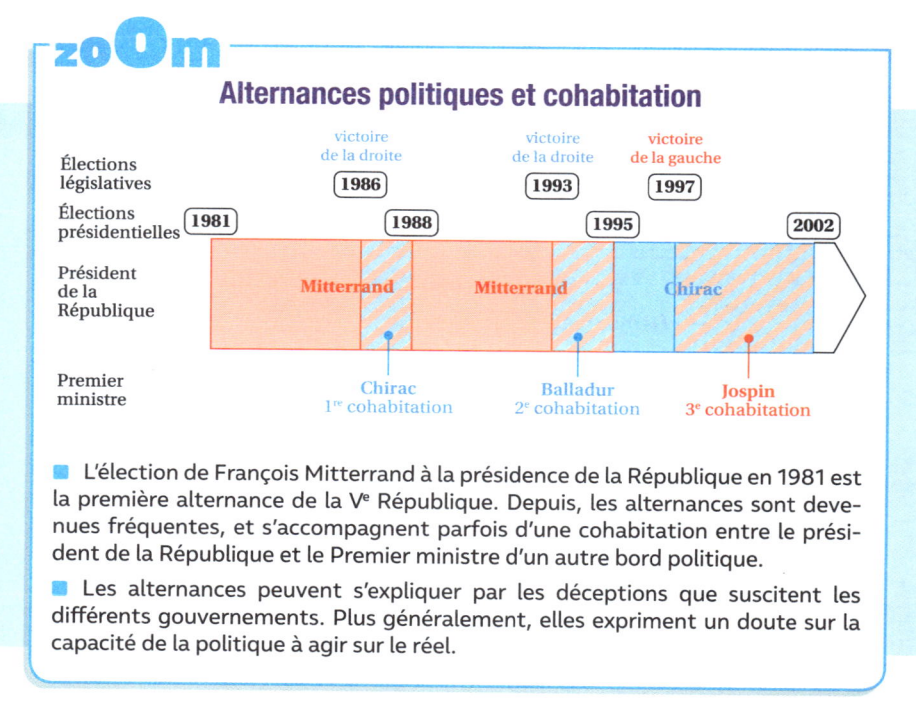

zoOm — Alternances politiques et cohabitation

Élections législatives		victoire de la droite **1986**		victoire de la droite **1993**	victoire de la gauche **1997**	
Élections présidentielles	**1981**		**1988**	**1995**		**2002**
Président de la République		Mitterrand		Mitterrand	Chirac	
Premier ministre		Chirac 1re cohabitation		Balladur 2e cohabitation	Jospin 3e cohabitation	

■ L'élection de François Mitterrand à la présidence de la République en 1981 est la première alternance de la Ve République. Depuis, les alternances sont devenues fréquentes, et s'accompagnent parfois d'une cohabitation entre le président de la République et le Premier ministre d'un autre bord politique.

■ Les alternances peuvent s'expliquer par les déceptions que suscitent les différents gouvernements. Plus généralement, elles expriment un doute sur la capacité de la politique à agir sur le réel.

MÉMO VISUEL

La participation électorale

L'inscription sur les listes électorales
- Obligatoire pour voter
- Automatique pour les jeunes à leur majorité
- Moins importante chez les personnes défavorisées ou isolées

L'abstention
- Refus volontaire de voter à une élection
- Progression de l'abstention intermittente : les électeurs se déplacent en fonction du contexte ou de l'enjeu de l'élection

LE

Les déterminants du vote

Des variables collectives
- Démographiques : âge, sexe
- Socio-économiques : catégorie socioprofessionnelle
- Culturelles : instruction, appartenance et pratique religieuses

Un choix individuel
- Électeur « rationnel » : cherche à retirer des bénéfices de son vote
- Facteurs conjoncturels

VOTE

La volatilité électorale

Les formes
- Aller-retour entre vote et l'abstention
- Changement de vote au sein d'une même famille politique
- Changement de famille politique

Les causes
- L'effritement du vote de classe
- Les effets de contexte : nature de l'élection
- L'évolution de l'offre politique : débats moins polarisés

La mesure
- Indice de volatilité électorale
- Reconstitution des itinéraires de vote entre plusieurs élections
- Détermination du moment où l'électeur décide de son choix : plus ce moment est proche de l'élection, plus l'instabilité électorale est forte

▶ SE TESTER QUIZ

*Vérifiez que vous avez bien compris les points clés des **fiches 39 à 41**.*

1 La participation électorale → FICHE 39

1. Parmi les affirmations suivantes, laquelle est vraie ?
- ☐ **a.** L'inscription sur les listes électorales est automatique.
- ☐ **b.** L'inscription sur les listes électorales est obligatoire.
- ☐ **c.** L'inscription sur les listes électorales concerne uniquement les jeunes âgés de 18 ans.

2. En France, on considère comme abstentionnistes les personnes…
- ☐ **a.** âgées de plus de 18 ans et non inscrites sur les listes électorales.
- ☐ **b.** qui refusent volontairement de ne pas participer à un vote.
- ☐ **c.** qui ont perdu leurs droits politiques.

3. Que mesure le taux d'abstention ?
- ☐ **a.** La part de la population totale n'ayant pas voté.
- ☐ **b.** La part des inscrits sur les listes électorales n'ayant pas voté.

2 Les déterminants du vote → FICHE 40

1. Qu'étudie la sociologie électorale ?
- ☐ **a.** Les corrélations entre comportement électoral et variables socioéconomiques.
- ☐ **b.** Le déterminisme social du comportement électoral.
- ☐ **c.** La position sociale des électeurs.

2. Comment se détermine un électeur dit « rationnel » ?
- ☐ **a.** Il vote en fonction de son intérêt personnel.
- ☐ **b.** Il ne tient pas compte des enjeux de l'élection.
- ☐ **c.** Il vote en fonction de ses croyances religieuses.

3. L'approche écologique du vote s'intéresse…
- ☐ **a.** au caractère individuel du vote.
- ☐ **b.** au caractère économique du vote.
- ☐ **c.** aux effets de l'environnement sur le vote.

3 La volatilité électorale → FICHE 41

1. La forme la plus développée de la volatilité électorale concerne…
- ☐ **a.** le passage du vote à l'abstention et inversement.
- ☐ **b.** le changement partisan au sein d'une même famille politique.
- ☐ **c.** le changement de famille politique.

2. En France, l'abstention est la moins élevée pour les élections…
- ☐ **a.** européennes.   ☐ **b.** législatives.   ☐ **c.** présidentielles.

S'ENTRAÎNER

4 Comprendre le vocabulaire du cours
→ FICHES 39 à 41

1. Complétez le texte en utilisant les termes suivants :

intérêts individuels • les listes électorales • variables lourdes • l'abstentionnisme intermittent • voter • la volatilité électorale

Pour pouvoir........................, il faut s'inscrire sur........................ Les études de sociologie électorale ont montré que le vote dépendait de........................, comme l'appartenance sociale ou l'appartenance religieuse. Cependant, les électeurs peuvent se prononcer en fonction de leurs........................ Depuis quelques années, ... tend à augmenter. On l'explique principalement par ...., mais également par le déplacement du vote d'un parti à un autre.

2. Associer les notions à leur définition.

Vote blanc • • Électeur qui vote en fonction de l'efficacité de son vote

Abstention intermittente • • Instabilité dans le vote ou la participation électorale

Approche écologique du vote • • Suffrage non exprimé

Électeur stratège • • Mise en relation entre le vote et l'environnement de l'électeur

Volatilité électorale • • Changement de majorité politique d'une élection à une autre

Alternance • • Abstention en fonction du contexte de l'élection

5 Réviser le cours en 6 questions flash
→ FICHES 39 à 41

1. Quelles sont les conditions pour s'inscrire sur les listes électorales pour toutes les élections en France ?
2. Quel type d'abstention est en progression depuis les années 1970 ?
3. À quoi correspondent les variables lourdes du comportement électoral ?
4. Qu'est-ce que l'approche économique du comportement électoral ?
5. Quel indicateur mesure la volatilité électorale ?
6. Le vote de classe a-t-il complètement disparu ?

6 Calculer et interpréter un taux de variation cumulé → FICHE 39

Document — Évolution du nombre d'inscrits sur les listes électorales

Année	2014	2015	2016	2017	2018
Nombre d'inscrits (en milliers)	44 652	44 614	44 855	45 754	45 448

Source : Insee.

1. Calculez le taux de variation du nombre d'électeurs d'une année sur l'autre et construisez un nouveau tableau avec ces données.

2. Calculez la variation du nombre d'électeurs entre 2014 et 2018 en utilisant le nouveau tableau.

Savoir-faire
Calculer un taux de variation cumulé

- Le taux de variation cumulé est le produit des différents coefficients multiplicateurs d'une année sur l'autre. Pour avoir le résultat final, on transforme le résultat obtenu en taux de variation.
- Pour obtenir le taux de variation cumulé, on effectue le calcul suivant :

> (produit des coefficients multiplicateurs successifs × 100) − 100

7 Mesurer le poids de l'appartenance sociale dans le vote → FICHE 40

Document — Intentions de vote des ouvriers au 1ᵉʳ tour de la présidentielle de 2017

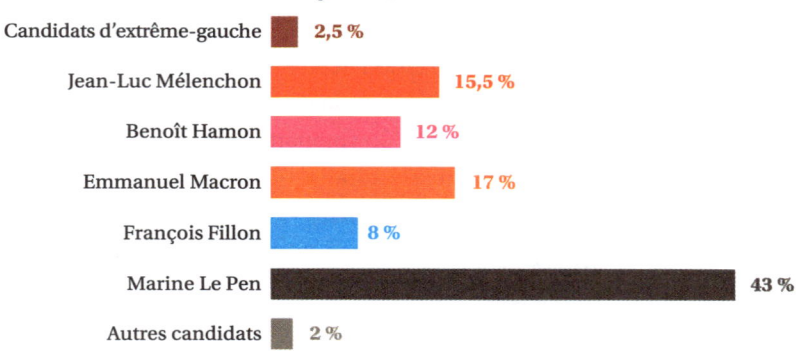

- Candidats d'extrême-gauche : 2,5 %
- Jean-Luc Mélenchon : 15,5 %
- Benoît Hamon : 12 %
- Emmanuel Macron : 17 %
- François Fillon : 8 %
- Marine Le Pen : 43 %
- Autres candidats : 2 %

Source : Jérôme Fourquet, « Radiographie des votes ouvriers », fondation Jean-Jaurès.

1. Faites une lecture des données concernant Marine Le Pen et Emmanuel Macron.

2. Mesurez l'écart entre le vote ouvrier en faveur de Marine Le Pen et le vote ouvrier en faveur d'Emmanuel Macron.

3. Que peut-on conclure de ce tableau ?

8 Comprendre un taux d'abstention

→ FICHE 41

Document — **Participation à l'élection présidentielle et aux élections législatives de 2017 en France**

Participation à la présidentielle	Participation aux élections législatives				
	À tous les tours	Au 1er tour seulement	Au 2e tour seulement	Aucun	Total
À tous les tours	**35,5**	**11,2**	5,7	20,4	**72,8**
Au 1er tour seulement	1,5	1,2	0,4	4,6	7,7
Au 2e tour seulement	1	0,6	0,5	2,8	4,9
Aucun	0,4	0,3	0,2	**13,7**	14,6
Total	**38,4**	13,3	6,8	41,5	100

Note : les chiffres en italique correspondent au vote intermittent. 51 % des inscrits sont dans ce cas.
Champ : inscrits sur les listes électorales en France en 2017 et résidant en France en 2015 (hors Mayotte).

Source : Insee, enquête sur la participation électorale en 2017.

1. Faites une lecture des données en gras.

2. Les données du tableau portent-elles sur toute la population française en âge de voter ?

3. Pourquoi parle-t-on de vote intermittent ? Comment a-t-on obtenu le chiffre de 51 % (approximativement) pour ce vote ?

4. Que peut-on conclure de ce document ?

> **CONSEIL**
> Citez des chiffres extraits du tableau pour appuyer votre réponse.

▶ OBJECTIF BAC

9 La volatilité électorale • Analyse de document
⏱ 40 min

Ce sujet vous donne l'occasion de lire et interpréter un diagramme de répartition, puis de construire une argumentation en faisant le lien entre les informations issues du document et vos connaissances personnelles.

📄 LE SUJET

Montrez que la volatilité électorale repose en partie sur l'indécision des électeurs.

Document **Le moment du choix électoral**

Ce document est le résultat d'un sondage réalisé auprès des électeurs français. Les personnes interrogées lors de ce sondage répondent à la question : « À quel moment avez-vous fait votre choix lors de l'élection présidentielle de 2007 ? »

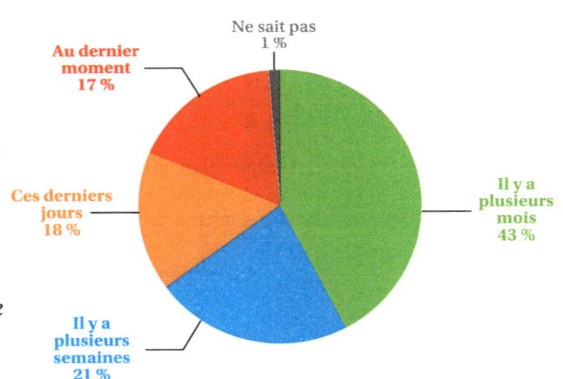

- Au dernier moment : 17 %
- Ne sait pas : 1 %
- Il y a plusieurs mois : 43 %
- Ces derniers jours : 18 %
- Il y a plusieurs semaines : 21 %

Source : opinionpublique.wordpress.com, 2012.

Méthode

Lire et interpréter un diagramme de répartition

Étape 1 Identifier le document
- Un diagramme de répartition peut prendre plusieurs formes : circulaire, en barres, etc.
- Notez le titre et la source : ils vous renseignent sur la période et le contexte.

Étape 2 Comprendre le document
- Un diagramme de répartition utilise généralement des pourcentages. Demandez-vous quel est l'ensemble considéré : ensemble de la population, échantillon statistique, répondants à un questionnaire, etc.
- Repérez les valeurs significatives : les proportions les plus importantes et les plus faibles. Estimez les rapports de grandeur et essayez de faire des regroupements pour dégager du sens.

Étape 3 Exploiter le document pour répondre à la question posée
- Dégagez les principales informations données par le document et sélectionnez celles qui sont utiles pour répondre à la question posée.
- Faites le lien avec les notions et mécanismes du cours.

Étape 4 Rédiger la réponse
Construisez votre raisonnement en utilisant vos connaissances et les informations tirées du document.

▶▶▶ **LA FEUILLE DE ROUTE**

Étape 1 Identifier le document
Le document est un diagramme circulaire permettant d'étudier la répartition d'un phénomène : le moment du choix électoral. La source est le site opinionpublique.wordpress.com. Les données statistiques sont exprimées en pourcentage.

Étape 2 Comprendre le document
- D'après le document, sur 100 personnes interrogées sur le moment où elles ont choisi le candidat pour lequel elles allaient voter lors de l'élection présidentielle de 2007, 43 se sont décidées plusieurs mois auparavant, 18 quelques jours avant et 17 au dernier moment.
- Ainsi, 35 sont restées indécises jusque dans les derniers jours avant le vote.

Étape 3 Exploiter le document pour répondre à la question posée
- La volatilité électorale prend plusieurs formes : allers-retours entre vote et abstention, changement de parti dans une même famille politique ou, plus rarement, changement de famille politique.
- L'indécision des électeurs peut constituer un signe de volatilité électorale. En produisant des données, le document montre l'importance de ce phénomène.

Étape 4 Rédiger la réponse → CORRIGÉS p. 208

CORRIGÉS

▶ **SE TESTER QUIZ**

1 La participation électorale

1. Réponse b. L'inscription sur les listes électorales est obligatoire pour voter. Seuls les jeunes bénéficient d'une inscription automatique à leur majorité.

2. Réponse b. Les abstentionnistes sont les personnes inscrites sur les listes électorales et qui choisissent néanmoins de ne pas aller voter.

3. Réponse b. Le taux d'abstention est la part des inscrits n'ayant pas voté (toute la population n'est pas inscrite).

2 Les déterminants du vote

1. Réponse a. La sociologie électorale met en évidence des corrélations entre un certain nombre de variables (sociales, économiques, culturelles), mais on ne peut néanmoins pas en déduire un strict déterminisme du vote.

2. Réponse a. L'électeur rationnel se détermine en fonction de son intérêt. Il cherche à maximiser son vote par un calcul coût/avantage.

3. Réponse c. L'approche écologique s'intéresse à l'environnement de l'électeur.

3 La volatilité électorale

1. Réponse a. Le passage du vote à l'abstention, et inversement, correspond le plus souvent à l'abstention intermittente.

2. Réponse c. L'élection présidentielle est, pour les électeurs français, l'élection pour laquelle l'enjeu est le plus important.

▶ S'ENTRAÎNER

4 Comprendre le vocabulaire du cours

1. Les mots sont à placer dans l'ordre suivant : voter, listes électorales, variables lourdes, intérêts individuels, la volatilité électorale, l'abstentionnisme intermittent.

2. Vote blanc : suffrage non exprimé, non pris en compte dans le résultat final.
Abstention intermittente : abstention en fonction du contexte de l'élection.
Approche écologique du vote : approche de sociologie électorale qui met en relation le vote et l'environnement de l'électeur.
Électeur stratège : électeur qui vote en fonction de l'efficacité de son vote.
Volatilité électorale : instabilité dans le vote ou la participation électorale.
Alternance : changement de majorité politique d'une élection à une autre.

5 Réviser le cours en 6 questions flash

1. Pour s'inscrire sur les listes électorales et voter à toutes les élections en France, il faut être âgé d'**au moins 18 ans**, disposer de ses **droits civiques** et avoir la **nationalité française**.

2. Depuis les années 1970, c'est surtout l'**abstention intermittente** qui progresse, car le vote dépend du contexte de l'élection (présidentielle, municipale, législative, etc.) et de la personnalité des candidats.

3. Les variables lourdes du comportement électoral sont des variables **démographiques** (âge, sexe) **socio-économiques** (catégories socioprofessionnelles) et **culturelles** (instruction, appartenance religieuse).

4. Selon l'approche économique du comportement électoral, l'électeur veut **maximiser son utilité** en fonction du **coût** et des **bénéfices** qu'il peut tirer de son vote. Il se comporte comme un *homo œconomicus*.

5. L'indice de volatilité électorale mesure la volatilité électorale, c'est-à-dire l'**instabilité** dans le vote (d'un parti à un autre ou d'une famille politique à une autre) ou la participation électorale.

6. Le vote de classe n'a pas complètement disparu. La différence de vote **entre les indépendants et les salariés** reste importante : les premiers votent plutôt à droite, les seconds plutôt à gauche.

6 Calculer et interpréter un taux de variation cumulé

1. Tableau des taux de variation du nombre d'inscrits sur les listes électorales :

	2014	2015	2016	2017	2018
Nombre d'inscrits	–	– 0,1	+ 0,5	+ 2	– 0,7

2. Pour obtenir le taux de variation du nombre d'inscrits entre 2014 et 2018, on fait le calcul suivant :

$0,999 \times 1,005 \times 1,02 \times 0,993 = 1,017$. Soit un taux de variation de **1,7 % environ**.

> **CONSEIL**
> Il ne faut surtout pas faire la somme des coefficients multiplicateurs !
> 0,999 + 1,005 + 1,02 + 0,993 ne fait pas 1,017 mais 4,017, ce qui ferait un taux de variation de 301,7 %.

7 Mesurer le poids de l'appartenance sociale dans le vote

1. Selon Jérôme Fourquet, sur 100 ouvriers ayant l'intention d'exprimer leur vote au premier tour de l'élection présidentielle de 2017, **43** déclarent avoir l'intention de voter pour Marine Le Pen et **17** pour Emmanuel Macron.

> **INFO**
> La lecture des données doit indiquer la source et l'auteur.

2. L'écart entre les intentions de vote ouvrier pour Marine Le Pen et Emmanuel Macron était de 26 points de pourcentage.

3. Ce tableau montre que le vote ouvrier, dans les intentions de vote, est majoritairement en faveur de Marine Le Pen, alors que ce vote était traditionnellement en faveur de la gauche. Mais cette conclusion doit être nuancée car les données du tableau ne portent que sur les intentions de vote, sans tenir compte de l'abstention ou du vote nul ou blanc des ouvriers.

8 Comprendre un taux d'abstention

1. Selon l'Insee, sur 100 inscrits sur les listes électorales en France en 2017 :
- **35,5** ont voté à tous les tours des élections législatives et présidentielle ;
- **11,2** ont voté à tous les tours de l'élection présidentielle et seulement au premier tour des élections législatives ;
- **72,8** ont voté à tous les tours de l'élection présidentielle ;

- **13,7** n'ont voté à aucun tour des élections législatives et présidentielle ;
- **38,4** ont voté à tous les tours des élections législatives.

2. Les données ne portent pas sur toute la population française en âge de voter : la population non inscrite sur les listes électorales n'est pas prise en compte.

3. On parle de vote intermittent car les abstentionnistes votent ou s'abstiennent **suivant la nature de l'élection** (présidentielle ou législative) ou **suivant le tour** (premier, second tour). L'abstention n'est donc pas systématique.
Pour obtenir le chiffre d'approximativement 51 %, il faut effectuer le **calcul** suivant : 35,5 % des inscrits ont voté aux deux tours de l'élection présidentielle et des élections législatives, 13,7 % se sont abstenus aux deux tours de ces élections ; d'où : 100 − (35,5 + 13,7) = 50,8 % de votants intermittents.

4. Pour les scrutins présidentiel et législatif, 35,5 % des inscrits ont voté à tous les tours des scrutins, et 13,7 se sont systématiquement abstenus. On en déduit que 50,8 % des inscrits sont des abstentionnistes intermittents, c'est-à-dire qu'ils ont participé aux élections sans voter à tous les tours.

> **INFO**
> La conclusion doit utiliser les réponses aux questions précédentes.

Au total, les personnes inscrites ont nettement **plus voté à l'élection présidentielle** qu'aux législatives : 85,4 % (72,8 + 7,7 + 4,9) d'entre elles ont voté à au moins un tour et 72,8 % se sont exprimées aux deux tours. Le taux de participation aux législatives n'atteint que 58,5 % (38,4 + 13,3 + 6,8) et 38,4 % des inscrits ont voté à tous les tours. On en déduit que la participation aux élections reste élevée, même si cette participation est **sélective**. Mais l'existence d'un vote intermittent traduit une plus grande volatilité électorale.

▶ OBJECTIF BAC

9 Analyse de document

■ La volatilité électorale met en évidence l'**instabilité des comportements électoraux**. Elle peut prendre **plusieurs formes** : passage du vote à l'abstention, et inversement, changement de parti au sein d'une même famille politique, voire changement de famille politique.

■ Cette volatilité électorale **s'accentue** au fil des élections. En effet, on peut mettre en évidence une corrélation entre volatilité électorale et indécision des électeurs. Pour mesurer cette corrélation, des électeurs ont été interrogés sur le moment où ils ont fait leur choix : voter ou s'abstenir, voter pour tel candidat ou tel parti.

■ Pour l'élection présidentielle de 2007, **35 % des personnes interrogées** ont fait leur choix au dernier moment ou quelques jours seulement avant le vote. Ce constat relativise la pertinence des sondages portant sur les intentions de vote, surtout quand ils sont publiés plusieurs semaines voire plusieurs mois avant un scrutin. Il amène aussi à s'interroger sur le rôle que jouent les sondages dans le choix final des électeurs et dans la volatilité électorale.

REGARDS CROISÉS

La gestion des risques : assurance et protection sociale

> Le risque d'accident de voiture est un risque majeur : en France, il constitue la première cause de décès par accident du travail.

FICHES DE COURS	**42** Les individus confrontés à des risques économiques et sociaux	210
	43 Effets positifs et négatifs du partage des risques	212
	44 Principes et institutions permettant la gestion des risques	214
	45 La protection sociale en France	216
	MÉMO VISUEL	218
EXERCICES & SUJETS	**SE TESTER** Exercices 1 à 4	220
	S'ENTRAÎNER Exercices 5 à 8	221
	OBJECTIF BAC Exercice 9 • Construire un plan de dissertation	223
CORRIGÉS	Exercices 1 à 9	226

42 Les individus confrontés à des risques économiques et sociaux

En bref Les individus sont confrontés à différents risques tout au long de leur vie. Mais tous les groupes sociaux ne sont pas touchés de la même manière : on peut mettre en évidence des inégalités d'exposition et de comportement face à la survenue de ces risques.

I Des risques économiques et sociaux divers…

1 Du risque individuel au risque social

■ Perdre son emploi, avoir un accident ou encore tomber malade sont des événements, plus ou moins prévisibles, qui peuvent affecter les individus au cours de leur existence. On parle alors de **risque** pour évoquer la probabilité d'y être confronté. Le risque est estimable et se distingue de l'incertitude.

■ Pour les individus, la survenue du risque peut entraîner une privation de **revenus** ou des dépenses supplémentaires. Quant à la société, elle va se trouver privée de ressources productives et verra les **inégalités** augmenter, creusant ainsi l'écart entre les individus ayant des difficultés à faire face aux risques et le reste de la population. L'avènement d'un **État-providence** a permis de prendre progressivement en charge la plupart de ces risques, appelés **risques sociaux**.

> **MOT CLÉ**
> En France, l'**État-providence** désigne un État qui intervient largement dans la sphère économique et sociale, notamment en prenant en charge les risques sociaux.

2 Les principaux risques sociaux

■ La **maladie** comme l'**accident** nécessitent des soins qui se traduisent par l'achat de biens ou de services de santé. Ils peuvent également signifier une baisse de revenus résultant d'une incapacité à travailler.

■ La **vieillesse** est un risque social lié, d'une part, au fait de devenir trop âgé pour pouvoir occuper un emploi et, d'autre part, à celui de devoir faire face à des dépenses supplémentaires pour se soigner ou rester en bonne santé.

■ La **perte d'emploi** suite à un licenciement est également synonyme de perte de revenus et considérée à ce titre comme un risque social dans la plupart des économies développées.

II … qui frappent inégalement les individus

1 Des inégalités d'exposition au risque selon les groupes sociaux

■ Face à la maladie, les populations à risque sont les **personnes âgées** et les personnes **fragilisées** par des modes de vie qui peuvent favoriser l'apparition de problèmes de santé.

■ Les actifs sont inégalement exposés au risque de perte d'emploi : les non qualifiés et les jeunes connaissent les taux de chômage les plus élevés.

■ Les ouvriers de sexe masculin sont particulièrement exposés au risque d'accident du travail : leurs conditions de travail sont dangereuses ou pénibles.

> **MOT CLÉ**
> Selon l'Insee, le **taux de chômage** est le pourcentage des chômeurs dans la population active. Les chômeurs sont des actifs sans emploi à la recherche d'un emploi.

2 | Des attitudes différenciées face au risque

■ La majorité des individus a une aversion au risque : ils sont prêts à payer pour être assurés et se montrent prudents, à l'inverse des individus dits neutres au risque. L'aversion au risque augmente avec l'âge.

■ Face au risque, les hommes et les femmes ont des comportements différents, qui sont le résultat d'une socialisation différenciée → FICHE 24. Les conduites à risque (usage du tabac, excès de vitesse...) sont en effet valorisées chez les hommes car associées de manière stéréotypée à des comportements virils.

■ Malgré le développement de l'État-providence, on assiste paradoxalement à un sentiment d'insécurité croissant. Les individus développent une aversion au risque qui se traduit par une plus grande demande de protection.

zoOm

Les inégalités d'espérance de vie

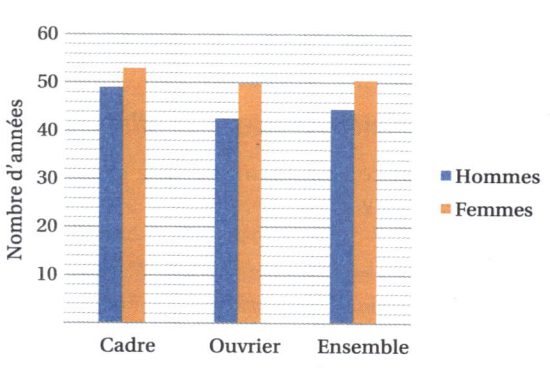

Source : Insee (données pour 2009-2013).

■ Ce document présente les inégalités d'espérance de vie à 35 ans en France métropolitaine selon le sexe et la catégorie sociale.

■ À l'âge de 35 ans, on constate environ 6 ans d'écart entre les hommes et les femmes dans l'ensemble de la population ainsi qu'entre les cadres et les ouvriers de sexe masculin. Ces inégalités résultent d'expositions et d'attitudes différenciées face aux risques sociaux.

43 Effets positifs et négatifs du partage des risques

En bref *Partager les risques peut se justifier économiquement et socialement, tant au niveau individuel qu'au niveau de la société tout entière. Mais la prise en charge des risques n'a pas que des avantages, elle a également des effets pervers en raison de problèmes d'asymétries d'information.*

I Les effets positifs du partage des risques

1 Capital humain et incitation à innover

■ La couverture de risques liés à la maladie ou aux accidents va favoriser un meilleur niveau de santé de la population. Cela va permettre de contribuer au capital humain, c'est-à-dire à l'ensemble des capacités productives d'une économie. De son côté, la couverture du risque chômage en limite la dépréciation : les individus ne sont pas obligés d'accepter un nouvel emploi pour lequel ils seraient trop qualifiés.

> **MOT CLÉ**
> Les **innovations** englobent les nouveaux produits mis sur le marché, la mise en place de nouvelles méthodes de production et de distribution ou encore de nouvelles organisations du travail.

■ La hausse du capital humain crée des externalités positives : même sans en avoir payé directement le prix, les producteurs bénéficient d'une main-d'œuvre plus productive et plus apte à innover. Or, à l'échelle macroéconomique, les **innovations** sont une source importante de croissance économique.

2 Le bien-être et la cohésion sociale : des effets sociaux positifs

■ Les aléas de la vie peuvent constituer un véritable choc. C'est notamment le cas pour les individus les plus vulnérables, qui sont plus exposés aux risques et disposeraient de peu de moyens d'y faire face en l'absence de partage des risques.

■ Se savoir protégé des risques sociaux majeurs →FICHE 42 procure aux individus une certaine sécurité économique, facteur de bien-être. Les individus peuvent faire des projets d'avenir sans crainte d'être confrontés à une baisse brutale de leurs revenus ou sans obligation d'accepter un emploi moins bien rémunéré.

■ Au niveau de la société, le partage des risques favorise la cohésion sociale. Un État-providence produit de la solidarité collective : en France, par exemple, il repose sur des systèmes de protection sociale →FICHE 45 qui rendent les individus interdépendants.

II · Les effets négatifs du partage des risques

1 | L'existence d'asymétries d'information

■ La gestion des risques nécessite de collecter des informations pour les estimer.

■ Mais, à l'instar du marché des assurances, ceux qui protègent contre le risque et ceux qui sont protégés ne disposent pas des mêmes informations. On parle alors d'**asymétries d'information**. Contrairement à un marché de concurrence pure et parfaite (→ FICHE 1), l'absence d'information parfaite peut créer des dysfonctionnements.

> **MOT CLÉ**
> On appelle **asymétries d'information** les situations dans lesquelles, lors d'un échange ou d'un contrat, l'une des parties dispose d'informations que l'autre partie ignore.

2 | La présence d'un effet pervers de gestion des risques : l'aléa moral

■ La couverture des risques peut générer une situation particulière d'asymétrie d'information appelée aléa moral. L'individu peut changer de comportement : il peut adopter une conduite plus risquée que s'il n'était pas couvert, n'ayant pas à supporter les coûts additionnels liés à son manque d'effort ou d'attention.

■ Dans le domaine de la santé, par exemple, un individu assuré peut multiplier les visites chez le médecin. Cela génère une surconsommation de soins contribuant à une perte de bien-être et entraînant une hausse des dépenses à la charge de la collectivité.

■ Les pouvoirs publics sont conduits à prendre des mesures incitatives en parallèle de la gestion des risques. Par exemple, l'instauration d'un délai de carence avant de percevoir des indemnités en cas de maladie, la dégressivité des indemnités chômage ou le remboursement partiel des médicaments.

---

zoOm

Couverture du risque et aléa moral

■ Cette affiche met en évidence les bienfaits de la prise en charge du risque maladie avec le slogan « La Sécu, c'est bien ».

■ Mais l'affirmation « en abuser, ça craint » met en lumière un effet pervers : l'aléa moral. Se sachant remboursés, les patients peuvent « surconsommer » des médicaments et demander aux médecins d'augmenter la quantité de médicaments prescrits.

Affiche de la Sécurité sociale (années 1980).

La gestion des risques : assurance et protection sociale

44 Principes et institutions permettant la gestion des risques

En bref *La reconnaissance de risques sociaux nécessite une gestion collective : de la prévention à leur prise en charge, plusieurs institutions vont jouer un rôle complémentaire. Parmi elles, les pouvoirs publics ont une place privilégiée dans les économies développées.*

I Les principes d'une gestion collective

1 La prévention des risques

■ La prévention consiste à prendre des mesures pour éviter la survenue du risque et à en réduire la gravité s'il survient. Cela nécessite en amont d'évaluer les risques en s'appuyant sur l'expérience de dommages déjà réalisés.

■ Des politiques de santé publique sont ainsi mises en œuvre : actions d'information et d'éducation pour la santé, réglementations visant à changer les comportements (ex. : interdiction de fumer dans les lieux publics), campagnes de dépistage de maladies ou de vaccination, etc.

> **MOT CLÉ**
> La **formation initiale** désigne la formation des enfants et des étudiants. La **formation continue** est destinée aux salariés actifs.

■ Pour prévenir le risque de chômage, des dispositifs cherchent à augmenter l'employabilité et la productivité des actifs, en favorisant par exemple l'accès à la **formation initiale et continue**.

2 La mutualisation et la diversification des risques

■ Mutualiser les risques consiste à transférer un risque individuel à un groupe d'agents d'économiques potentiellement exposés au même risque. Par exemple, quand une population d'individus souscrit une couverture maladie, la somme de leurs contributions est globalisée pour financer la prise en charge éventuelle des individus de cette population.

■ Diversifier les risques correspond à l'adage populaire « ne pas mettre ses œufs dans le même panier ». Face au risque de chômage, un couple peut choisir deux emplois inégalement exposés, par exemple entrepreneur et fonctionnaire. Les sociétés d'assurance couvrent des risques indépendants afin de mieux les gérer.

II La variété des institutions impliquées

1 La famille

■ Traditionnellement, la famille est perçue comme un lieu de solidarités, par exemple en termes d'assistance entre générations. Les transformations familiales et la précarité croissante tendent cependant à fragiliser cette fonction.

■ L'épargne, dite de précaution, peut permettre à une famille de se constituer une réserve pour faire face ultérieurement à un risque. Cette épargne a un coût d'opportunité : elle conduit à renoncer à une consommation actuelle.

2 | Les pouvoirs publics

■ Les pouvoirs publics proposent une couverture collective de base et obligatoire. En France, la Sécurité sociale, encadrée par l'État mais gérée par des **partenaires sociaux**, joue ce rôle.

> **MOT CLÉ**
> Les **partenaires sociaux** regroupent les représentants des syndicats de salariés et des organisations patronales.

■ Enfin, dans une logique d'assistance (→ FICHE 45), des collectivités locales et l'État peuvent directement intervenir lorsque le système de base ne suffit pas.

3 | Les sociétés et mutuelles d'assurance

■ Une mutuelle est un organisme de droit privé à but non lucratif qui gère les risques auxquels sont soumis ses adhérents : chacun paie une cotisation indépendamment du risque pour se constituer un filet de sécurité complémentaire.

■ Les sociétés d'assurance, à but lucratif, sélectionnent les risques à assurer, contrairement aux mutuelles. Elles offrent des protections à tout client ayant payé sa prime d'assurance, calculée en fonction de la couverture souhaitée et de la probabilité du risque.

zoOm

L'accident : un risque majeur mutualisé

■ L'accident de la route, pendant les trajets domicile-travail ou lors d'une mission, est la première cause de décès par accident au travail. Plusieurs actions de prévention ont pour objectif de réduire ce risque (ex. : campagnes de sensibilisation).

■ En France, les accidents du travail ont été les premiers risques sociaux mutualisés. La Sécurité sociale, en obligeant tous les employeurs à cotiser, organise le partage des risques à grande échelle.

45 La protection sociale en France : des logiques d'assurance et d'assistance

En bref *La plupart des économies développées ont instauré un système de couverture des risques sociaux qui crée de la solidarité collective. Si, historiquement, elles ont des systèmes de protection sociale différents, elles s'appuient sur deux logiques principales : l'assurance ou l'assistance.*

I Les systèmes de protection sociale

1 La protection sociale : un système de couverture collective…

■ La protection sociale désigne l'ensemble des dispositifs mis en place par les pouvoirs publics pour permettre aux ménages de faire face aux conséquences financières des risques sociaux (maladie, chômage, vieillesse…).

■ En France, les pouvoirs publics, par le biais de différentes institutions →FICHE 44, versent des **prestations sociales** aux ménages, soit en espèces (pension de retraite ou indemnités chômage par exemple), soit en nature (remboursement de médicaments).

> **MOT CLÉ**
> Les **prestations sociales** sont les revenus de transfert versés aux ménages afin de réduire la charge financière que représente la protection contre les risques sociaux.

2 … qui est le produit d'une histoire

■ Au XIXe siècle, quelques grandes entreprises animées d'un esprit « paternaliste » protègent leurs ouvriers tandis qu'apparaissent les sociétés de secours mutuel, ancêtres des mutuelles →FICHE 44. Mais seule une minorité de la population est protégée. Les accidents du travail, à partir de 1898, sont les premiers risques sociaux reconnus.

■ En Allemagne, à la même époque, le chancelier Bismarck instaure un système d'assurance obligatoire pour les travailleurs, pour « acheter » la paix sociale. En 1942, le britannique Beveridge expose un autre système, élargi à l'ensemble des citoyens. En France, il faut attendre la naissance de la Sécurité sociale en 1945 pour véritablement parler d'État-providence →FICHE 42.

■ Tout au long du XXe siècle, les pays développés vont élargir leur système de couverture des risques sociaux, s'inspirant de Bismarck et/ou de Beveridge. La volonté de créer une forme de solidarité collective va progressivement s'affirmer.

II Des mécanismes de solidarité collective

1 La logique de l'assurance

■ Elle repose sur un principe assurantiel obligatoire : seuls sont couverts ceux qui ont contribué à son financement, c'est-à-dire les actifs.

- Les pensions de retraite, le remboursement des soins médicaux et les indemnités chômage obéissent à cette logique : ces prestations sont financées grâce aux **cotisations sociales** prélevées sur les revenus des salariés et des employeurs.

- Mécaniquement, la mutualisation du risque instaure une solidarité entre ceux qui cotisent et ceux qui sont confrontés au risque (ex. : les actifs financent les retraites). On parle de redistribution horizontale.

2 | La logique de l'assistance

- Le principe d'assistance n'est pas contributif : les individus confrontés à des risques sociaux vont recevoir une protection sans contrepartie, grâce à un financement par l'**impôt**. Les bénéficiaires ne doivent pas dépasser un plafond de ressources : on parle de prestations attribuées sous conditions de revenu.

> **MOT CLÉ**
> Il existe deux formes de prélèvements obligatoires : les **impôts**, prélevés par l'État et les collectivités locales, et les **cotisations sociales**, prélevées par les administrations de Sécurité sociale.

- Il s'agit de protéger les individus en leur procurant des prestations uniformes, dès qu'ils en ont besoin (ex. : minimum vieillesse, RSA).

- Le versement de prestations sociales aux personnes les plus vulnérables, d'un côté, et leur financement par les impôts, de l'autre, instaure de fait de la solidarité entre des individus au niveau de revenu très différents. Il s'agit d'une forme de redistribution dite verticale.

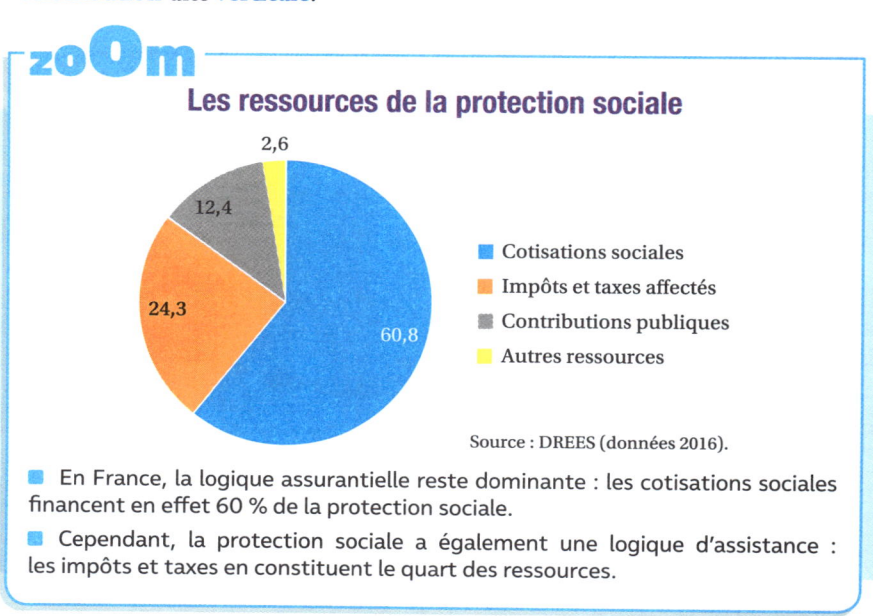

zoOm

Les ressources de la protection sociale

- 60,8 Cotisations sociales
- 24,3 Impôts et taxes affectés
- 12,4 Contributions publiques
- 2,6 Autres ressources

Source : DREES (données 2016).

- En France, la logique assurantielle reste dominante : les cotisations sociales financent en effet 60 % de la protection sociale.
- Cependant, la protection sociale a également une logique d'assistance : les impôts et taxes en constituent le quart des ressources.

MÉMO VISUEL

Des risques divers

Les risques sociaux…
- Maladie
- Accident
- Perte d'emploi
- Vieillesse

… et leurs conséquences…
- Dépenses importantes
- Perte de revenu
- Insécurité économique

… qui frappent diversement les individus
- Inégalités d'exposition au risque selon le revenu, le mode de vie, la qualification, etc.
- Attitudes différenciées face au risque : conduites à risque, aversion au risque, neutralité au risque, etc.

LA GESTION

Une couverture partagée

Effets positifs
- Capital humain et innovation
- Bien-être
- Cohésion sociale et solidarité

Effets négatifs
- Asymétrie d'information
- Aléa moral

Des principes et des institutions

Les principes de la gestion des risques
- Prévention
- Mutualisation
- Diversification

Les institutions
- La famille
- Les pouvoirs publics
- Les mutuelles et les sociétés d'assurance

DES RISQUES

Une solidarité collective : la protection sociale en France

Logique d'assurance
- Cotisations sociales
- Prestations sociales

Logique d'assistance
- Impôts
- Prestations sociales

La ressources de la protection sociale

- Cotisations sociales : 60,8
- Impôts et taxes affectés : 24,3
- Contributions publiques : 12,4
- Autres ressources : 2,6

Source : DREES (données 2016).

La gestion des risques : assurance et protection sociale

▶ SE TESTER QUIZ

Vérifiez que vous avez bien compris les points clés des **fiches 42 à 45**.

1 Les individus confrontés à des risques → FICHE 42

1. Pourquoi la perte d'emploi est-elle considérée comme un risque social ?
- ☐ **a.** Parce que le chômage est pris en charge par la société.
- ☐ **b.** Parce qu'il frappe une part croissante de la population.
- ☐ **c.** Parce qu'il se traduit par une baisse de revenus.

2. Parmi les affirmations suivantes, laquelle est vraie ?
- ☐ **a.** Les risques sociaux sont les mêmes depuis 1945.
- ☐ **b.** Les risques sociaux frappent inégalement les individus.
- ☐ **c.** Les risques sociaux sont pris en charge dans tous les pays.

2 Effets positifs et négatifs du partage des risques → FICHE 43

1. Le partage des risques a des effets économiques…
- ☐ **a.** uniquement négatifs.
- ☐ **b.** positifs et négatifs.

2. Qu'est-ce que l'aléa moral dans un système d'assurance maladie ?
- ☐ **a.** Un comportement des assurés.
- ☐ **b.** Un moyen pour les assurés de ne plus tomber malade.
- ☐ **c.** Un comportement aux conséquences financières lourdes.

3 Principes et institutions → FICHE 44

1. Que peut-on dire à propos de la mutualisation des risques ?
- ☐ **a.** Elle ne peut être pratiquée que par les mutuelles.
- ☐ **b.** Elle correspond au principe de l'assurance.
- ☐ **c.** Elle coûte cher.

2. Qui gère la Sécurité sociale en France ?
- ☐ **a.** L'État
- ☐ **b.** Les partenaires sociaux
- ☐ **c.** L'État et les partenaires sociaux

4 La protection sociale en France → FICHE 45

1. Le système français de protection sociale s'inspire surtout…
- ☐ **a.** du système allemand créé par Bismarck.
- ☐ **b.** du système anglais créé par Beveridge.

2. Dans une logique d'assistance, on peut recevoir des prestations…
- ☐ **a.** sous condition de revenus.
- ☐ **b.** si on a cotisé au préalable.
- ☐ **c.** sans conditions.

S'ENTRAÎNER

5 Comprendre le vocabulaire du cours
→ FICHES 42 à 45

Reliez chaque exemple de prestations sociales à la logique de protection sociale qui lui correspond.

- Des indemnités chômage
- Une bourse d'études
- La couverture maladie universelle (CMU)
- Le minimum vieillesse
- Une pension de retraite

- Logique d'assurance
- Logique d'assistance

6 Se repérer sur un graphique
→ FICHES 42 à 45

Document — Taux de chômage en France par catégorie socioprofessionnelle et par diplôme

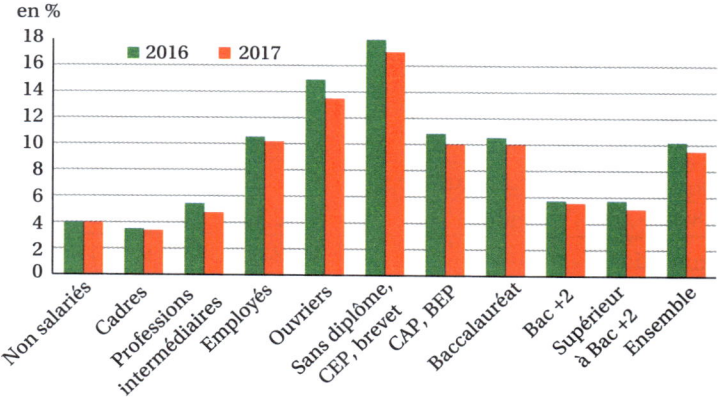

(Graphique en % – années 2016 et 2017 – catégories : Non salariés, Cadres, Professions intermédiaires, Employés, Ouvriers, Sans diplôme, CEP, brevet, CAP, BEP, Baccalauréat, Bac +2, Supérieur à Bac +2, Ensemble)

1. À quoi correspondent les données « Ensemble » ?

2. Si on s'intéresse à la baisse du taux de chômage, quelles données faut-il exploiter ?

3. Quel type de données peut-on sélectionner pour montrer que le risque d'être au chômage frappe inégalement les actifs ?

7 Réviser le cours en 8 questions flash
→ FICHES 42 à 45

1. Pourquoi les pouvoirs publics prennent-ils en charge certains risques rencontrés par la population ?

2. Citez deux attitudes possibles face au risque.

3. Quel lien peut-on faire entre partage des risques et croissance économique ?

4. En France, à chaque consultation médicale, une somme de 1 € est laissée à la charge de l'assuré. Pour quelle raison cette mesure a-t-elle été instaurée ?

5. Pourquoi les familles ne sont-elles pas à égalité face aux risques sociaux ?

6. Qu'est-ce qui distingue les sociétés d'assurance et les mutuelles d'assurance ?

7. En quoi la protection sociale est-elle source de solidarités ? Répondez en donnant un exemple.

8. Quelle est la logique de protection sociale de la Sécurité sociale ?

8 Calculer un indice simple → FICHE 43

Document — **Évolution de la consommation de soins et biens médicaux**

		2001	2009	2015	2017
Soins hospitaliers	en milliards d'euros	55,8	78,4	90,4	92,8
	en indice	100,0	140,4	162,1	166,4
Soins de ville	en milliards d'euros	30,6	43,4	50,5	53,4
	en indice	100,0	141,8	165,1	174,6
Médicaments	en milliards d'euros	26,2	33,3	32,7	32,6
	en indice	100,0	127,3	125,0	**124,4**
Autres biens médicaux	en milliards d'euros	6,5	11,2	14,6	15,5
	en indice	100,0	172,2	225,1	238,5
Transports de malades	en milliards d'euros	2,1	3,6	4,6	5,0
	en indice	100,0	170,1	219,2	**236,8**
Consommation totale	en milliards d'euros	121,2	169,9	192,9	199,3
	en indice	100,0	140,2	159,2	**164,5**

Champ : France. En milliards d'euros courants et en indice base 100 en 2001.

Source : DREES, 2018.

Savoir-faire

Calculer un indice simple

■ On choisit une donnée, appelée base, à laquelle on attribue la valeur 100. Puis, on calcule toutes les autres données par rapport à cette base.

■ On procède comme suit afin d'obtenir un indice simple :

$$\frac{\text{donnée à transformer en indice}}{\text{donnée de base}} \times 100$$

1. Comment la donnée en rouge a-t-elle été obtenue ?

2. Quelle(s) lecture(s) explicite(s) (c'est-à-dire sans employer le terme « indice ») pouvez-vous faire des données indiquées en gras ?

3. Quels sont les types de consommation qui ont le plus progressé depuis 2001 ? Appuyez-vous sur quelques données.

4. En mobilisant vos connaissances, comment pouvez-vous expliquer cette évolution de la consommation de santé ?

▶ OBJECTIF BAC

9 Les pouvoirs publics et la gestion des risques • Dissertation
2 h

Cet exercice vous donne l'occasion de construire un plan détaillé puis de rédiger une sous-partie en mobilisant les connaissances acquises dans ce chapitre.

LE SUJET

Comment les pouvoirs publics peuvent-ils contribuer à la gestion des risques dans les sociétés développées ? Vous élaborerez un plan (parties et sous-parties) puis rédigerez entièrement une sous-partie.

Document 1 Répartition des prestations sociales et part dans la richesse nationale en 2014 (en %)

	Maladie, soins de santé	Invalidité	Vieillesse	Survie	Famille, enfants	Chômage	Logement, exclusion sociale	Dépenses de protection sociale (en % du PIB)
Allemagne	34,8	8,1	32,4	6,8	11,3	3,9	2,8	27,8
Danemark	20,0	12,9	37,3	7,0	11,2	5,2	6,5	32,2
Finlande	24,0	10,9	38,9	2,8	10,4	8,2	4,8	31,1
France	28,4	6,6	39,9	5,5	7,8	6,2	5,5	32,2
Grèce	19,6	6,5	55,0	10,0	4,4	4,3	0,2	25,5
Irlande	34,6	6,0	27,6	2,2	13,1	13,8	2,7	19,3
Italie	23,5	5,9	49,3	9,3	5,4	5,8	0,8	28,8
Lituanie	29,4	9,7	44,6	3,1	7,8	2,4	3,1	14,0
UE à 28	29,2	7,3	40,2	5,7	8,5	5,1	4,0	27,6

Source : d'après Eurostat, 2017.

Document 2

1. Toute personne a droit à un niveau de vie suffisant pour assurer sa santé, son bien-être et ceux de sa famille, notamment pour l'alimentation, l'habillement, le logement, les soins médicaux ainsi que pour les services sociaux nécessaires ; elle a droit à la sécurité en cas de chômage, de maladie, d'invalidité, de veuvage, de vieillesse ou dans les autres cas de perte de ses moyens de subsistance par suite de circonstances indépendantes de sa volonté.

2. La maternité et l'enfance ont droit à une aide et à une assistance spéciales. Tous les enfants, qu'ils soient nés dans le mariage ou hors mariage, jouissent de la même protection sociale.

Source : Article 25, Déclaration universelle des droits de l'homme (1948), ONU.

Document 3 **Financement des dépenses de prévention dans le domaine de la santé en France (en %)**

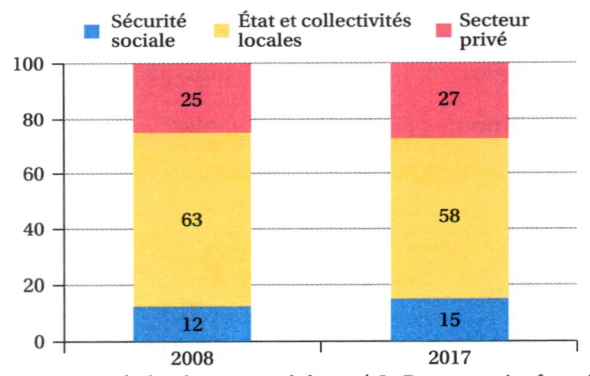

	2008	2017
Sécurité sociale	12	15
État et collectivités locales	63	58
Secteur privé	25	27

Source : Résultat des comptes de la santé, La Documentation française, 2018.

Méthode

Construire un plan de dissertation

Étape 1 Analyser les termes du sujet → MÉTHODE p. 44

Étape 2 Rassembler ses connaissances et exploiter les documents
- Notez au brouillon toutes les connaissances à mobiliser.
- Le dossier documentaire ne contenant que des éléments factuels, ce sont vos connaissances qui vont vous permettre de faire le lien entre le sujet et les informations. Les informations contenues dans les documents ne doivent cependant pas borner la réflexion.

Étape 3 Dégager deux ou trois axes constituant les parties du plan
- Une dissertation est composée d'un développement composé de deux ou trois parties équilibrées constituant des axes de réflexion.
- Au brouillon, rédigez une « phrase-titre » pour chaque axe : vous pourrez vous en servir plus tard pour rédiger les introductions partielles.

Étape 4 Découper chaque partie en deux ou trois sous-parties
- Définissez l'organisation interne de chaque partie en deux ou trois sous-parties. Chacune reprendra un argument permettant d'expliciter et de développer l'axe de réflexion de chaque partie.

▶▶▶ LA FEUILLE DE ROUTE

Étape 1 Analyser les termes du sujet
■ Le sujet comprend plusieurs notions importantes : « pouvoirs publics » et « gestion des risques ». Quelle est leur signification ?
■ La consigne « comment… » indique qu'il s'agit d'un sujet de type analytique. Vous devez donc montrer que les pouvoirs publics disposent de moyens pour gérer les risques.

Étape 2 Rassembler ses connaissances et exploiter les documents
■ Le document 1 permet de mettre en évidence l'inégale couverture des risques sociaux selon les pays, des moins protecteurs (Lituanie et Irlande) aux plus protecteurs (pays du Nord de l'Europe).
■ Le document 2 présente les risques sociaux considérés comme prioritaires dans les sociétés développées (perte d'emploi, maladie, vieillesse…).
■ Dans le document 3, on constate que, si la contribution des institutions privées a augmenté par rapport à 2008, ce sont en France les pouvoirs publics (l'État, les collectivités locales et la Sécurité sociale) qui assurent les trois quarts du financement global des actions de prévention de santé.

Étape 3 Dégager deux ou trois axes constituant les parties du plan
Le sujet n'implique pas de plan type. Chaque axe doit cependant mettre en évidence des moyens à la disposition des pouvoirs publics pour gérer collectivement les risques sociaux. On peut donc faire un plan en deux parties :
■ **1re partie.** Les pouvoirs publics organisent la prévention et la mutualisation de risques sociaux.
■ **2e partie.** Les systèmes de protection sociale mis en place par les pouvoirs publics permettent de couvrir les risques sociaux en créant de la solidarité collective.

Étape 4 Découper chaque partie en deux ou trois sous-parties
→ CORRIGÉS p. 228

CORRIGÉS

▶ SE TESTER QUIZ

1. Les individus confrontés à des risques

1. Réponses a et c. Les actifs au chômage qui ont déjà travaillé perçoivent des indemnités afin de compenser la baisse de revenus.

2. Réponse b. Les individus ne sont pas égaux face au risque. Par exemple, certaines catégories socioprofessionnelles sont plus exposées aux accidents du travail.

2. Effets positifs et négatifs du partage des risques

1. Réponse b. Le partage des risques a des effets économiques positifs sur le capital humain et la croissance, mais aussi des effets négatifs (aléa moral).

2. Réponses a et c. Dans un système d'assurance maladie, un aléa moral change le comportement des assurés : se sachant protégés, ils peuvent devenir moins attentifs au risque, ce qui peut avoir de lourdes conséquences financières.

3. Principes et institutions

1. Réponse b. La mutualisation des risques renvoie à l'assurance : chaque assuré verse une prime et les montants collectés sont mis en commun.

2. Réponse c. La Sécurité sociale est gérée par les syndicats de salariés et d'employeurs (partenaires sociaux) et encadrée par l'État.

4. La protection sociale en France

1. Réponse a. Le système français de protection sociale, financé principalement par des cotisations sociales, s'inspire surtout du système créé par Bismarck.

2. Réponse a. La logique d'assistance de la protection sociale permet de recevoir des prestations, sous condition de revenus, mais sans avoir cotisé au préalable.

▶ S'ENTRAÎNER

5. Comprendre le vocabulaire du cours

- **Logique d'assurance** : indemnités chômage, pension de retraite
- **Logique d'assistance** : bourse d'études, CMU, minimum vieillesse

6. Se repérer sur un graphique

1. Les données « Ensemble » correspondent à des taux de chômage moyen, c'est-à-dire tous niveaux de diplômes et catégories sociales confondus.

2. Il faut d'abord comparer les données « Ensemble » : le taux de chômage a diminué de près d'un point entre 2016 et 2017. Ensuite, on peut faire ressortir des baisses plus fortes pour des catégories d'actifs : les ouvriers et les sans-diplôme.

3. On peut sélectionner les **données extrêmes** de 2017 : soit les taux de chômage des non-salariés et ouvriers d'une part, soit ceux des sans-diplôme et diplômés du supérieur d'autre part. On peut également comparer les données au taux de chômage **moyen** en 2017 pour mettre en évidence les catégories d'actifs qui ont plus de risque de perdre leur emploi que la moyenne des actifs.

7 Réviser le cours en 8 questions flash

1. Les pouvoirs publics prennent en charge certains risques pour des **raisons sociales et économiques** : ils peuvent menacer la cohésion sociale et priver un pays de ressources productives.

2. Les individus, selon leurs caractéristiques sociologiques (âge, genre, milieu social), peuvent éprouver une **aversion** au risque ou au contraire adopter des **conduites à risque**.

3. Le partage des risques permet d'augmenter le capital humain et l'innovation. Il s'agit d'une **source essentielle de croissance** économique.

4. La somme de 1 € laissée à la charge de l'assuré social est une mesure incitative pour le responsabiliser en cas d'**aléa moral** : il s'agit d'éviter la multiplication de visites chez le médecin.

5. Les familles les plus **pauvres** consomment la majeure partie de leur revenu et peuvent difficilement épargner pour se prémunir contre des risques, à la différence des familles plus aisées.

6. Les sociétés d'assurance peuvent **faire du profit** et sélectionner les risques qu'elles couvrent, contrairement aux mutuelles qui ne peuvent refuser une assurance complémentaire (par ex. à un individu en mauvaise santé).

7. Dans une logique d'assurance, **le système de retraite** mis en place instaure de la solidarité entre les générations : les actifs occupant un emploi financent la retraite des anciens actifs.

8. La Sécurité sociale obéit à une **logique d'assurance** : ceux qui ont cotisé seront couverts par des prestations sociales en cas de chômage, de vieillesse ou de maladie.

8 Calculer un indice simple

1. La donnée en rouge a été obtenue par ce calcul : (199,3/121,2) × 100.

> **CONSEIL**
> Les indices permettent de comparer facilement des données mais, pour les exploiter, il est conseillé d'en faire une lecture explicite en transformant l'indice en **taux de variation** → p. 61 ou en **coefficient multiplicateur** → p. 166. L'indice est égal au produit du coefficient multiplicateur par 100.

2. 124,4 : entre 2001 et 2017, la consommation de médicaments a augmenté de 24,4 % (transformation en **taux de variation** d'un indice inférieur à 200).

236,8 : entre 2001 et 2017, les dépenses en transport de malades ont été multipliées par 2,37 (transformation en **coefficient multiplicateur** d'un indice supérieur à 200).

3. Ce sont les dépenses en transports de malades et autres biens médicaux qui ont le plus augmenté : elles ont plus que doublé.

> **INFO**
> Il faut être prudent sur l'interprétation de ces données, qui sont exprimées en euros courants : les augmentations sont majorées puisque les données n'ont pas été déflatées.

4. La hausse de la consommation de santé peut s'expliquer par un **aléa moral**, effet pervers de la gestion collective de ce risque. Mais la hausse des dépenses s'explique surtout par le **vieillissement de la population**, qui entraîne plus de transports médicalisés, de soins d'optique, etc., mais aussi par les **progrès de la médecine** et la prise en charge de traitements lourds.

▶ OBJECTIF BAC

9 Dissertation

Voici le plan détaillé que nous vous proposons.

I Les pouvoirs publics organisent la prévention et la mutualisation de risques sociaux
1. Les actions de prévention des risques sociaux par les pouvoirs publics
2. Les dispositifs de mutualisation des risques initiés par les pouvoirs publics

II Les systèmes de protection sociale permettent de couvrir les risques sociaux en créant de la solidarité collective
1. La logique d'assurance de la protection sociale
2. La logique d'assistance de la protection sociale

Voici la rédaction que nous vous proposons pour la première sous-partie.

■ Les pouvoirs publics cherchent à **limiter la survenue des risques sociaux** ayant des coûts économiques et sociaux importants, comme la perte d'emploi, la maladie ou encore les accidents du travail.

■ Face au chômage, les pouvoirs publics peuvent développer la **formation initiale** et encourager la **formation continue**, tant pour les salariés que pour les demandeurs d'emploi. Il s'agit de favoriser leur employabilité.

■ Dans le domaine de la santé, les pouvoirs publics financent les trois quarts des **dépenses de prévention** (document 3). Il s'agit par exemple de campagnes d'information, de vaccination et de dépistage de maladies présentant des risques majeurs. Des réglementations, comme l'interdiction du tabac dans les lieux publics ou l'obligation de réunir un CHSCT (Comité d'hygiène, de sécurité et des conditions de travail) dans les établissements de plus de 50 salariés, sont d'autres formes de prévention des risques.

REGARDS CROISÉS

L'organisation et la gouvernance des entreprises

Le fonctionnement d'une entreprise repose sur une coalition d'acteurs aux objectifs différents voire contradictoires. La science économique et la sociologie des organisations permettent d'éclairer la prise de décision comme le résultat de négociations et de compromis.

FICHES DE COURS	**46** La vie d'une entreprise et les étapes de son développement	230
	47 La diversité des figures de l'entrepreneur	232
	48 La prise de décision au sein de l'entreprise	234
	49 Les relations sociales au sein de l'entreprise	236
	MÉMO VISUEL	238
EXERCICES & SUJETS	SE TESTER Exercices 1 à 4	240
	S'ENTRAÎNER Exercices 5 à 8	241
	OBJECTIF BAC Exercice 9 • Rédiger l'introduction et la conclusion d'une dissertation	243
CORRIGÉS	Exercices 1 à 9	246

229

46 La vie d'une entreprise et les étapes de son développement

En bref *Les entreprises connaissent au cours de leur existence de nombreuses évolutions que l'on peut schématiser par un cycle de vie et qui s'expliquent notamment par des décisions stratégiques dès la création de l'entreprise.*

I Le cycle de vie de l'entreprise

1 De la création à la maturité

■ Dans la phase de **création**, l'entreprise rassemble les différentes ressources financières et humaines dont elle a besoin. Durant cette phase, les entrepreneurs se consacrent principalement au développement des produits et/ou services. Il est obligatoire de doter l'entreprise d'un **statut juridique** lors de sa création.

■ L'étape suivante est une phase de développement de l'entreprise avec une **croissance** des ventes et des effectifs.

■ La phase de **maturité** correspond à une période d'optimisation de l'entreprise. Les produits et/ou services que l'entreprise propose ont atteint leur seuil de maturité. L'entreprise est rentable mais a besoin de s'adapter aux nouvelles tendances du marché.

> **MOT CLÉ**
> Le **statut juridique** détermine les règles de droit qui encadrent la création de l'entreprise, la fiscalité, les formalités comptables et administratives mais aussi les prises de décision au sein de l'entreprise.

2 Poursuite du développement ou déclin

■ Pour éviter un déclin (dû à des erreurs stratégiques ou à une forte concurrence par exemple), l'entreprise doit engager une **nouvelle dynamique** en s'appuyant sur le développement de nouveaux produits ou par l'entrée sur de nouveaux marchés.

■ L'entreprise, en cas d'**échec**, peut connaître des pertes financières, faire faillite ou être rachetée par une autre entreprise.

INFO + Le cycle de vie de l'entreprise

- 600 000 créations d'entreprises par an
- 60 000 défaillances d'entreprises par an
- Âge moyen des créateurs d'entreprises individuelles : 36 ans
- 4 entreprises individuelles sur 10 sont créées par des femmes

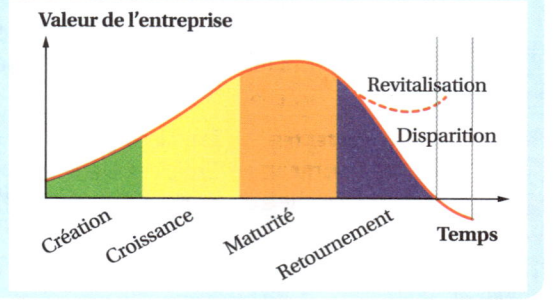

Valeur de l'entreprise

Création – Croissance – Maturité – Retournement – Temps

Revitalisation
Disparition

230

II Les facteurs de développement d'une entreprise

1 L'importance du business plan et de la définition de la stratégie

■ En amont de la création, il est nécessaire de réaliser un **business plan** qui présente la stratégie de développement de l'entreprise.

■ En effet, la croissance de l'entreprise peut nécessiter de changer d'organisation interne ou de forme juridique (besoin de nouveaux associés). Elle peut faire face à une pression concurrentielle ou à des évolutions technologiques ou réglementaires, qui nécessitent de rechercher des capitaux pour investir, recruter, lancer de nouveaux produits, racheter des concurrents, etc.

> **MOT CLÉ**
> Un **business plan** est un document présentant les objectifs et l'organisation de l'entreprise ainsi que l'analyse du marché faite par le créateur de l'entreprise.

2 D'autres facteurs prépondérants

■ Si le statut juridique est prépondérant pour la pérennité des entreprises, l'importance du secteur d'activité reste notable. Dans le secteur de l'enseignement, de la santé ou de la finance, près des trois quarts des projets lancés en 2010 sont encore actifs cinq ans plus tard.

■ La survie de l'entreprise est d'autant plus élevée que le montant investi à la création est important. Elle dépend également beaucoup de l'expérience professionnelle du créateur d'entreprise.

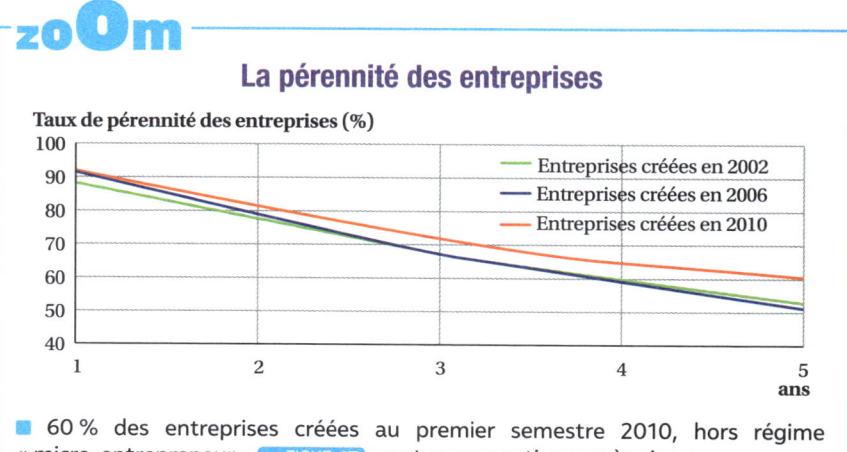

zoOm

La pérennité des entreprises

Taux de pérennité des entreprises (%)

— Entreprises créées en 2002
— Entreprises créées en 2006
— Entreprises créées en 2010

■ 60 % des entreprises créées au premier semestre 2010, hors régime « micro-entrepreneur » →FICHE 47, sont encore actives après cinq ans.

■ L'écart par rapport à la cohorte des entreprises créées en 2002 s'explique en partie par une proportion plus importante de créations de sociétés en 2010, plus durables que le statut d'entreprises individuelles, et par une conjoncture plus favorable que pour la génération 2006.

47 La diversité des figures de l'entrepreneur

En bref *D'abord forgée autour de la notion de risque et d'innovation, la figure de l'entrepreneur a évolué avec les mutations des économies capitalistes : elle intègre désormais des dimensions managériales, financières et juridiques.*

I Un créateur d'entreprise qui engage sa responsabilité

D'un point de vue juridique, lorsqu'il crée une entreprise, l'entrepreneur peut la créer comme **entreprise individuelle** (propriété du seul entrepreneur) ou sous la forme d'une **société** (comprenant éventuellement des associés au capital).

1 Une responsabilité juridique et financière

■ L'entrepreneur, s'il est chef d'entreprise, possède le **pouvoir d'agir** au nom et pour le compte de l'entreprise. Sa responsabilité civile ou pénale peut ainsi être engagée en cas de préjudice ou d'infraction.

■ La responsabilité financière de l'entrepreneur s'applique lorsque l'entreprise est incapable de faire face à ses **créances**. Ainsi, dans le cas d'une entreprise individuelle, l'entrepreneur est lui-même responsable des dettes de façon illimitée (le patrimoine personnel peut être saisi). Dans les autres cas, la responsabilité est limitée à ce que l'entrepreneur a apporté au sein de la société.

2 Une responsabilité fiscale et sociale

■ Lorsqu'il crée son activité, l'entrepreneur choisit également un **régime fiscal et social** (ex. : régime micro-entrepreneur, pour les entreprises individuelles).

■ L'entrepreneur, en tant que chef d'entreprise, a des responsabilités envers ses salariés (respect du droit du travail), ses partenaires (respect des contrats) et plus largement la société (éthique et respect de l'environnement par exemple).

> **MOT CLÉ**
> Un **régime fiscal et/ou social** est le système de fiscalité et de protection sociale auquel est soumis un travailleur (paiement des cotisations et des impôts, remboursement des prestations sociales).

II Les rôles de l'entrepreneur dans l'économie

1 L'innovateur (XIXe s.)

■ Selon l'économiste Joseph Schumpeter, l'entrepreneur est l'agent économique qui **introduit le changement technique et industriel** dans l'économie, grâce à la mise en œuvre de nouvelles combinaisons productives. En cela, il incarne le capitalisme industriel du XIXe siècle.

■ L'**innovation**, certes rémunérée par le profit, récompense surtout l'esprit d'aventure et le dynamisme de l'entrepreneur.

> **MOT CLÉ**
> Une **innovation** désigne l'application réussie d'une invention dans le domaine économique et commercial (nouveaux procédés techniques, nouveaux produits, nouvelles formes d'organisation).

2 | Entrepreneurs vs managers (XXᵉ s.)

■ Selon d'autres conceptions, l'entrepreneur est également un organisateur coordonnant et optimisant les moyens de production. Schumpeter avait d'ailleurs prédit l'avènement de grandes entreprises marquées par la dissociation entre la propriété (actionnaires) et la gestion de l'entreprise (managers).

■ Au XXᵉ siècle, le pouvoir économique est transféré au manager, considéré comme plus apte que l'entrepreneur à générer de l'innovation et du profit.

3 | Un renouveau à la fin du XXᵉ siècle

■ Depuis la fin du XXᵉ siècle, l'entrepreneur retrouve sa place dans le capitalisme actionnarial. C'est le cas notamment avec le développement des technologies de l'information et de la communication et l'intervention d'investisseurs financiers dans des entreprises naissantes à fort potentiel de croissance (« start-up »).

■ Ces différentes figures de l'entrepreneur se mêlent : si l'entrepreneur peut être manager et actionnaire, la réciproque n'est pas forcément vraie.

zoOm

Xavier Niel : un entrepreneur emblématique

■ Xavier Niel est un entrepreneur touche-à-tout, ayant très tôt exploité le potentiel du minitel en France avant de fonder l'opérateur télécom Free et d'inventer un équipement novateur : la Freebox.

■ Il a ensuite créé un fonds d'investissement et un campus, tous deux spécialisés dans le financement et le développement de start-ups. Il a aussi ouvert une école de programmation en informatique gratuite et accessible à tous.

L'organisation et la gouvernance des entreprises

48 La prise de décision au sein de l'entreprise

En bref *L'existence et le développement de l'entreprise représentent des enjeux différents pour un ensemble hétérogène d'acteurs. En interne, la prise de décision obéit à des règles de gouvernance et dépend des relations de pouvoir et d'autorité entre les acteurs au sein de l'entreprise.*

I Des acteurs aux intérêts différents

Le fonctionnement et la performance de l'entreprise représentent des enjeux différents pour ses « **parties prenantes** ».

> **MOT CLÉ**
> Les **parties prenantes** désignent les acteurs concernés par le fonctionnement de l'entreprise et pouvant influencer ou être affectés directement ou indirectement par les stratégies de celle-ci.

1 Des acteurs internes à l'entreprise

■ Les propriétaires de l'entreprise, en tant que détenteurs du capital, sont intéressés aux résultats et exercent un droit de regard sur les prises de décision.

■ Les salariés assurent la production au sein de l'entreprise et, par l'intermédiaire de leurs représentants et des syndicats, veillent au bon respect de leurs droits (emploi, salaire, conditions de travail).

■ Les managers sont des salariés responsables de la gestion de l'entreprise. Les dirigeants peuvent avoir le statut de salariés ou de propriétaires.

2 Des acteurs externes à l'entreprise

■ Les partenaires de l'organisation (fournisseurs, banques) et les clients expriment des exigences ou des contraintes que l'entreprise doit intégrer dans ses décisions.

■ Des groupements professionnels (de salariés ou d'entreprises) ou les institutions étatiques peuvent limiter le pouvoir des dirigeants avec des normes juridiques à respecter. Enfin, les médias et l'opinion publique influencent les politiques économiques, sociales et environnementales de l'entreprise.

■ Toutes ces « parties prenantes » ont généralement intérêt à ce que l'entreprise fonctionne conformément à leurs propres objectifs. Elles peuvent avoir un rôle de partenariat, de surveillance, voire de contrôle de l'activité.

II Les modalités d'exercice du pouvoir

1 La gouvernance d'entreprise

■ La gouvernance d'entreprise désigne l'ensemble des règles qui régissent la manière dont les entreprises sont contrôlées et dirigées, notamment les droits et les obligations des actionnaires et des cadres dirigeants.

■ La gouvernance se concrétise dans l'entreprise par des **instances** (assemblée générale, conseil d'administration, comité sur les rémunérations des dirigeants) et des **procédures** de prise de décision (nomination des dirigeants, contrôle de la performance).

2 | La répartition du pouvoir de décision au sein de l'entreprise

■ La **centralisation** consiste à regrouper et/ou transférer le pouvoir de décision aux niveaux hiérarchiques les plus élevés de l'**organigramme**.

■ La **décentralisation** peut se justifier par la complexité de l'environnement, qui empêche les individus de calculer parfaitement les conséquences de leurs décisions.

> **MOT CLÉ**
> L'**organigramme** est une formalisation des dispositifs par lesquels une entreprise organise, répartit, coordonne et contrôle ses activités.

3 | L'exercice de l'autorité

■ La sociologie des organisations propose d'étudier l'autorité comme le résultat des **interactions** entre des subordonnés et des supérieurs hiérarchiques. → FICHE 49

■ L'autorité est certes un pouvoir légitimé par des règles bureaucratiques. Mais il s'appuie autant sur les **compétences techniques** du supérieur hiérarchique que sur son comportement managérial.

zoOm
Le pouvoir des salariés dans la gouvernance des entreprises

■ Le plan d'action pour la croissance et la transformation des entreprises (PACTE) comprend des mesures visant à développer l'actionnariat salarié dans les entreprises et à renforcer la représentation des salariés dans les conseils d'administration.

■ L'actionnariat salarié, supposé rentable pour ce dernier, est une source de stabilité pour l'entreprise. Aujourd'hui, en France, près de 4 % du capital des entreprises est détenu par les salariés et 44 % des salariés sont actionnaires.

49 Les relations sociales au sein de l'entreprise

En bref *Les relations sociales au sein de l'entreprise dépassent les rapports hiérarchiques. Elles sont marquées par des comportements de coopération aussi bien que par des conflits, résolus par des négociations sociales.*

I L'organisation de la coopération

La coopération désigne la collaboration entre plusieurs individus au sein de l'entreprise dans le but de réaliser des objectifs communs en dépassant les intérêts à court terme de chacun. L'entreprise recherche cette coopération pour améliorer ses performances et la qualité de sa production, et fidéliser la main-d'œuvre.

1 La relation hiérarchique et la culture d'entreprise

■ La **hiérarchie** est un mode de coordination des acteurs mais elle réduit la coopération à un travail d'exécution dans le cadre d'un contrat de travail.

■ La coopération peut être favorisée par la voie hiérarchique avec la mise en place de certaines formes d'organisation du travail, de pratiques managériales ou d'incitations. Celles-ci visent à donner plus d'initiative aux salariés, à les faire participer aux décisions et à les motiver : fixation d'objectifs, primes de résultat, participation aux bénéfices, etc.

> **MOT CLÉ**
> La **hiérarchie** est une structure de pouvoir organisée fixant des positions de supériorité et d'infériorité. Elle engendre des rapports de direction et d'autorité (ordres, récompenses, sanctions).

■ La culture d'entreprise, en tant qu'ensemble de règles et de valeurs partagées, joue également un rôle dans la fidélisation et la motivation des employés au sein de l'entreprise.

2 Le cadre réglementaire et contractuel

■ La coopération dans l'entreprise dépend de la qualité du dialogue social entre les représentants des salariés (dont les syndicats) et les employeurs : négociations, consultations, partage d'informations, etc.

■ La signature d'un contrat de travail lors du recrutement engage les deux parties signataires (l'employeur et l'employé) à coopérer pour le bon fonctionnement de l'entreprise.

II Des conflits à résoudre

Compte tenu des enjeux différents des parties prenantes de l'entreprise (à propos des finalités de l'entreprise ou des modes de fonctionnement) → FICHE 48, la prise de décision dans l'entreprise est inévitablement source de conflits.

1 | Une diversité de formes et de motifs de conflits

■ On désigne par conflit une opposition entre des individus ou des groupes défendant des valeurs ou des intérêts divergents, et cherchant à instaurer un rapport de force en leur faveur. Les conflits peuvent prendre une forme individuelle (ex. : désaccord entre employeur et employé) ou collective.

■ Les conflits collectifs ont pour origine des inégalités au sein de l'entreprise ou des mutations de l'environnement économique. Ils portent sur la défense de l'emploi, les revendications salariales ou les conditions de travail.

■ Les conflits sociaux prennent différentes formes de protestation : arrêt de travail (débrayage ou grève), occupation des locaux, pétition, manifestation,...

2 | L'importance des négociations sociales

■ La résolution des conflits s'effectue dans le cadre d'un dialogue social réglementé par les pouvoirs publics (avec l'aide des syndicats d'employeurs et de salariés). Elle passe par la mise en place de négociations collectives au niveau des entreprises ou d'une branche d'activité.

MOT CLÉ
Un **syndicat** est une association de défense des intérêts professionnels communs de ses membres.

■ Ces actions peuvent déboucher sur un nouvel équilibre des relations sociales, permettant de restaurer la coopération au sein de l'entreprise.

zoOm

Un recul du syndicalisme ?

Manifestation de soutien aux salariés de l'usine Ford de Blanquefort, mars 2018.

■ Les syndicats jouent un rôle essentiel dans le dialogue social. Avec des adhésions en baisse (5 % des salariés du secteur privé), ils souffrent cependant d'une faible représentativité.

■ Ce recul s'explique par des facteurs structurels (désindustrialisation, flexibilité du travail), culturels (nouvelles formes de management, individualisme) et institutionnels (fonctionnement bureaucratique des syndicats).

MÉMO VISUEL

Un personnage central : l'entrepreneur

Un créateur d'entreprise qui engage sa responsabilité…
- juridique (civile ou pénale)
- financière (limitée ou illimitée)
- fiscale (choix du statut)
- sociale (salariés, partenaires)

Différents rôles dans l'économie
- Innovateur (cf. Joseph Schumpeter)
- Actionnaire et manager
- Promoteur de nouvelles technologies et de changement social : renouveau de la figure de l'entrepreneur (depuis la fin du XXe s.)

L'ENTREPRISE :

Un développement en plusieurs étapes

Le cycle de vie de l'entreprise

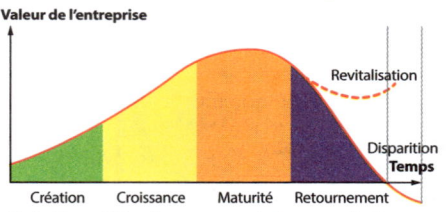

Valeur de l'entreprise / *Temps*
Création — Croissance — Maturité — Retournement — Revitalisation / Disparition

- Création (développement des produits et services)
- Maturité (adaptation aux nouvelles demandes du marché)
- Nouvelle dynamique (nouveaux produits, nouveaux marchés) ou déclin (faillite, rachat)

Les facteurs de développement et de succès
- Business plan et recherche de capitaux
- Organisation interne et statut juridique
- Expérience professionnelle du créateur de l'entreprise

ORGANISATION ET GOUVERNANCE

Des règles de prise de décision

La coordination entre les parties prenantes
- Acteurs internes : propriétaires, salariés, dirigeants
- Acteurs externes : fournisseurs, clients, institutions

L'exercice du pouvoir
- Gouvernance : assemblée générale, conseil d'administration
- Répartition du pouvoir : centralisation ou décentralisation
- Exercice de l'autorité : interactions dans une relation de subordination

Un lieu de relations sociales

L'organisation de la coopération
- Relations hiérarchiques
- Culture d'entreprise
- Dialogue social

Les conflits à résoudre
- Conflits individuels (désaccord entre employeur et employé) et conflits collectifs (grève, occupation des locaux)
- Diversité des formes et des revendications
- Résolution des conflits dans le cadre du dialogue social pour restaurer la coopération

L'organisation et la gouvernance des entreprises

▶ SE TESTER QUIZ

*Vérifiez que vous avez bien compris les points clés des **fiches 46 à 49**.*

1. La vie d'une entreprise et les étapes de son développement → FICHE 46

1. Le choix d'un statut juridique est-il obligatoire lors de la création d'une entreprise ?
- ☐ **a.** Oui, toujours
- ☐ **b.** Oui, sauf pour les entreprises individuelles
- ☐ **c.** Non

2. Quelles caractéristiques de l'entreprise influencent sa pérennité ?
- ☐ **a.** Le statut juridique ☐ **b.** Le secteur d'activité ☐ **c.** L'âge du créateur

2. La diversité des figures de l'entrepreneur → FICHE 47

Le patrimoine personnel de l'entrepreneur peut-il être saisi en cas de faillite ?
- ☐ **a.** Obligatoirement
- ☐ **b.** Jamais
- ☐ **c.** Cela dépend du statut juridique de l'entreprise

3. La prise de décision au sein de l'entreprise → FICHE 48

1. Quelles sont les parties prenantes internes à l'entreprise ?
- ☐ **a.** Les salariés, les dirigeants, les fournisseurs
- ☐ **b.** Les salariés et leurs représentants, les propriétaires et les clients
- ☐ **c.** Les salariés, leurs représentants, les dirigeants et propriétaires de l'entreprise

2. L'autorité du supérieur hiérarchique s'appuie sur…
- ☐ **a.** ses compétences techniques.
- ☐ **b.** ses qualités managériales.
- ☐ **c.** ses compétences techniques et ses qualités managériales.

4. Les relations sociales au sein de l'entreprise → FICHE 49

1. Parmi les affirmations suivantes, laquelle/lesquelles est/sont vraie(s) ?
- ☐ **a.** La hiérarchie est basée sur l'autorité et le respect de règles.
- ☐ **b.** Le dialogue social est réglementé par les pouvoirs publics.
- ☐ **c.** La relation hiérarchique ne permet pas de motiver les salariés.

2. Les conflits du travail sont caractérisés par…
- ☐ **a.** un arrêt de travail automatique et immédiat.
- ☐ **b.** une opposition d'intérêts ou de valeurs entre employeur et salarié.
- ☐ **c.** des revendications salariales systématiques.

S'ENTRAÎNER

5 Comprendre le vocabulaire du cours
→ FICHES 48 et 49

1. Reliez les intérêts suivants aux parties prenantes auxquels ils correspondent.

- meilleurs salaires
- meilleures conditions de travail
- davantage de bénéfices
- davantage de pouvoir sur un plus grand périmètre d'activités
- meilleure qualité de service

- propriétaires
- salariés
- dirigeants
- clients

2. Les situations suivantes renvoient-elles à un conflit au sein de l'entreprise ou à une volonté de renforcer la coopération entre acteurs ? Classez-les dans un tableau.

a. Les salariés obtiennent une hausse de salaire grâce à une amélioration du bénéfice.

b. Les salariés font grève pour réclamer une augmentation de salaire.

c. Un dirigeant décide de licencier un salarié.

d. Le dirigeant d'une entreprise met en place une nouvelle organisation du travail.

Conflit au sein de l'entreprise	Volonté de renforcer la coopération entre acteurs
....	....
....	....
....	....

6 Réviser le cours en 8 questions flash
→ FICHES 46 à 49

1. Quelles sont les principales phases du cycle de vie d'une entreprise ?

2. Quels sont les facteurs qui contribuent à la pérennité de l'entreprise ?

3. Qu'est-ce que le régime micro-entrepreneur ?

4. Qu'est-ce qu'un entrepreneur pour l'économiste Joseph Schumpeter ?

5. En quoi les parties prenantes de l'entreprise sont-elles diverses ?

6. Pourquoi une trop grande centralisation de la prise de décision n'est-elle pas souhaitable ?

7. Comment peut-on faire coopérer les salariés dans le cadre d'une relation hiérarchique ?

8. Quelles peuvent être les sources de conflit dans les entreprises ?

7 Les relations de pouvoir dans l'entreprise

→ FICHE 48

Complétez ce schéma sur les relations de pouvoir au sein de l'entreprise à l'aide des mots suivants :

conseil d'administration • propriétaires du capital • salariés d'exécution • managers • direction.

[…………] ➡ […………] ➡ […………] ➡ […………] ➡ […………]

8 Analyser un graphique

→ FICHE 46

Document — **Évolution du nombre de créations d'entreprises (2009-2016)**

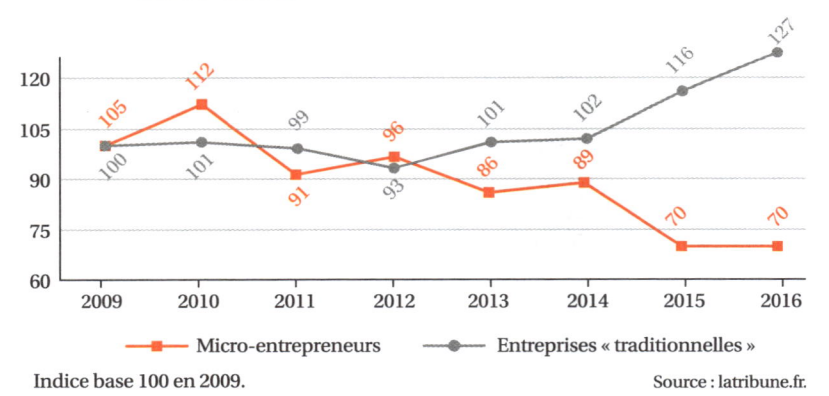

Micro-entrepreneurs : 105 (2009), 112 (2010), 91 (2011), 96 (2012), 86 (2013), 89 (2014), 70 (2015), 70 (2016).

Entreprises « traditionnelles » : 100 (2009), 101 (2010), 99 (2011), 93 (2012), 101 (2013), 102 (2014), 116 (2015), 127 (2016).

Indice base 100 en 2009.   Source : latribune.fr.

1. Comparez l'évolution du nombre de créations de micro-entreprises par rapport aux entreprises « traditionnelles ».

> 👍 **CONSEIL**
> Regardez l'unité utilisée dans le document : il s'agit d'indices base 100 qui permettent d'étudier des séries chronologiques par rapport à une date appelée année de base, ici 2009. Il est facile de transformer les indices en taux de variation.

2. Peut-on dire qu'il y a plus de créations d'entreprises traditionnelles que de créations de micro-entreprises en 2016 ?

OBJECTIF BAC

9 Les relations sociales au sein de l'entreprise • Dissertation
⏱ 2 h

Cet exercice vous donne l'occasion de travailler sur un sujet de dissertation en mobilisant les notions du chapitre. Il vous entraîne plus précisément à élaborer un plan ainsi qu'à rédiger l'introduction et la conclusion.

LE SUJET

L'entreprise est-elle nécessairement un lieu de conflit ? Vous rédigerez l'introduction et la conclusion de ce sujet de dissertation, et proposerez un plan (parties et sous-parties).

Document 1

La relation de travail qui lie un salarié et son employeur est régie par un ensemble de normes, articulées entre elles. Elles sont multiples et proviennent de la loi, de règlements, de conventions et d'accords collectifs mais aussi d'usages, de règlements intérieurs ou du contrat de travail lui-même. Les salariés ont un droit à la négociation collective de l'ensemble de leurs conditions d'emploi, de formation professionnelle et de travail, ainsi que de leurs garanties sociales (art. L. 2221-1 du Code du travail). Les conventions et accords collectifs sont le résultat concret de ce droit à la négociation. Les conventions et accords collectifs peuvent être conclus à plusieurs niveaux, comme par exemple : au niveau national interprofessionnel, au niveau national pour une branche, ou au niveau régional pour une branche. Des accords peuvent également être conclus au niveau d'une entreprise, d'un établissement.

Source : CFDT, 7/05/2018, www.cfdt.fr

Document 2 **Évolution des motifs des conflits collectifs de travail selon les représentants du personnel (en % des établissements)**

Motifs de conflit	Salaires, primes	Temps de travail	Climat des relations de travail	Emploi, licenciements	Conditions de travail
2002-2004	58	41	30	27	34
2008-2010	55	35	36	29	44

Source : M.-T. Pignoni, E. Raynaud, « Les relations professionnelles au début des années 2010 », *DARES Analyses*, n° 26, avril 2013.

Lecture : 44 % des représentants du personnel dans les établissements de 20 salariés ou plus déclarent avoir connu au moins un conflit sur les conditions de travail au cours des années 2008-2010.

Document 3 Évolution des pratiques salariales (en % des établissements)

	Cadres 1998	Cadres 2010	Non-cadres 1998	Non-cadres 2010
Pratiques salariales non réversibles	**70,9**	**77,2**	**87,4**	**90,7**
Augmentations générales	46,7	52,0	67,5	73,3
Augmentations individualisées	54,9	58,4	69,5	66,1
Pratiques salariales réversibles	**58,7**	**69,4**	**65,0**	**70,0**
Primes liées à la performance collective	33,3	49,8	34,9	50,8
Primes liées à la performance individuelle	49,6	58,8	52,4	51,4
Aucune augmentation, ni prime	**20,1**	**13,5**	**7,0**	**6,1**

Source : D. Demailly, F. Toutlemonde, « Les pratiques salariales des entreprises », *DARES Analyses*, n° 92, décembre 2014.

Lecture : en 2010, 52 % des établissements ont accordé des augmentations générales de salaires à leurs cadres, et 73,3 % à leurs salariés non-cadres.

Champ : établissements de 20 salariés ou plus du secteur marchand non agricole.

Méthode

Rédiger l'introduction d'une dissertation

Une fois que vous avez dégagé une problématique et construit un plan, rédigez intégralement au brouillon l'introduction et la conclusion.

Étape 1 Présenter le sujet

- Commencez par une phrase d'accroche à partir d'un fait d'actualité, d'une citation ou d'un chiffre significatif, ou en soulignant un paradoxe entre des faits et une théorie.
- Ensuite, mettez en évidence les enjeux et l'intérêt du sujet en reliant cette accroche à une définition des notions et au cadrage du sujet.

Étape 2 Amener la problématique

- La problématique est le résultat de la « mise en crise du sujet », c'est-à-dire une reformulation des contradictions du sujet ou l'énoncé d'un débat. → MÉTHODE p. 44
- Vous pouvez rédiger votre problématique sous la forme interrogative directe (une question) ou indirecte (« il s'agit de... »).

Étape 3 Annoncer le plan

- Le plan découle de l'analyse du sujet et de la problématique. → MÉTHODE p. 224
- L'annonce du plan doit guider le lecteur dans votre réflexion. Elle présente donc les grandes étapes (= parties) de votre argumentation.

Rédiger la conclusion d'une dissertation

Les trois paragraphes de la conclusion sont un « miroir inversé » de l'introduction : accroche / analyse / plan ont pour équivalent résumé / réponse / ouverture.

Étape 4 Récapituler les idées du développement
- Rappelez brièvement la manière dont le raisonnement a progressé.
- Puis, apportez une réponse à la question posée dans le sujet.

Étape 5 Proposer une ouverture
L'ouverture permet de donner des perspectives de réflexion sur un problème lié, sur des conséquences non abordées dans le développement, sur un autre ancrage spatial ou historique, etc.

▶▶▶ LA FEUILLE DE ROUTE

Étape 1 Présenter le sujet
Sur le thème du conflit dans l'entreprise, l'actualité économique peut fournir de nombreuses illustrations : grève, déclaration d'acteurs du monde politique ou économique, etc.

Étape 2 Amener la problématique
La définition de la notion d'entreprise est source d'ambiguïté et permet d'amener la problématique. Le terme « nécessairement » renvoie à un sujet-débat avec une discussion autour de la notion de conflit et de coopération : « Comment expliquer que, dans une logique de conflictualité, des moments de coopération peuvent apparaître ? »

Étape 3 Annoncer le plan
- C'est un sujet-débat : utilisez des connecteurs logiques montrant la restriction, l'opposition, la nuance (« d'une part... d'autre part », « cependant », « bien que », etc.).
- L'ordre des parties doit suivre un raisonnement logique : le sujet invite d'abord à traiter l'angle conflictuel des relations sociales (1re partie) puis à étudier les modes de coopération (2e partie).

Étape 4 Récapituler les idées du développement
Pour la conclusion, le plus difficile est d'éviter les lourdeurs et les répétitions. Repartez des phrases clés des parties et sous-parties de votre développement.

Étape 5 Proposer une ouverture
Le prolongement de la réflexion peut porter sur l'évolution du rapport de forces entre les acteurs (l'action gouvernementale, l'évolution du paysage syndical). Une comparaison internationale est également envisageable.

→ CORRIGÉS p. 248

L'organisation et la gouvernance des entreprises

CORRIGÉS

▶ SE TESTER QUIZ

1. La vie d'une entreprise et les étapes de son développement

1. Réponse a. Le statut juridique détermine certaines obligations légales et administratives que doit respecter une entreprise.

2. Réponses a et b. Le statut juridique et le secteur d'activité jouent un rôle dans la pérennité de l'entreprise. L'expérience de l'entrepreneur – et non son âge – est elle aussi primordiale.

2. La diversité des figures de l'entrepreneur

Réponse c. Dans le cas d'une entreprise individuelle, le patrimoine personnel est confondu avec le patrimoine de l'entreprise, donc peut être saisi en cas de faillite.

3. La prise de décision au sein de l'entreprise

1. Réponse c. Clients et fournisseurs sont des acteurs externes. Les propriétaires, sans travailler dans l'entreprise, sont considérés comme partie prenante interne.

2. Réponse c. La compétence technique et les qualités managériales permettent de légitimer l'autorité.

4. Les relations sociales au sein de l'entreprise

1. Réponses a et b. L'affirmation c est fausse car il est possible de récompenser les salariés avec des primes de résultat si les objectifs fixés par la hiérarchie sont atteints.

2. Réponse b. Les arrêts de travail (grève par exemple) ne sont pas systématiques, d'autres formes de protestation existent. Les revendications peuvent porter sur d'autres sujets que les salaires (sauvegarde de l'emploi, etc.).

▶ S'ENTRAÎNER

5. Comprendre le vocabulaire du cours

1.
- **Salariés** : meilleurs salaires, meilleures conditions de travail.
- **Propriétaires** : davantage de bénéfices.
- **Dirigeants** : davantage de pouvoir sur un plus grand périmètre d'activités.
- **Clients** : meilleure qualité de service.

2. Coopération : a et d ; Conflit : b, c et d.

> **INFO**
> Une nouvelle organisation du travail peut engendrer des conflits si les salariés n'y adhèrent pas. Mais elle peut aussi être l'occasion de modifier les pratiques managériales et la répartition des pouvoirs.

6 Réviser le cours en 8 questions flash

1. Les principales phases du cycle de vie d'une entreprise sont la **création**, la **croissance**, la **maturité** et le **déclin** (possibilité de relance ou faillite).
2. À sa création, la pérennité de l'entreprise est favorisée par la **qualité du business plan**, le **statut juridique**, le **montant** investi et l'**expérience** de son créateur.
3. Le régime micro-entrepreneur est un régime fiscal et social simplifié pour les entrepreneurs ayant choisi le **statut d'entreprise individuelle**.
4. Selon Schumpeter, l'entrepreneur est un **innovateur** visionnaire et dynamique qui brise la routine de la production et suscite de la croissance.
5. Les parties prenantes sont diverses par leur **position vis-à-vis de l'entreprise** (interne ou externe), leurs **intérêts** (salaires, profits, qualité des produits) et leur **rôle** (partenariat, surveillance, contrôle).
6. La centralisation ne garantit pas une prise de décision optimale du fait de la **complexité** de l'organisation.
7. La hiérarchie fonctionne sur la contrainte mais aussi sur la motivation, grâce à des mesures incitatives (primes) ou à des pratiques managériales fondées sur la coopération et la confiance.
8. Les sources de conflits sont nombreuses : désaccord sur le **partage des richesses** (salaires/profits), existence d'**inégalités** ou de **discriminations**, risque de perte d'emploi, dégradation des **conditions de travail**, etc.

7 Les relations de pouvoir dans l'entreprise

Propriétaires du capital → Conseil d'administration → Direction → Managers → Salariés d'exécution

8 Analyser un graphique

1. Ce document présente l'évolution contrastée du nombre de créations d'entreprises selon leur régime socio-fiscal. Le nombre de créations d'entreprises « traditionnelles » est supérieur de 27 % par rapport au niveau de l'année 2009. Parallèlement, après un succès la première année de sa création, les créations de micro-entreprises enregistrent une forte baisse depuis 2010. Toutefois, l'année 2016 offre une stabilisation des créations sous ce régime simplifié.
2. Ce type de graphique en indice base 100 n'indique que l'ampleur de la variation. Il ne donne pas d'indication sur le nombre d'entreprises créées.

▶ OBJECTIF BAC

9 Dissertation

Introduction

[accroche] Manifestation pour la sauvegarde des emplois de l'usine Ford en Gironde, grève des salariés de Bic en réponse à une délocalisation… **[présentation du sujet]** L'actualité sociale est souvent marquée par des oppositions qui peuvent être violentes entre salariés et employeurs. Si l'entreprise a une fonction économique de production, elle est aussi une institution dans laquelle des règles formelles et informelles structurent les rapports des hommes et des femmes au travail.

[problématisation] Ainsi, la pluralité des intérêts nourrit le conflit. Pourtant, dès lors que l'entreprise est une organisation portant un projet économique, une adhésion minimale de ses participants ne serait-elle pas nécessaire ? Il s'agit donc de démontrer en quoi le fonctionnement de l'entreprise implique des formes de coopération malgré les divergences d'intérêts. **[annonce du plan]** Il s'agit d'abord de rechercher comment les relations sociales sont nécessairement marquées par une opposition entre différents acteurs aux intérêts divergents **[I]**, puis d'étudier l'existence de rapports non conflictuels voire coopératifs **[II]**.

I. Des relations sociales conflictuelles

Pour cette 1re partie, nous proposons un plan analytique.
1. Des divergences d'intérêts entre les parties prenantes (causes)
2. Une diversité de conflits au sein de l'entreprise (constats)
3. Des conflits encadrés et résolus par le dialogue social (conséquences)

[transition] Le dialogue social implique une collaboration autour d'objectifs communs, ce que l'on appelle « coopération ».

II. L'organisation d'une coopération au sein de l'entreprise

Pour cette 2de partie, nous proposons un plan thématique.
1. … par l'instauration d'un cadre réglementaire et contractuel (argument 1)
2. … par l'utilisation de mesures incitatives dans le cadre d'une relation hiérarchique (argument 2)
3. … par la recherche d'une adhésion à une culture d'entreprise (argument 3)

Conclusion

[résumé] Si les conflits sont inhérents au fonctionnement des entreprises, celles-ci ont toutefois développé des outils pour réguler les relations sociales et maintenir une activité productive générant du profit. **[réponse]** Les relations sociales au sein de l'entreprise sont donc marquées par une coopération qui ne va pas forcément de soi et une conflictualité régulée par un dialogue social. **[ouverture]** La question de l'action des pouvoirs publics pour résoudre les conflits se pose aujourd'hui, tout comme la question du modèle social en vigueur en France avec l'affaiblissement des syndicats et le développement de la participation des salariés dans la gouvernance d'entreprise.

> 👍 **CONSEIL**
>
> Des règles mnémotechniques peuvent être utiles : pour l'introduction, les « 3P » (présentation / problématique / plan) ou les « 4A » (accrocher / analyser le sujet / amener la problématique / annoncer le plan) ; pour la conclusion les « 3R » (résumé / réponse / ouveRture).

INDEX-LEXIQUE

A

■ **Abstention** 192
Fait pour un électeur inscrit sur les listes électorales de ne pas aller voter lors d'une élection.

■ **Activité économique** 97
Production des biens et services visant à satisfaire les besoins des agents économiques.

■ **Aléa moral** 54
Situation d'un agent économique qui, en présence d'asymétrie d'information sur le marché, prend un risque inconsidéré car il est certain d'être couvert.

■ **Allocation de ressources** 17
Mécanisme par lequel les ressources disponibles dans une économie sont utilisées ou affectées aux différents usages possibles pour satisfaire les besoins des agents économiques.

■ **Assistance** 217
Logique de protection contre les risques sociaux reposant sur un financement par l'impôt et accordée sous condition de revenus.

■ **Assurance** 215, 216
Logique de protection contre les risques ne concernant que les individus qui ont contribué à son financement par le biais de cotisations ou de primes.

■ **Asymétrie d'information** 54, 213
Situation dans laquelle, lors d'un échange ou d'un contrat, l'une des parties dispose d'informations que l'autre partie ignore.

B

■ **Banque d'affaires** 69
Banque qui intervient auprès des entreprises pour les aider à se financer sur les marchés financiers.

■ **Banque centrale** 94
« Banque des banques » qui gère le système monétaire et détient le monopole de la création de monnaie fiduciaire.

■ **Banque de dépôt** 69
Banque qui collecte l'épargne de ses clients pour la prêter à d'autres.

■ **Bien collectif** 52
Bien ou service qui bénéficie à tous : non rival et non excluable.

■ **Bien commun** 53
Bien rival et non excluable.

■ **Bilan** 93
Document comptable qui décrit le patrimoine d'un agent économique, avec à l'actif ce qu'il possède et au passif le financement de son actif.

C

■ **Codes sociaux élémentaires** 116
Langage, normes et valeurs qui permettent aux individus d'établir des relations sociales.

■ **Compétitivité** 30
Capacité d'une entreprise à conserver ou à accroître ses parts de marché en baissant ses prix de vente (compétitivité prix) ou en jouant sur la qualité ou l'image (compétitivité hors-prix).

■ **Comportement** 110
Manières d'agir, mais aussi comportements sociaux, culturels ou religieux propres à un individu ou groupe d'individus.

■ **Concurrence** 11
Structure de marché caractérisée par des offreurs et des demandeurs nombreux, et des prix fixés par les mécanismes du marché.

■ **Configuration familiale** 114
Caractéristiques de forme et de composition d'une famille : présence d'un ou de

deux parents, nombre de frères et sœurs, rôle des grands-parents, etc.

■ **Conscience collective** 137
Ensemble des croyances et des sentiments partagés par les membres d'un groupe, d'une société.

■ **Contrôle social** 154
Ensemble des dispositifs qui assurent que l'individu se conforme aux normes de la société dans laquelle il vit.

■ **Corps intermédiaires** 175
Institutions et organisations qui font le lien entre la base de la société et son sommet, créant une médiation entre les individus et l'État.

■ **Coût marginal** 52
Coût supplémentaire induit par la production d'une unité supplémentaire.

D

■ **Délinquance** 156
Ensemble des actes qui transgressent les normes juridiques.

■ **Déviance** 156
Ensemble des pratiques sociales qui transgressent les normes communément admises par une société à un moment donné.

■ **Différenciation** 31
Pour une entreprise, stratégie consistant à doter ses produits de caractéristiques visant à les distinguer des concurrents.

E

■ **Échantillon** 176
Groupe restreint représentatif d'un groupe plus vaste (ou population-mère) dont il possède les mêmes caractéristiques sociodémographiques.

■ **Économie d'échelle** 32
Diminution du coût unitaire de production lié à l'augmentation de la production globale.

■ **Élasticité-prix** 35
Sensibilité de la demande ou de l'offre à la variation des prix.

■ **Enquêtes de victimation** 160-161
Enquête consistant à demander à des individus s'ils ont été victimes d'actes délinquants au cours d'une période donnée.

■ **Entrepreneurs de morale** 158
Individus ou groupes d'individus cherchant à influencer un groupe social afin de lui faire adopter ou maintenir une norme.

■ **État-providence** 140, 210
État qui intervient largement dans la sphère économique et sociale, notamment en prenant en charge les risques sociaux (maladie, chômage, vieillesse…).

■ **Externalité** 50
Effet (positif ou négatif) de l'action d'un agent économique sur le bien-être d'autres agents économiques non pris en compte par le marché.

G - H

■ **Gouvernance** 234
Ensemble des règles qui régissent la manière dont les entreprises sont contrôlées et dirigées.

■ **Groupe de pairs** 132
Groupe d'individus partageant des caractéristiques, des valeurs et des normes semblables, et exerçant un rôle socialisateur sur ses membres.

■ **Groupe social** 132
Ensemble de personnes liées par des éléments objectifs et subjectifs.

■ **Hiérarchie** 236
Structure de pouvoir organisée fixant des positions de supériorité et d'infériorité.

I

■ **Individualisation** 136
Caractéristique majeure des sociétés occidentales modernes marquées par le primat de l'individu.

■ **Inflation** 96
Augmentation générale et durable des prix.

■ **Innovation** 212, 232-233
Application réussie d'une invention dans le domaine économique et commercial.

■ **Institution** 10
Ensemble de règles juridiques et de normes sociales organisant la société.

■ **Investissement** 68
Pour les entreprises, achat de biens durables de production. Pour les ménages, achat d'un logement.

L

■ **Libéralisation** 73
Processus de décloisonnement et de déréglementation des marchés financiers.

■ **Lien social** 132
Relations de différentes natures générant une interdépendance entre individus et de la cohésion au sein d'un groupe ou d'une société.

■ **Loi de la demande** 12
Lorsque le prix d'un bien augmente, la quantité demandée diminue.

■ **Loi de l'offre** 13
Lorsque le prix d'un bien augmente, la quantité offerte augmente.

M

■ **Marché pertinent** 36
Périmètre sur lequel s'exerce la concurrence entre des entreprises concernées par un projet de concentration.

■ **Modèle** 11
Représentation schématisée et simplifiée de la réalité permettant d'analyser un phénomène.

■ **Monnaie fiduciaire** 90
Pièces de monnaie et billets émis par la Banque centrale.

■ **Monnaie scripturale** 91
Monnaie constituée par les dépôts à vue des agents économiques dans les banques.

N - O

■ **Norme** 154
Règle, usage de la vie en société que les individus doivent intégrer et respecter. Elle peut être de nature juridique ou sociale.

■ **Opinion publique** 174
Ensemble des jugements partagés par une communauté d'individus sur des questions d'intérêt général.

P

■ **Panel** 188
Technique qui permet d'interroger un même échantillon à intervalles réguliers.

■ **Participation électorale** 192
Action de voter. Désigne également le nombre d'électeurs ayant voté lors d'une élection.

■ **Parties prenantes** 234
Acteurs concernés par le fonctionnement de l'entreprise et pouvant influencer ou être affectés par les stratégies de celle-ci.

■ **Politique budgétaire** 77
Politique économique conjoncturelle par laquelle l'État utilise le budget pour atteindre ses objectifs.

■ **Prélèvements obligatoires** 217
Ensemble des impôts, prélevés par l'État et les collectivités locales, et des cotisations sociales, prélevées par les administrations de Sécurité sociale.

■ **Preneur de prix** 14
Situation d'un agent économique qui se voit imposer le prix du marché.

■ **Prestations sociales** 216
Revenus de transfert versés aux ménages afin de réduire la charge financière que représente la protection contre les risques sociaux.

■ **Protection sociale** 216
Ensemble des dispositifs mis en place par les pouvoirs publics pour permettre aux ménages de faire face aux conséquences financières des risques sociaux (maladie, chômage, vieillesse...).

R

■ **Régime fiscal et/ou social** 232
Système de fiscalité et de protection sociale auquel est soumis un travailleur : paiement des cotisations et des impôts, remboursement des prestations sociales.

■ **Réseau social** 133
Ensemble des relations directes et indirectes qui relient des individus.

■ **Risque** 210
Probabilité d'être confronté à un événement indésirable au cours de son existence. Contrairement à l'incertitude, le risque est estimable.

S

■ **Sanction** 157
Réponse à un comportement, pouvant être positive quand le comportement est conforme aux attentes, ou négative quand il y déroge.

■ **Sélection adverse** 54
Situation d'asymétrie d'information qui conduit à éliminer du marché les produits de meilleure qualité.

■ **Sociabilité** 133, 138
Relations concrètes que les individus entretiennent au sein de leur environnement.

■ **Socialisation** 111, 113, 117
Processus au cours duquel l'individu intériorise les normes, valeurs, comportements et façons de penser de son milieu social. On distingue la socialisation primaire (au cours de l'enfance) et la socialisation secondaire (à l'âge adulte).

■ **Solde budgétaire** 76
Différence entre les recettes et les dépenses de l'État. Il peut être négatif (déficit budgétaire), positif (excédent budgétaire) ou nul (budget à l'équilibre).

■ **Solidarité** 136
Chez Émile Durkheim, équivalent de lien social. On distingue la solidarité mécanique (individus liés par les mêmes normes et croyances) et solidarité organique (individus liés par leur complémentarité).

■ **Solvabilité** 74
Capacité d'un agent économique à faire face à ses engagements, c'est-à-dire à rembourser son crédit.

■ **Sondages** 176
Ensemble de techniques visant à connaître les caractéristiques ou les opinions d'une population en s'appuyant sur des enquêtes par questionnaire.

■ **Statut juridique** 230
Règles de droit qui encadrent la création d'une entreprise : fiscalité, formalités comptables et administratives, modalités de prise de décision.

■ **Stigmatisation** 159
Mise à l'écart d'un individu en raison de son comportement ou de ses caractéristiques.

■ **Surplus** 16
Somme des différences (pour toutes les unités consommées) entre la disposition à payer (ou à recevoir) et le prix de marché.

T

■ **Taux d'abstention** 192
Part des inscrits sur les listes électorales n'ayant pas voté lors d'une élection.

■ **Taux de chômage** 211
Pourcentage des chômeurs dans la population active.

■ **Taux d'intérêt** 74, 94
Prix de l'argent emprunté. Pour l'emprunteur, il représente le coût du crédit ; pour le prêteur, sa rémunération.

■ **Titre financier** 71
Action ou obligation, certifiant un droit de propriété ou une créance.

V

■ **Valeur** 112
Grand principe, idéal qui oriente les actions et les comportements d'une société ou d'un groupe social.

■ **Valeur nominale** 82
Grandeur (PIB, dette publique...) exprimée en valeur monétaire.

■ **Valeur réelle** 82
Grandeur exprimée en gommant l'effet de la hausse des prix.

■ **Volatilité électorale** 196
Instabilité dans le vote ou la participation électorale d'une élection à une autre.

NOTES

CRÉDITS PHOTOGRAPHIQUES

4, 9, 11	photo © Lydie LECARPENTIER/REA
13	photo © Georg Lehnerer – stock.adobe.com
17	photo © François Guillot/ AFP
29	photo © Manuella Le Pennec/ Le Scarabée
31	photo © Getty Images/ iStock Editorial
37	photo © Gisselbrecht / Andia.fr
38	photo © Getty Images/ iStockphoto
39	© SNCF
4, 49, 50	photo © François Guillot/ AFP
53	photo © Lacol/ La Borda
55, 59	photo © Justin Sullivan/ Getty Image/ iStock
58	photo © Getty Images/ iStockphoto
5, 67, 69	photo © IRStone – stock.adobe.com
71	© jadopteunprojet.com
73	photo © Don Emmert/ AFP
89, 95	photo © Hans-Peter Merten/ Getty Images/ iStock
91	photo © alfexe/ Getty Images/ iStockphoto
5, 109, 113	photo © micromonkey – stock.adobe.com
111	photo © kobbydagan/ Getty Image/ iStock Editorial
119	photo © Didier Eribon/ Patrice Normand/ Opale/ Leemage/ Editions Fayard
120	photo © plainpicture/ Caiaimages/ Paul Bradbury
121	photo © Getty Images/ Caiaimage
6, 131, 137	photo © Jean-Sebastien Evrard/ AFP
134	photo © WavebreakmediaMicro – stock.adobe.com
135	photo © UPI/ AFP
138	photo © Leonardo Patrizi/ Getty/ iStock
153	photo © blvdone – stock.adobe.com
155	photo © RGA/ REA
159	Federal Bureau of Narcotics/ 1935/ Wikimédia
17, 175	photo © Owen Franken/ Corbis/ Getty Images
177	© Les Indégivrables/ Xavier Gorce
7, 191, 193	photo © AFP
7, 209, 215	photo © Andrey Popov – stock.adobe.com
213	© Sécurité sociale – CNAM
229, 235	photo © vm/ Getty Images/ iStockphoto
233	photo © Pascal SITTLER/ REA

Dépôt légal : 05295-6/05 - Septembre 2022
Achevé d'imprimer en Italie par L.E.G.O. S.p.A., Lavis (TN)